Japanese Pragmatics Forum

日本語語用論
フォーラム

2

加藤重広・滝浦真人 編

ひつじ書房

『日本語語用論フォーラム』刊行にあたって

　人間誰しも時代の子であることを免れることはできない。しかし、優れた作品や研究、また、思想とは、どこかで普遍的なるものとふれあっているものである。

　語用論（pragmatics）は、言語研究の中では新しい領域であり、そもそもpragmatics ということばが創出されてから 80 年足らずしかたっておらず、日本で（言語）運用論や実用論などの訳語が混在するなかから「語用論」にほぼ収斂したのもたかだか 20 年ほど前のことに過ぎない。新たな領域とは、さまざまな可能性を秘めており、大きな発展の期待される領域でもあるが、見方を変えれば「後発の領域」であって既存の確立した領域と肩を並べられる程度に認められるまでにはそれなりの時日を要するということでもある。どのように pragmatics が捉えられ、どの程度の地位を得ているかは、国ごと・地域ごとの差異が大きいが、日本語の研究における「語用論」はまだ十分に確立した領域と見なされるには至っていないように感じられる。

　事実、上には語用論を「1 つの領域」と記したけれども、そう見る傾向が優勢なのは、英米や日本などで、大陸ヨーロッパでは、語用論を言語研究の1 つの手法や枠組みと見ることが多く、世界的に見てもそもそも語用論がいかなる研究なのかについて見解が一致しているわけではない。そのような状況の中で、日本において、また、日本語の語用論研究についての理解が十分でないのは、むしろ当然だと言えるだろう。

　編者自身は、音韻論・形態論・統語論・意味論・語用論という順に学んだ言語学の基礎が刷り込みになっていて、「領域としての語用論」に軸足をおきつつも、「研究手法としての語用論」も興味を持って見てきた。そして、後者に自分が関わることは少ないにしても、考え方としてはあっていいと長

く思ってきた。しかし、さまざまなことに思いを巡らしてみると、後者では、やはり流行したり廃れたりと、不安定な波と見られることが多くなり、安定して手堅く積み上げる研究にならないのではないか、と危惧するようになった。大流行して猫も杓子も語用論という状況はいかにも軽薄であるし、波が去ったことによって重要な研究が見向きもされなくなるのも好ましくない。もちろん、注目を集めてもてはやされる研究が研究費の配分などで厚く遇されることがないではない世の中だが、言語学の一領域としての基盤を確立し、地味であっても確かな成果を少しずつもたらして言語研究全体に貢献していれば、それはそれで生きる道なのではなかろうか。正しい道を進んでいればお天道様は見ていてくれるから地道にがんばろう、という気分と言ってもいい。しかし、一領域として認められた重要な研究だからと、闇雲に地道であり続けるだけでは十分でない。見通しをもって存在意義を語ることのない学問は、その存在が保証されない世知辛さを誰もが知っている、そんな時代である。

　日本語研究における語用論には、それが新しいことも手伝って、横のものを縦にするように舶来の学問を適用することの安易さに対する批判と、語用論の哲学的な出自に関わる取っつきにくさがあることは事実である。語用論の中では、関連性理論（Relevance Theory）が積極的に紹介されている（翻訳書も研究書も多い）ため、専門外の人では関連性理論以外に語用論は存在しないと考えている人も多い。また、オースティンとサールの発話行為理論（Speech Act Theory）やグライスの会話の協調原理、あるいは、前提（presupposition）の研究などは、哲学や論理学の知見が色濃く、文法論とは関わりが少ないと見なされ、その後の新たな欧米での研究が十分に紹介されていないこともあり、注目する必要がないと思い捨てられたりしている。会話分析や社会語用論の研究は、実際に、文法研究との接点は少ないかもしれない。指示詞の研究は、日本語でも盛んだが、対照語用論や通言語学の視点をとらない限り、語用論の枠組みや知見をとりたてて利用しなくても済む面がある。唯一、敬語研究とポライトネスの関係については、近年、語用論と文法論の

知見を融合させることで、新しい展開が見られるようになっているが、これはむしろ稀なケースと言うべきだろう。語用論の研究者も文法の研究者も、相互の個別の成果については、重要なものがあることを認めるにやぶさかでないものの、枠組みや基盤を共有化する必要性を感じることが少ないのもまた厳然たる現実だ。

では、日本語の研究の中に語用論的な見方や考え方がないのかと言えば、単に「語用論」と認識されていないだけで、逆にいろいろな成果が既にあると編者は考えている。ちょうどそれは、社会言語学が確立して注目される以前から、日本では言語生活や生活言語としての方言使用の研究があり、社会言語学が拡大していくなかで（必ずしもスムースな融合とは言えないかもしれないが）両者が基盤を共有していることが強く認識されるようになった状況に似ている。ただ、日本語の文法論と語用論のあいだには、いまだ深い溝があり、融合や統合や共有を意識する状況が十分に形成されていないだけである。

日本語の研究もかつては文献資料を用いた研究が中心であり、話しことばの研究は余技のようなものだった。松下大三郎は、『日本俗語文典』(1901)、『遠江文典』(1897)、『標準日本口語法』(1930) など、先駆的な話しことば研究で特筆すべき存在であるが、国語学的な文法研究も独自の体系で完成させており、話しことばだけを対象としたわけではなかった。佐久間鼎や三尾砂についても同じようなことが言えるだろう。もっとも、日本における文法研究が歌学書を起源とし、国学の揺籃の中で育まれたのであれば、書きことばが優先され、話しことばが付随的なものとされたことは驚くにあたらない。国語教育における文法の位置づけもこの優先順位が現在に至るまで継承されているくらいなのである。

一方で、19 世紀末に博言学として輸入された言語学も、当初は大きく事情が異ならなかった。言語学が西欧における 18 世紀末の比較言語学の誕生を契機に近代科学として整備されていった以上、古い時代の言語を知るためのデータとして文書に記された書きことばが重視されたのは当然のことであ

ろう。言語学では、音声言語が本来の研究対象だとされるけれども、復元すべきものを音声言語としただけでその解明の手段としては文字言語が主に利用された。先に述べたように、初期の語用論はほとんど哲学者や論理学者がその基礎をつくったが、発話が言語学のなかで研究対象として強く意識されるようになったのは1970年代と言っていいだろう。日本語研究の中で、現在の日本語の話しことばのみを研究対象として論じることが許される雰囲気が醸成されたのはそれより少し遅れてのことである。もちろん、その基盤をつくったのは三上章であり、研究対象として成立することを明確に示したのは寺村秀夫であった。それは、国語学が日本語学へ移行（拡張とも分岐とも考えられる）した時期とおおむね重なる。現在では記述文法と呼ばれる日本語の文法研究では、使用者の意識・認識や発話の状況といった、語用論で文脈と呼ぶものに含まれる要素が重視されている。記述言語学が現地調査で記録したデータから音韻体系や文法体系を帰納的に描き出す際にとる、言語産出と運用のしくみを推定しようとする態度と、記述文法の考え方は近いが、研究者が疑似的に話し手を追体験するように使用感覚の説明にまで迫る日本語記述文法とでは、もちろん、同じ「記述」を冠していても、質的な違いがある。

　話しことばの実態を、主に母語話者が、あるいは非母語話者が母語話者の使用感覚を念頭に置いて、解明しようとする場合、文脈的要素が強く意識されるのは当然のことである。むしろ、記述文法は、使用者の感覚を重視することで、それまでの文法が気づかなかった点をいくつも解明し、従来の文法が問題としなかった新たな課題を見いだして文法研究の地平を広げたと見ることができる。また、形式と構造に重点を置いた理論言語学的な研究が近年、談話や主題などに関心を寄せていることは重要な変化である。認知言語学では、特に語用論と断らなくても広義の文脈を考察の対象に含めており、日本語教育においても、語用論的観点は長らく重視されてきた。

　二十世紀までの言語学は、ソシュールの言うラングを研究の対象としてきた。その研究の表舞台には、話し手や聞き手としての人間はあまり登場せ

ず、言語体系の形式性が重視されてきた。たとえ人間の認知能力を形成する
ものとしての言語能力を明らかにするという目標を掲げても、完璧な言語使
用者を想定するのであれば、同じことであろう。もちろん、話し手の個別の
解釈や使用感覚を重視しすぎると、科学的な一般化が難しくなり、単なる思
いつきや個人的見解の域を出ないものになりかねない。しかし、ことばを用
いる人を切り離してモノとしての言語だけを論じれば科学的だという考え方
は支持できない。科学的方法論でありつつ、言語使用者の判断や感覚に合致
し、できればより踏み込んだ説明ができる均衡点を目指す研究としてなら、
語用論の存在意義もあろうというものである。

　日本語の話しことばの研究は過去 30 年以上にわたって一定の蓄積があ
る。そのなかには、場面や談話など文脈的要素を踏まえたものも多く、ちょ
うど文法論と語用論の両方の知見や視点を含むものが少なくない。もちろ
ん、中には用語や枠組みをよく理解しないままに転用・援用しているものも
あり、問題なしとはしないが、重要なのは、語用論にしても、談話文法にし
ても、記述文法にしても、社会言語学にしても、相互に風通しをよくすれ
ば、その成果を融通し合えるのに、それぞれの狭い範囲でしか成果が流通し
ていないことである。ここで、「壁を取り払い、団結しよう」と空疎な檄を
飛ばしたところで事態が大きく変わるとは思えない。それぞれが必要と関心
に応じて発展し、展開した結果がリゾーム的状況を作り出しているのであれ
ば、その状況は個々の研究の自然な進捗の結果であって、これを浅知恵で統
合しようとするのは愚かしく無駄なことに思える。ただ、だからといって放
置しておいてよいわけではなく、相互に連絡を持つことで、情報と成果を提
供しあい、分担可能なことは分担しながら、無駄なく有効な成果を生み出す
体制を整備することは必要だと考える。我が身を振り返ってみれば実感を
持って言えるのだが、研究者は意外と自分の周囲の狭い範囲しか見ていない
ことが多く、実際には強い関連があっても、見ず知らずの領域まで出かけて
いく能動性を持っていないものである。道があれば多少離れていても出向い
ていけるが、ごく近い距離であっても草むらが隔てているだけで向こうに何

があるかわからないと人は踏み出しては行かない。それぞれの研究をつなぐ
ための第一歩として、日本語の文法的研究と語用論的研究の連絡を、せめて
最初は細い道でもいいから、行き来しやすいようにしたい。多くの人が行き
来するようになれば通りやすい道になり、やがて地図に載るような道になる
のではないかと思うのである。

　本書は、広い意味での文脈的要素を考慮して日本語の話しことばの研究を
行っている論を紹介し、相互の交流を活発にして行くことを念頭に刊行する
ものである。いろいろ考えてみたが、「語用論」を象徴的にかつ開放的に用
いることで、簡潔に示すのがよいと判断して「日本語語用論」とし、その種
の研究活動が集う広場（forum）たることを願って、「日本語語用論フォーラ
ム」と称することにした。もちろん、この「語用論」は狭い意味の語用論で
はなく、「日本語ということばを使うこと」を軸に、さまざまなアイディア
が飛び交う開かれた空間であることを意図している。上に述べたように、文
法と語用論のインターフェイスを出発点に、日本語の運用や実際に運用され
た日本語に関わる研究を広く発信していきたいと考えている。

　　　　　　　　　　　　　　　　　　　　　2015 年　秋暮るる札幌にて
　　　　　　　　　　　　　　　　　　　　　　　編者　加藤重広

まえがき

　『日本語語用論フォーラム』の第1巻が上梓されたのは2015年末であった。その刊行前後から次巻の準備を進めており、今回8編の論文を含む第2巻が完成したことは純粋にうれしい。この巻から、編者に滝浦真人を加え、加藤・滝浦の二人が編者をつとめることになった。加藤だけでは対応が難しいことや見過ごしやすいことにも対応ができるようになり、論文集としてのポテンシャルやパースペクティブが広がったのではないかと考えている。

　創刊号にあたる前号の「刊行にあたって」では、多少意識して高邁な目標めいたことも記したが、この種の論文集を編むのはなかなか骨の折れることであり、あてにしていた寄稿が遅れたり進捗が想定通りでなかったり、気をもむことも多い。その分、完成した喜びはひとしおである。

　以下、各論文を概観する。

　「日本語副助詞の統語語用論的分析」（加藤重広）は、副助詞が統語的な機能を担う単位であるとともに、文脈的な制約と関与を有する語用論的な要素でもあると主張する。とりたて詞は「副助詞」に分類しなおされ、とりたて詞を設けるのは品詞体系上適切でないとしている。本論文の主眼は、格助詞・副助詞などの助詞が複合する構造を倚辞スロット構造として記述するという考え方であり、モは2つのスロットに現れうるが、ハの現れるスロットは1つのみで、両者の違いを説明できると述べている。

　「比喩を導入する構文としての直喩の語用論的機能」（小松原哲太）は、語用論的な観点を導入して直喩を分析した、重要な成果である。比喩の研究は日本では相対的に盛んであるが、隠喩と換喩がその中心であり、これに提喩を加えた論攷が大半を占め、直喩を正面から論じることはあまり多くなかっ

たように思われる。本論文は、比喩性を明示する直喩の多様性を踏まえなが
ら、弱い直喩と強い直喩に分け、文脈依存的な前者と構文として独立性のあ
る後者としてとらえられることを提案している。これらは修辞的解釈の能動
性や修辞的直接性の点でも対立をなす。

　「「させていただく」という問題系」（椎名美智）は、近年なにかと取り上げ
られることの多い「させていただく」という表現について、使用者の意識に
ついて詳細に調査し、この表現が批判の対象になったり、違和感があるとい
われたりすることの実態を分析した労作である。この種の表現が取り上げら
れる場合、多くは分析者のみの内省を根拠にして分析されるか、一般的な使
用実態調査の対象になるに過ぎない。個別の調査設計から始め、計量的分析
の根拠を持って理論的な分析を行っている点で他に例を見ない重要な研究で
ある。分析項目は内的要因と外的要因に分けられ、前者はさらに、聞き手の
許可を受ける「使役性」、話し手／聞き手から見た「恩恵性S／H」動作成
立への聞き手関与の「必須性」などに分けられる。許容の意味合いが薄く、
聞き手関与の必須性が弱いと年配者は違和感を覚えがちだが、若年者は抵抗
があまりないなど、興味深い結果も示され、「させていただく」自体が１つ
の統合的要素として機能している可能性も指摘される。

　「談話構造の拡張と構文化について」（柴﨑礼士郎）は、Traugott and
Trousdale の構文化と構文変化の理論を踏まえつつ、日本語において「事実」
が副詞化していくプロセスを、近代語コーパスを駆使して、実証的に述べて
いる。この種の表現は、「どだい無理な話だ」など話しことばでは多く見ら
れるが、著者自身が論文冒頭で確認しているように、高い文体の書きことば
では使いにくい面もあり、どのように発生して広がったのか確かめにくいも
のでもあった。名詞述語としての使用がおよそ千年前、副詞的な用法がおよ
そ百年前に生じ、それらが理論的に跡づけられる用法拡張として捉えられる
ことが、説得力ある論考で示されている。同様の現象は他の名詞にもみら
れ、さらに研究の展望がひらけていることから、今後の発展が期待される。

　「談話理解に伴う脳波の解析を通したコソア機能区分の試み」（時本真吾）

では、心理言語学的手法を用いて指示詞の機能を分析している。指示詞は、語用論の重要なトピックであり、特に日本語では三系列である分複雑な特性もあり、研究は盛んであるが、脳波解析を用いた研究は非常に貴重な成果である。本論文における実験の脳波解析からは、時間指示の用法についてコ・ア形とソ形の区分があることが示唆される。言語処理に関わる脳科学的研究は新たな知見が積み上げられ、新しい研究のうねりとなっていく印象があるが、著者は最新の研究成果を踏まえて、音韻・統語・意味を含む複数の領域のネットワークによって、ある意味で複合的な指示詞の使用が実現しているとする主張を示しており、説得力ある魅力的な論考となっている。

「現実世界の対象を表さないソの指示」（藤本真理子）は日本語史に見る指示詞の使用実態の調査を踏まえて、ソ系指示詞が現実に存在する具体事物を直接指すコ系・ア系との対立を形成し、文脈指示に多用され、仮定・未来を含むイレアリスと想定される事物などを間接的に指示するようになった状況を鮮やかに説明している。万葉集におけるコ系とソ系の用法の計量的データも実に興味をそそるものになっている。本論文で明らかになったソ系指示詞の特性は不定語との近接（あるいはソ系の虚辞化への偏りと見ることもできる）の要因とも考えられ、非常に興味深く、発展が見込まれるテーマである。今後、指示詞の歴史語用論的な俯瞰図がより精密なレベルで得られることが期待される。

「丁寧体における疑いの文」（野田春美）は、従来の文法記述では細かな使用実態まで明らかにならなかった形式、主に記述文法で言う「疑い」の文が丁寧体で用いられる「ますかね」「ですかね」「でしょうかね」についてコーパスなどのデータを利用していくつかの新知見をもたらしている。この種の文末形式が中立的なものではなく、使用上の偏りを有することは直観として指摘されることはあったが、会話では少なく、講演（での独話体）やインターネット（オープンなサイトでの質問や回答の文章）では多用されているといったジャンル的偏りが見られることが明らかになったのは重要な成果である。今回変異が大きいために扱わなかったものを含めて更に変数を増やして捉え

ることが考えられ、より大きく展開することが期待される。

「事例語用論 Exemplar Pragmatics の試み」（吉川正人）は事例理論あるいは事例基盤アプローチに基づく語用論を構想する論考である。斬新であるとともに、これまでの言語研究が規則や原則の確立に重心を置くことで見えなかった真実を掘り起こす可能性に満ちた枠組みである。事例基盤的な研究は、音韻論など形式的手順が共有化されていて、実際の token を収集したり分布を明確にしたりしやすい分野で扱われることが多かった。語用論といった考慮すべき要素が非常に多い分野でどのような観点から事例語用論を組み立てていくべきかについて、日本語の文末詞カを例に発話の型判断や発話内力の観点を導入しながら音調も含めて分析するケースが論じられている。大きな研究の潮流につながる展望が得られることを期待させる論考である。

なお、収載論文は編者による（あるいは編者間でのピアレビューによる）査読を経て、改稿されたものである。

日本語を対象とする研究も、語用論のアプローチをとる研究も、さまざまな可能性を秘めて多様化し、拡大している。研究テーマも無尽蔵にあると感じられる。一方で、細分化・専門化・高度化が言語研究における分断や格差をもたらすのは好ましくない。ここに収録された論考に触れながら、多様性・精緻化と統合性という、やや背反するとも感じられる方向性をうまく調整してバランスのとれた言語研究に向かうことの重要性を再認識している。

寄稿者のみなさんには時間的な制約などがあり、いくつもご無理をお願いしたことと思うが、快く対応していただき、衷心より感謝を申し上げる。また、ひつじ書房の海老澤絵莉さんにはさまざまに編集上のサポートをしていただいた。あわせてお礼を申し上げたい。

編者　加藤重広

目次

『日本語語用論フォーラム』刊行にあたって iii

まえがき ix

日本語副助詞の統語語用論的分析————1
加藤重広

比喩を導入する構文としての直喩の語用論的機能———— 47
小松原哲太

「させていただく」という問題系————75
「文法化」と「新丁寧語」の誕生
椎名美智

談話構造の拡張と構文化について———— 107
近現代日本語の「事実」を中心に
柴﨑礼士郎

談話理解に伴う脳波の解析を通した
コソア機能区分の試み———— 135
時本真吾

現実世界の対象を表さないソの指示 ——— 155
歴史的変遷をとおして
藤本真理子

丁寧体における疑いの文 ——— 179
複数のコーパスにおける「かね」「でしょうか」の現れ方
野田春美

事例語用論 Exemplar Pragmatics の試み ——— 207
刹那が過去に取り込まれるとき
吉川正人

あとがき 231

執筆者紹介 233

日本語副助詞の統語語用論的分析

加藤重広

1. はじめに

「今日は暑かった」や「彼も人間だ」の「は」や「も」は、学校文法では、文語文法で係助詞とされ、口語文法で副助詞とするのが一般的であり、係助詞や副助詞という助詞の下位範疇を立てる枠組みは珍しくない。橋本文法は言うに及ばず、山田文法や時枝文法も同種のカテゴリーは設定している。大槻文法では弖爾乎波の第一類が格助詞に相当し、第二類が副助詞・係助詞・終助詞の混成になっているが、範疇の設定が否定されているわけではない。松下文法では、助詞という品詞範疇で説明するのではなく、現代言語学とはやや異なる意味で用いられる格と態で記述するので、「富士山は」は、連用修飾成分をなす連詞[1]であり、その提示的なるもの（提示的修用語）の中で題目語・係語・特定語という区分がなされる。係語はいわゆる係助詞類が付属するもの、特定語はいわゆる副助詞類が付属するものであって、「は」や「も」や加藤（2003）で言うゼロ助詞が付属するものが題目語で、それぞれ分説・合説・単説という題目格として記述される（松下 1930）。

20 世紀後半は、宮田（1948）に始まる「取り立て」という用語が広く取り入れられ、多少の差異を含みながら、教育科学研究会（1963）や鈴木（1972）など教科研系の文法研究や、奥津（1974）などの一連の研究、寺村（1981, 1991）などの一連の研究などで研究が深められ、現在では「とりたて[2]（詞）」は日本語文法のなかでは一般的な概念として広く知られている。その経緯や

歴史は、沼田 (1985) や益岡 (1991) にもあるので繰り返さないが、わずか半世紀に満たない時間でひろく知られるカテゴリーとなった背景には、奥津敬一郎や寺村秀夫、また、その流れを汲む影響力のある研究者が「とりたて(詞)」の名称のもとに議論を深めたことと、時代がちょうど文語文法の転用で話しことばを分析する流れに楔を打つことを求めていたのではないかと推察する。文語文法でいう係助詞は係結を念頭に設定されているが、口語文法には係結呼応はなく、範疇概念自体がずれを含んでいる。係助詞を副助詞へ合流させないのであれば、係結呼応を起こさない係助詞をあらたなカテゴリーとして括ることになる。その機能が「とりたて」に象徴されるのであれば、「とりたて詞」という範疇が提案されることに不思議はない。しかし、本論は、「とりたて詞」という名称の範疇設定に異を唱える。その理由はいくつかあるが、最大の理由は、品詞体系の不整合である。

　とりたて詞が助詞の一種ならば、「格助詞」「終助詞」「接続助詞」と「とりたて詞」が「助詞」を構成することになる。他はすべて漢語で「助詞」という後部を共有している。大槻文法の「弖爾乎波」のように異質な品詞名を用いた例はあるが、一般性の高い文法体系を想定するのであれば好ましくない。「とりたて詞」しか研究せず、他の助詞は扱わないから、「とりたて詞」でいいと考える研究者もいるであろう。それは研究の自由なので容喙する気はないが、とりたて詞以外はどうでもよく、品詞体系全体を考えないと宣言するのは、その公共心のなさもさることながら、「とりたて詞」が他の倚辞類や助詞のなかで、あるいは付属語や機能語のなかで、ひいては日本語の統語的形態素のなかで、どのような位置づけを与えられるかを考慮しないことにも等しく、やはり支持しがたい。

　日本語の現代語・口語・話しことばの文法が、文語文法より低く位置づけられ、解釈文法の性質が強い文語文法をひな形とする文法体系であったために、かつては多くのことが議論しにくい状況にあったことと、それが学校文法に対する否定的な見解につながったこと、また、文語文法や学校文法の強い影響から逃れるために、新しい時代の新しい文法概念が新しい用語によっ

て提案され、それによって、新しい文法記述が始まったことについてよく理解しているつもりである。しかし、既に現代日本語の文法研究が旧来の文法研究や文法教育に強い制約を受けている時代ではなく、かつての文法研究がアンシャン・レジームと戦っていた時代には、研究の主義主張を示す旗幟を鮮明にする意義があり、「とりたて詞」などはその時代の戦いの輝かしい勝利の象徴のようなものであったかもしれないが、現代にあってはそのような威光は意味を持たない。漢語ばかりの文法用語がいかにも「官製文法」(村木 2015)のような面構えをしているなかで、和語を取り込んだ文法用語がそれに抵抗する意味を持っていた時代があったのは事実である。また、そういう時代をよく知っている研究者がいまでも第一線で活躍しているということもあるだろう。しかし、時代は変わったと思うのである。

　例えば、戊辰戦争や西南戦争では、一方が勝利したという史実が重要なのであって、そのときの戦利品のような象徴装置を 21 世紀に振りかざしても時代錯誤と思われるだけである。「とりたて詞」を 1 つの旗印とする戦いは既に決着しており、科学的な研究の場にやや「思想的な」色合いの残る用語は似つかわしくないと単純に感じる。

　本論では「とりたて詞」にあたるものをおおむね「副助詞」と呼ぶが、これは既に学校文法にある品詞で、そもそもは山田孝雄が提案した用語である[3]。「副助詞」でなければならない理由はないが、「助詞」の下位区分として、格助詞・接続助詞・終助詞などがあることを考えれば、用語の体系性と一貫性の観点から望ましく、既に定着している名称であることも無視できない。体系性の点では「第一助詞、第二助詞…」「A 辞、B 辞…」などでもいいわけだが、新たに別の用語を導入する混乱を考慮すれば「副助詞」でよい、ということである。

　以下では、2 節で副助詞が文脈と関わる語用論的な助詞であることを述べ、照応の観点から整理する。3 節では、副助詞類の形態論的特性について論点を整理し、倚辞スロットという枠組みを提案する。形態論的整理を経て、ハとモやゼロ助詞などが重大な機能的差異を有することを論じるが、ま

ず4節でハとゼロ助詞を、第5節でモについて考察を加え、第6節で全体の議論をまとめる。

2. 副助詞の語用論的特性

2.1 ハの提題性と対比性

　ハやモについて、語用論的な要因が重要であることを指摘した、おそらく最初の研究は、益岡（1991）あるいは井島（1999）である。

（1）　太郎は先週の学会に参加した。花子も参加したよ。

　例えば、（1）のモは「太郎が先週の学会に参加した」という命題と「花子が先週の学会に参加した」という2つの命題の範列的な関係を表しているという。益岡（1991: 173ff）では、命題間の範列的な関係を表すものを「取り立てのモダリティ」としており、（1）のハやモが命題間の範列関係性を担うとしている。益岡（2007）では、モダリティの階層は、再整理されているものの、とりたてや提題がモダリティと関わるという議論はなされている。端的に言えば、命題＋モダリティという階層構造のなかで、とりたては命題内で行われ、提題はモダリティ領域までその効力が及ぶとするものである。寺村（1981）のとりたては対比を念頭に置いていることが確認され、いわゆる対比のハはパラディグマティックな関係表示に重点があるとされる。一方、提題のハは、係り結びの持つシンタグマティックな関係標示に重点があるとされる。提題のハが、主題－解説構造の主題部の標識だとすれば、文の叙述が完成する解説部を要求することは合理的であり、対比や限定などのハが従属節で用いられ、主節の述部との呼応関係がなくてもよいことはこれまで観察されている。問題は、両者の境界が明確でないことと、対比や限定も主節の述部と呼応することは可能であって、提題であれば連体修飾節などに封じられることがないという片務的制約としてしか記述されない点であろう。

ハが三上（1960）で言うピリオド越え、すなわち、談話主題の再設定がない限り、文主題が後続の文主題として引き継がれることは、とりもなおさず、形式文脈[4]内の要素を指示している点で語用論的であり、文脈を参照しないと解釈が確定しない点では語用論的な処理を要求していると言える。

（2）　①最近の天候は、以前のような季節感がない。②まだ四月だというのに、夏日になったり、ときには真夏日になったりする。③真夏の午後に降る雨も、夕立といった情緒あるものではなく、ゲリラ豪雨といった気象災害に近いものである。④昔の天気は、冷夏や酷暑はあったものの、それなりに季節感があった。⑤こういう違いは、気象学的な事実に基づくものではなく、過去を美化するノスタルジーに過ぎないという人もいる。⑥しかし、少なくとも、昔の人間は、季節とうまく付き合い、季節の違いを楽しもうという感覚があった。⑦現代人は、エアコンなどのテクノロジーで寒暖差を調整することに躍起になり、暑さ寒さと鷹揚に対処する余裕がないように見えてしまう。

　例えば、（2）では、①の主題「最近の天気は」が主題更新のない②③の主題でもあり続けている。④では主題が「昔の天気は」に更新され、これは①の主題と対比をなす。⑤で更新される「こういう違いは」は新たな主題であり、①②③と④の対比を「違い」として捉え、「こういう」を付して照応性を持たせている。⑥は「昔の人は」に主題更新され、⑦では「現代人は」に主題更新がなされるが、これで⑥と⑦の対比解釈も可能になる。

　文脈の種別を加藤（2017）に従い、形式文脈・状況文脈・知識文脈とすると、冒頭の①では、それ以前に形式文脈はなく、直接状況文脈や知識文脈を参照しているわけでもない。よって、ハという標識で導入された「最近の天気」を文の主題と解することになる。②③では主題更新がないので、そのまま「最近の天気は」を主題として想定することになるが、これは、②や③より前の形式文脈にある主題をそのまま表層に現れない主題として継承してい

ることに等しく、形式文脈を参照していることになる。④で主題更新がなされると主題は変更され、ハでマークされた「昔の天気」が文の主題として導入される。加えて、「最近の天候」と「昔の天気」が時間的限定の差異による対比から、ハは対比性を帯びるが、④では「昔の天気」が新しい主題で、「最近の天候」と対比関係をなしていると解釈される。形式文脈のなかにある「最近の天候」は④の新しい主題と対比をなしていることが情報として追加され、①「最近の天気」は当初の《無対比の主題導入》から《有対比の主題》へとステータスが変更される。

　益岡（1991, 2007）でいう「パラディグマテッィク」な関係にあたるものが対比であるとすれば、(2)における対比は、すべて形式文脈に対比の対象が見いだされることから、他の文のなかに対比の対象があり、しかもそれらはすべてハでマークされている。なお、ここで言う「パラディグマテッィク」は Saussure（1916）で言う統語特性を見定める観点としての paradigmatique とは似て非なる概念である（加藤（2006b））が、ある点で対比や対照がなされうる概念を想定する上では有効なので、そのまま議論を続けよう。「文外」に対比対象があるにしても、形式文脈に存在するのであれば対比対象は特定可能であり、話し手も聞き手も通常は誤解することなく[5]、対比関係が理解できる。

（３）　子どもの頃、兄はスポーツ万能だったが、私はまったくの運動音痴だった。
（４）　子どもの頃、まったくの運動音痴だった私と違い、兄はスポーツ万能だった。

　「文」が句点で隔てられ、主節による完結体を単位とするのであれば、(3)は１つの文であって、「文内」に「兄」と「私」の対比がなされ、いずれもハの標示を伴っているが、前者は従属節、後者は主節に含まれていることになる。(4)は「全くの運動音痴だった」が関係節として「私」を修飾してお

り、従属節になっているが、この部分はなくても対比解釈は可能である。「私と違い」は形式上は連用中止法による連用成分であり、通常は節には含めないだろうが、これを節と認めるかを判断するには節認定の基準を立てなければならない。いずれにせよ、（3）（4）とも一般には、文の内部で対比、すなわち、とりたてが成立していることになる。一方、（2）の対比は、いずれも、文外ではあるが、両者に共通するのは形式的に対比が特定される点である。しかし、形式的に特定しにくい対比もある。

（5）　この部屋はずいぶん暑いね。
（6）　今日にずいぶん湿度が高いな。

　例えば、（5）の発話が、発話者がひんやりと涼しい廊下を移動してきて、入った部屋で発したものだとしたら、どうだろうか。「この部屋」についているハは、題目として解釈してもよいが、発話者の認識のなかでは「廊下」との対比が成立していると考えられる。聞き手も同じように、「この部屋」と「廊下」の温度差を認識しているのだとしたら、対比を推定することは難しくない。しかし、（5）の発話の前後に対比に関わる発話がなければ、形式的に対比対象は特定されない。つまり、このときの対比対象は状況文脈にあり、状況文脈から抽出する情報が共有されていることもあれば、共有されていないこともある。（6）が、「昨日は湿度が低くて快適だった」という話し手の記憶における情報と対比されているとしたら、聞き手は対比対象に思い至らないかもしれない。この場合は、対比対象が知識文脈にあることになる。（5）（6）のケースでは、形式文脈以外に対比対象があり、形式的には対比対象が特定されない可能性がある。形式文脈外という場合は、状況文脈か知識文脈いずれかに対比対象があるはずである。
　また、既に述べたように、文外の形式文脈に対比対象がある場合でも、先行の形式文脈にある場合（前方照応）と後続の先行文脈にある場合（後方照応）とでは、違いがある。照応と言っても、（2）で見たように、「最近の天候

は」という第一文の主題が第四文の主題「昔の天気は」と相互に照応するとき、「昔の天気は」が出現した時点で、これは前方照応によって対比解釈が同時に得られるが、その時点で「最近の天候は」は後方照応によって非対比解釈から対比解釈へとステータスが変更されることになるのである。

　簡単に以下のようにまとめておこう。

（7）

	対比対象のありか	聞き手にとっての対比解釈
文内	当該発話文	形式的に特定可能で、対比解釈が義務的。ただし、後方照応する形式文脈に比較対照がある場合は、解釈をあとから修正する。
文外	形式文脈（前方照応）	
	形式文脈（後方照応）	
	形式文脈外（状況文脈）	形式的には特定されず、対比解釈は任意。
	形式文脈外（知識文脈）	

2.2　ハの形式的制約

　形式文脈内に後方照応で対比対象があとから出現する場合は、当該のハが出現した時点では、対比とならないので、主題として受容される。連体修飾節内部に現れるハは、モダリティ階層まで支配しないので対比と解釈される。主題のハの解釈要件は、対比に解釈すべき条件がないことと単純に記述することができるが、これはこのままでは裏でなければ表といった二項対置のトートロジーに見えるものの、実は対比に解釈される条件（①連体修飾節内部までしか支配できないといった構造的要件、②形式文脈に対比対象が存在するといった形式的要件、③状況・記憶・推論などに対比対象が存在するといった非形式的要件、などを更に下位区分して指定できる）を明記しておけば、解釈確定の手順が確実に指定できる。既に述べたように、非形式的要件は、対比対象の顕在性に尺度が想定されることから、対比と提題の連続性を認めざるを得ないこと、また、非形式的要件は話し手と聞き手の間で文脈が共有されるとは限らないことから解釈が異なる可能性があること、が実際の分析手続き上は問題になる。

　次節のモと比較できるように、ハに関する形式的な特徴・制約を確認して

おこう。以下では、便宜上主題のハと対比のハに区分されるものとして記述する。以下の各項のうち、管見では、（E）以外はすでに先行研究で指摘されているものであり、それを整理したに過ぎない。

（8）（A）1つの主節に主題は1つまでしか存在できないが、構造上、対比に複数存在できる。

（B）主節内では主題のハは対比のハに先行しなければならない。左方ほど主題性が高く、右方では主題性は低下する。また、対比のハの順序に制約はない。

（C）主題を持たない節が存在する。主題を持たない節は、主題を持つ先行節の主題を継承できる。主題は新しい主題が現れた時点で以降の主題としての効力を失う。

（D）主題を持つ節には、明示的に持つ節（＝顕題文）と非明示的に持つ節（＝潜題文）がある。

（E）ハが名詞句に付くときガ格[6]以外では、同一の意味格は複数共起できない。

（F）同一節では複数の対比のハが共起可能だが、想定すべき対比対象に関する処理負担が増大するため、負担量に応じて受容度は低下する。

（G）数量詞につくハは、限度境界を表し、肯定文では命題が真となる限度境界値を、否定文では命題が偽とならない限度境界値を表す。

　例文とともに確認しておくことにしよう。

（9）①太郎は人懐こい好青年である。②言語学を専攻しているが、もともと哲学者になりたかったのだという。③グルメを気取ってはいるものの、パクチーはじめ食べられないものがいくつもある。④花子は、対

照的に、常に落ち着き払ったクールビューティーだ。⑤どんなことが
あってもうろたえることがないという雰囲気を漂わせている。⑦次郎
は、なかなか油断ならない人物である。…

　(9)において、①の「太郎は」は主題で、明示的に主題を提示しているの
で顕題文である(…(D))。②と③は明示的な主題を持たない潜題文である
(…(D))が、先行する①の主題を継承している(…(C))。④では「花子は」
という新しい主題が提示されるので、「太郎は」の主題としての効力はこれ
以降機能しない。「花子は」は④⑤の主題であるが、「太郎は」と対比をなす
ので、この時点で「太郎は」は非対比から対比に転じる。さらに、⑦で「次
郎は」という新しい主題が提示されるので、主題は「花子は」から「次郎
は」に更新される。「花子は」は「太郎は」との前方照応に加えて、「次郎
は」との後方照応も生じることになる。一般に、対比というと、二項対置の
対比を想定するが、多項配置とでもいうべき事態になって、3つ以上のもの
について相互に対立的な関係が生じることがある点はぜひ確認しておきた
い。
　興味深いのは、1つの節に複数のハを持つ場合である。

(10)　洋一が、夏休みに妹と新幹線で大宮の自宅から仙台の祖母の家まで行
　　　く。
(11) #洋一は、夏休みには妹とは新幹線では自宅からは仙台の祖母の家まで
　　　は行く。

　ハは、ガ格やヲ格に後接するときは格助詞を義務的に消去するが、ト格や
デ格、カラ格、マデ格、ヨリ格に後接するときは義務的に格助詞を残存させ
る。ニ格は、受動態の動作主を標示するときは義務的に残存させるが、場所
格のうち、着点は消去が任意で、起点は消去しにくく、存在の場所も消去し
にくい[7]。(10)に現れる連用名詞句にすべてハを付した(11)は形式的には

成立しうる（非文とはできない）が、非常に不自然で、現実に用いられることは考えにくい。(11) に先行して、「冬休みには弟と飛行機でいとこの家から福岡の祖父の家まで行くのだが」という節があったとしても、対比の成立が不自然であることには変わりない。対比は一種の焦点となり、対比対象との対立的解釈を成立させるものと考えられるが、(11) のように５つも焦点があると、焦点として機能しなくなるわけである。スポットライトは、１つか２つなら、対象物を浮かび上がらせるが、５つも６つもあれば、個々の際立ちは弱まり、絞って際立たせることができず、全体に拡散してしまい、スポットライトを当てる意味がなくなる。この点は、形式的には（表層構造にあっては）複数の対比のハが存在可能だ（…(A)）が、対比が多すぎると焦点が分散してしまい、解釈負担が増大して受容度が低下する（…(F)）ということである。

　次に (B) についても確認する。(12) のガ格をハに変え、ニ格にハを付したのが (13) である。(12) も (13) も主題は「花子は」である。

(12)　花子は昨日洋一を葉子に紹介した。
(13)　花子は昨日洋一を葉子には紹介した。

　ハが１つしかない (12) は (14) のように順序を入れ替えても他に主題はないので主題は変わらないが、文頭に近い左方のほうが主題性が高く、文末に近い右方では主題性が低くなるとされる。

(14)　昨日洋一を葉子に花子は紹介した。
(15)　葉子には昨日花子は洋一を紹介した。

　語順を変えた (15) では「葉子には」を主題として読むことは可能だが、「花子は」は対比解釈になる。もちろん、両方を対比に解釈することも可能である。

格とハに関する(E)を最後に確認しよう。既に述べたように、(8)における6項目のうち(E)以外は、なんらかの形で先行研究において言及があるが、(E)は直観に反する想定を検証する必要を感じないせいか、これまで類似の指摘はないようである。

(16)　象が鼻が長いことは誰でも知っている。
(17)　象は鼻が長い。
(18)　象は鼻は長い（けれど、しっぽは短い）。

　連体修飾節にして主題提示を妨げると(16)の下線部のようにガ格が2回出てくるが、通常の総主文である(17)に戻すことは可能で、これは「(18)のように、いずれもハにできる（2つめのハは必ず対比解釈になる）。ここでのガ格はいずれも属性叙述文における属性所有主体を表すもので、意味格として異なるものではなく、出現する階層位置が異なるのみである。つまり、ガ格が2つ以上存在するとき、それらのガ格は意味格を考慮せずにハに置き換えることが可能なのである。

(19)　次郎がピーマンが食べられないことは僕しか知らない。
(20)　次郎はピーマンが食べられない。
(21)　次郎はピーマンは食べられない。

　連体修飾節の(19)の下線部のガ格は「次郎がピーマンを食べる」の述部を可能表現の「食べられる」にすることでヲ格が昇格したガ格（2つめのガ格）と本来のガ格（1つめのガ格）であるが、(20)のよう最初のガをハに変えて顕題文にでき、さらに2つのガ格をいずれもハに置換可能である。

(22)　花子がコーヒーを飲む。
(23)　葉子がコーヒーを飲む。

（24）＊花子が葉子がコーヒーを飲む。

（25）＊花子は葉子はコーヒーを飲む。

（26）　花子も葉子もコーヒーを飲む。

　もちろん（22）（23）のガをハに変えることは可能である。しかし、同じ意味役割で同一の階層にあるガ格名詞句を複数個含む（24）は非文であり、そのガをハに変えた（25）も不適格である。ここで非文に対する操作だから非文になると単純化して考えるのは適切でない。というのは、（24）のガをモに置き換えた（26）は成立するからである。（24）（25）が成立しないのは、1つの節の中に同一の意味役割を持つ名詞句が同一階層内に存在できないというシンタグマティックな制約があるからであって、（18）や（21）が成立するのはもともとの二重ガ格構文が同一意味役割のガ格が同一階層にないからである。

　通常であれば非文になる（24）（25）を不適格にならないようにする操作もある。

（27）　花子が最初に、葉子がその次に、コーヒーを飲む。

（28）　花子は最初に、葉子はその次に、コーヒーを飲む。

　それは、順番を表す連用修飾成分をガ格名詞句あるいはハで標示した名詞句に個別にかかるようにすることである。同一の意味格が同一階層に存在できないという多重格制約（multiple case constraint）は、（24）のようなガ格だけでなく、ニ格やデ格でも課せられるが、それに対する例外として《順次列挙》がある（加藤（2013）では、二重ヲ格制約の考察の中で同様の指摘をしている）。たとえば、時間軸の流れのなかで線条性の制約下にあるシンタグムの形成では、同一形態格の意味格重複は許されないが、特定の意味格の名詞句のなかで順次列挙を行う場合は許容される。順次列挙の典型的な例は、順序標示を伴う名詞句の並列（「第一にAを、第二にBを、第三にCを、…」

といった順序に関する副詞句を伴う名詞句の並列的列挙）は許される、と考えれば、上述の現象は説明可能である。(29)はシンタグマティックに節を構成する原則であるが、このAからXまでの名詞句では意味格の重複は許されない。

(29)　[名詞句A＋名詞句B＋…名詞句X＋述部]

　しかし、名詞句AのなかでA1＋A2＋A3が順序標示を伴って並列される場合は、重複制約の例外として許容される。これは、名詞句A＋名詞句Bのようなまとまりであってもよい。(30)では「AがBにCに」がひとまとまりになっていて、いわば[A＋B＋C]1と[A＋B＋C]2が並列になっている形で[8]、この場合も同様に許容される。つまり、例外的に許容される《順次列挙》は名詞句内部での並列であり、その並列的列挙においては節全体の構成に関わる線条性の制約が無化されることになる。

(30)　おじいさんは山に芝刈りに、おばあさんは川に洗濯に、行きました。

　以上の議論を次のようにまとめておこう。

(31)　節内部における多重格制約
　　　①単一節内では同一形態格が同一の意味格で同一階層に存在することはできない。
　　　②ただし、同一名詞句の内部での順次列挙は、（形式的には多重格制約違反に見えるが、）節のシンタグムに対する線条性制約の適用領域外のことで、許容される。

　例えば、ある研究会への参加者が太郎・次郎・花子・葉子の4名だったとして、(32)のようにすることはできるが、これは(33)のようにはできな

い。(33)は「まず太郎が、次に次郎が…」とすれば成立するが、4人が一遍に、順序や序列をつけずに、ということにはならない。

(32)　太郎と次郎と花子と葉子（と）がその研究会に参加した。
(33)　*太郎が次郎が花子が葉子がその研究会に参加した。

　とすると、例外的に成立する形式的類型には2種類あり、「AとBと…X（と）＋格助詞」あるいは「AやBや…X＋格助詞」となる場合は格助詞は列挙の全体に後接しており、「（第一に）A＋格助詞$_i$、（第二に）B＋格助詞$_i$、（そして）…X＋格助詞$_i$」のようになる場合は、格助詞を伴った名詞句の列挙で、格助詞はそれぞれが名詞に後接して反復的に現れることになる。前者を《内的列挙》と、後者を《外的列挙》と呼ぶことにしよう。(31)②に言う《順次列挙》は、トやヤを用いた《内的列挙》と、格助詞句が反復して現れる《外的列挙》があり、前者は形式的にすべて許容されるが、後者は順序や序列を示す副詞句を個別に順次表示しなければ成立しないという点で制約が強い。

　以上の観察結果をハに当てはめてみると、内的列挙した名詞句全体にハがつくことは格助詞がつく場合と変わりがなく、成立する。外的列挙は、順序を表す副詞表現をつけて「まずAが、次にBが、そしてCが、最後にDが…」のようにすれば格助詞では成立するが、ハは順次表現にしても成立しない。格助詞の多重格制約は構造上の問題もあるが、線条性の原理、特に、単一のシンタグムのなかに時間軸を多層化するような配置を禁ずる特性は保持されており、多層化する場合には、外的列挙として順次配列であることが明示されなければならない。これに対してハは線条性の制約が更に強く課されており、外的列挙も許されない。逆に、これから観察するモは線条性の制約は格助詞より緩い。

2.3 モの形式的制約

　モは、従来国文法では「付加」あるいは「累加」とすることが多かったが、本論では、「Xと同一範疇をなすと判断されるYを焦点として提示する」のがモであると記述する（加藤（2006a））。Xは先行して明らかであることが多いが、言語形式として示されていないこともありうる。YがXを基準とした照応を行っているとすれば、Xは先行詞（照応の対象）であり、Yが前方照応を行う照応詞（anaphor）ということになる。Xにあたるものは1つとは限らない。YはXと同様に「Yも」という形で情報構造上の焦点となるのが普通で、同一範疇判断としての照応と焦点を担うので認知処理上の負担は小さくない。モにはあとで見るように別の用法もあるが、この用法を以下では《同一判断》と呼ぶ。

　以下では、前節で見たハの形式的制約としての《順次列挙》をモについて確認する。結論から先に言えば、モには多重格制約がかからない。（31）における①が制約として課されないので、例外規定としての②は考察対象外となる。前節で確認したように、線条性の制約が最も強く課されるのはハであり、格助詞の場合は、順次列挙の明示という負担をすれば例外的に外的列挙として許容されるので、やや制約が緩いと言える。モは、例外ではなく、同一範疇と判断できれば、同一階層の同一意味格でも、特段の負担なしに許容される。しかし、同一範疇判断は、同一範疇性が重要なのであって、そこに時間軸に従って配置を行うことは、逆に不適切と見なされる。

（34）＊太郎は、ピザを、おにぎりを、サンドイッチを食べた。
（35）　太郎は、ピザも、おにぎりも、サンドイッチも食べた。

　節内部の多重格制約のうち、よく知られているものは二重ヲ格制約であるが、（34）も二重ヲ格制約に違反していると説明できる。しかし、ヲ格をすべてモに置き換えた（35）は成立する。ただし、このときはすべてモに置き換えなければならず、（36）は不適格であり、（37）に見るようにヲ格などの

格助詞で成立する《順次列挙》がモでは成立しない。ただし、《順次列挙》
で格助詞が先に現れ、後続部で付加するようにモが現れる形であれば《順次
列挙》は可能である（→（38））。

（36）＊太郎は、ピザを、おにぎりも、サンドイッチも食べた。
（37）＊太郎は、まずピザも、次におにぎりも、最後にサンドイッチも食べた。
（38）　太郎は、まずピザを、次におにぎりを、そして、最後にサンドイッチ
　　　　も食べた。

　《順次列挙》について（38）が成立するのは、以下で指摘する照応性との関
係が考えられる。
　ある場所に花子と葉子の両名がいることに気づいたとき、（39）（40）のよ
うには言えるが、（41）は成立しない。以下の例では「花子も」のモは「葉
子」と同一範疇の扱いを行うために照応をしているが、「葉子も」のモは先
行する「花子」と同一範疇を設定するべく前方照応をしている。もし、モに
後方照応の用法があるなら、（41）も適格になるはずだが、不適格であるこ
とから、後方照応だけでは使えないことがわかる。（40）は、「花子も」と
「葉子も」が相互に照応しているが、これは、前方照応と後方照応が同時に
成立している。よって、モは前方照応を必要条件とし、前方照応があるとき
に後方照応も同時に成立させる《相互照応》が許容されると考えればよい。

（39）　花子がいる。葉子もいる。
（40）　花子もいる。葉子もいる。
（41）＊花子もいる。葉子がいる。

　ハは、（8）（A）（B）（F）で見たように、高い主題性を有する名詞句が文頭
に最も近い位置に1つだけ存在し、主題性が低く、対比解釈される名詞句
は複数個存在しうるものの、多くなればなるほど焦点解釈が分散して受容度

が低下するのであったが、モには主題のような用法はなく、同一範疇判断を
なす照応対象（いわゆる先行詞）とのあいだに照応関係を形成する点で、ハ
の対比用法に近いと考えられる。ただし、同一範疇判断の焦点としての強さ
（＝焦点度）には違いがある。

(42) #洋一も、夏休みにも妹とも新幹線でも大宮の自宅からも仙台の祖母の
　　　家までも行く。
(43) #洋一は、夏休みにも妹とも新幹線で大宮の自宅から仙台の祖母の家ま
　　　で行く。

　モについても、すべての名詞句にモを用いた(42)は焦点が分散して意味
の計算が通常の負担の範囲を超えて受容できるものではなくなる。ただし、
これは構造として不適格なわけではない。源三と同様に「洋一も」、冬休み
と同様に「夏休みにも」、弟と同様に「妹とも」、飛行機と同様に「新幹線で
も」、横浜の祖父宅からと同様に「大宮の自宅からも」、富山の叔父宅までと
同様に「仙台の祖母の家までも」という事態を理解しているとしても、同一
性の焦点が6つも1つの節に配置されていることで過剰な認知処理が要求
され、実質的に焦点にならないことにより、受容不可能とみなされることに
なる。ただし、これはあくまで構造的な非文なのではなく、語用論的な不適
切性によって受容されないのであって、文脈や聞き手の知識・推論能力にも
左右される。

(44) 太郎は葉子とも函館も訪れた。
(45) 太郎は花子と札幌に行った。また、太郎は花子と函館も訪れた。さら
　　　に、葉子とも札幌に行ったあと鉄道を使い、太郎は葉子とも函館も訪
　　　れた。

　モが二度現れる(44)は予備知識や文脈が与えられない状態では受容度が

低いが、(45)の二重下線部は形式的に同一であるものの、受容度が上がる。後者が受容されやすいのは、第2文(下線部)で札幌と照応させて「函館も」が焦点化され、その後第3文二重下線部で花子と照応させて「葉子とも」を焦点化しているからである。すなわち(44)では「葉子とも」と「函館も」との双方が焦点化され、焦点度の違いはないが、(45)では「葉子とも」が新しい焦点であり、焦点度も強い。相対的に「函館も」は古い焦点であり、第3文の時点では既知であり、焦点度も低い。

　モには数量詞などについてその多寡の評価を加える用法もある。(46)における「8冊」はいわゆる連用数量詞でそもそも格助詞をとらず、名詞単独で副詞のように振る舞うものであるが、肯定文で連用数量詞に後接するモは「それがある判断基準を超えて多い」という量的な評価(以下、《量的評価》と言う)を表す。この種の連用数量詞は連体数量詞が遊離したとしない立説のほうが説得力を有すると思われるが、(46)に対応するかに見える(47)を見ると、モが量的な評価ではなく同一範疇判断となる焦点部を表しており、(47)から(46)が派生したとは考えられない。(47)ではモは「8冊の国語辞典」をスコープとしているが、このことは「9冊の英和辞典を持っているだけでなく」を文頭に付加すればわかる。「9冊の英和辞典」と「8冊の国語辞典」が同一範疇に含まれると判断しているのである。(46)に近い意味になるよう連体数量詞文をつくると(48)になる。

(46)　太郎は国語辞典を8冊も持っている。
(47)　太郎は8冊の国語辞典も持っている。
(48)　太郎は8冊もの国語辞典を持っている。

　ハは(46)(47)のモの位置には「国語辞典を8冊は持っている」「8冊の国語辞典は持っている」のように現れうるが、後者が「8冊」という数量詞部分ではなく、「8冊の国語辞典を」スコープとする点も同じである。しかし、ハは(48)のように「数量詞」と連体格助詞ノのあいだには現れない。ハや

（46）（47）のモは、数量詞につく場合にも連用成分である点は変わらず、意味用法はやや異なるものの副助詞に認定すべきことは変わらない。しかし、（48）のモは名詞に直接ついて「N＋モ」が統語成分として名詞である点で特殊である。これは「100万円もをつぎ込んだ」「20人もの大所帯」「誰もが」「どれもを」などのモと同じ統語特性を持ち、名詞に後接しつつ全体の名詞性を保持する点だけを見れば準体助詞のノにも似ている。少なくとも副助詞としてのモとは区別する必要があり、以下では、必要なときに、副助詞のモを「モ₁」とするのに対して「モ₂」として言及する。

　なお、数量詞につくモは否定文で用いられると、当該数量が多いという判断に基づいて、それを超えると命題が偽となる限度境界と解釈される。（49）の場合、「太郎が持っている」「国語辞典」の数量として「8冊」は多いと評価され、命題はそれほど多くならない範囲で成立するので、「7冊以下」となる。（50）の所有冊数が「7冊以下」である点は同じで表される事態は変わらないが、ハは限度境界を表しているだけで「8冊を超えない」ものの、それが多いとも少ないとも表示せず、《量的評価》はなされていない。一方、モを用いた（49）では「多いと評価される8冊を超えない」という趣旨であるため、「7冊」でも成立するものの、それよりもっと少ない数値に偏ることを推意する。

（49）　太郎は国語辞典を8冊も持っていない。
（50）　太郎は国語辞典を8冊は持っていない。

　モに「そんなに多くない」のだから普通は「ずっと少ない」という推意が生じるのに対して、ハではそのような推意は生じない。

（51）　あの製品は10000円はしない。
（52）　あの製品は10000円もしない。

ともにこれらは「9999円以下」なら成立するが、前者が断言できるのは「10000円を超えない」ということだけという意でむしろ「10000円に近い金額」を想定させるのに対して、後者は「10000円では高すぎる」という量的評価を伴っているためどちらかというと「10000円から遠い金額」を想定させる。この《量的評価》のモは後に確認するように《同一範疇判断》のモとは異なる位置に配置される。

次節では、モの照応のタイプを記述し、分類しておこう。

2.4 モの照応類型

前節で、モは基本的に前方照応であり、前方にある照応の対象（＝先行詞）にモを付すことで相互照応が認められるが、これは前方照応の一種だとした。ハの対比用法の照応と同じように整理しておこう。(39)(40)から2文の間で照応があるとき、後続文で同一範疇判断がなされるならモの使用は義務になる。これは、当該の文の外にある先行文に先行詞がある場合である（下記の(57)の3段目「文外・先行文内部」にあたる）。(39)の趣旨を変えずに1つの節にまとめた(53)では相互照応が義務になる（すなわち、先行詞も照応詞もどちらもモにしなければならない）。しかし、2つの節を1文にまとめた(54)、前方照応のみが義務で相互照応は任意である（これは、重文でも複文でもよい）。

(53) 花子 {* が／も} 葉子もいる。

(54) 花子 {が／も} いる {し／が}、葉子もいる。

形式文脈に先行詞がなく、状況文脈に先行詞がある場合の例を(55)、同じく知識文脈に先行詞がある場合の例を(56)に示す。

(55) 【AとBが友人数人に声をかけて、行ける人が駅前に集まって、遊びに出かけることにしている。AとB以外は当日駅前に来るまで誰が

子がいることに気づき、言う。】A「花子も来たんだね」

(56) 【CとDは友人で、遊びに出かける計画を立て、花子を誘おうと相談
している。花子を誘うとほとんどの場合、花子が親友の葉子にも声を
かけるため、葉子も参加することが多い。】C「花子も誘おうか」D
「いいけど、また葉子も来るんじゃない？」

花子が駅前にいるという物理的状況の情報は状況文脈に含まれるが、ある
人物を友人の花子と同定するにはそのための知識が必要であり、(55)の発
話にはAとBが花子にも事前に声をかけていたという事実に関する知識も
関与しており、厳密には状況文脈のほかに知識文脈も参照しているが、モ
使用に関しては、Bと同様に「花子も」という同一範疇判断をしており、そ
れはその場にBがおり、その事実に対してモを用いていると言える。(56)
は、CとDの世界知識の中に、花子を誘うと葉子も一緒に来ることが多い
という経験的事実が情報として組み込まれているため、「花子」に対して同
様に「葉子も」という判断を下していることから、先行詞は知識文脈にあ
る。なお、文脈の枠組みの詳細は加藤 (2017) などに譲るが、文脈はすべて
共有されているわけではない。形式文脈は原則として会話参加者に共有義務
が課されるので、聞き手も話し手もいずれも知っていると見なしてよいが
(知らなければ注意力不足などなんらかの失行で知らない側に落ち度がある
ことになる)、状況文脈は共有されている情報は部分的であり、共有されて
いない情報もあり得る。世界知識は個人的なものなので、共有は義務でない
が、「常識」として共有されていることが多く、特に、不特定多数の人が知
る情報は共有されていると考えてよい。しかしながら、個人的なことや限定
的な情報など、共有されていないことも多くありうる。

以上の議論をまとめると、(57) のようになる。

（57）　モと照応詞のありか

同一性の基準（先行詞）のありか		使用制約／解釈制約
文内	形式文脈・節内先行部	相互照応が義務
	形式文脈・文内先行節内部	前方照応が義務
文外	形式文脈・先行文内部	前方照応が義務
	形式文脈外・状況文脈	前方照応／状況文脈内に先行詞
	形式文脈外・知識文脈	前方照応／知識文脈内に先行詞
照応なし		疑似照応／照応可能な命題

　文内と文外に先行詞がある場合、先行詞は形式文脈には先に出現しており、発話時点では既に状況文脈や知識文脈に存在している。形式文脈に先行詞があるとき、話し手と聞き手の間には形式文脈共有義務があるので、聞き手は先行詞を同定できる。状況文脈や知識文脈では、知識や情報が共有されていない可能性もあり、その場合は、聞き手が的確に解釈できない不適切な発話になってしまうが、（55）（56）はいずれも聞き手が先行詞を同定するための情報を共有している。また、相互照応も前方照応の一種と本論では考えるので、以上の5つのケースはいずれも前方照応である。（57）で「照応なし」としているのは、以下のような例である。

（58）　【誤った判断や失敗をした友人に】「君も馬鹿だな」
（59）　【友人ＡについてＢとＣが噂している】「Ａも面倒くさいやつだよ」

　もちろん、これらはこの発話に先行して「馬鹿な人」の話や「面倒くさいやつ」の話をしていることはありうるが、その場合は、先行する形式文脈に先行詞が存在するので、形式文脈の先行文の内部に先行詞があることになる。しかし、「馬鹿な人」や「面倒くさいやつ」の話をしていなくても、（58）（59）の発話は可能であり、そのとき「照応なし」に分類される。先行詞は形式文脈にはなく、状況文脈にもない。あるとすれば、知識文脈であるが、このとき、話し手が特定の人物を「馬鹿な人」や「面倒くさいやつ」と

して思い浮かべていれば、先行詞は知識文脈に存在するので「照応なし」ではなく「形式文脈外・知識文脈」に先行詞があるタイプとなる。このとき、聞き手がその特定の人物を共有していたり、推測可能であったりすれば、不適切な発話ではないが、聞き手が特定の人物について思い至らなければ、不適切な発話になってしまう。

　ここで「照応なし」としているのは、特定の人物を想定せず、あたかも照応を行っているかのように話し手が述べ、聞き手も特定の人物を先行詞として想定しないままに、あたかも照応を行っているかのような発話を行っているケースである。多くの場合、それは世間でよくあること、珍しくなく誰でも知っているような、馴染みのある事象や事物について、述べることになる。(58) では、聞き手以外にも「馬鹿な人」を話し手は知っており、「君も（世間によくいる馬鹿なやつらと同じように）馬鹿だな」という意味合いになり、(59) では「Aも（世間によくいる面倒くさいやつらと同様に）面倒くさいやつだよ」と述べていることになる。このとき、具体的に先行詞とする人や物、事象などを特定しないまでも、「言わなくてもわかるだろう」「よくある、珍しくないこと・もの・人だ」といった認識を伝える。この種の照応なしの用法は、「君は馬鹿だな」のように「は」で分説性を提示しつつ陳述部「馬鹿だ」に焦点を置く言い方が相応しくなく、「君が馬鹿だな」のようにいわゆる総記のガで「君」に排他性と焦点が置かれる言い方は不適切で、「君って馬鹿だな」や「君φ馬鹿だな」などのッテやゼロ助詞も適さない場合に、あたかも照応があるかのように扱い、用いるものと考えることができる。疑似照応とは、あたかも照応であるかのように扱っているが、先行詞がなく、実質的に照応が成立していない、ということでもある。

　疑似照応は、特定しないまでも「よくいるよね」「珍しくないことだよね」「そういう事物の1つや2つ君も知っているでしょう」と知識共有が成立するかのように述べて、ある種の共感を引き出す面がある。他方で、上に述べたように、ハを使うことで生じる分説性や格助詞を使うことで生じる総記の排他性を避け、ゼロ助詞やッテなどの文体の低さを回避する面も持つ。

（60）【宴会後半で司会者がそろそろ閉会に向けて】「宴もたけなわではございますが…」

（61）【テレビ番組で司会者が冒頭の挨拶で言う】「みなさま、秋も深まって参りました。」

　これらは多くの場合決まり文句・クリーシェと化していることもあるが、本来は、共感を形成しつつ、「いろいろと盛り上がることはあるが、それと同じように、宴もたけなわだ」あるいは「季節は移ろいゆくもので、さまざまな状況がその特質を深めていくものであるが、それを同じように、秋も深まっている」と述べているのに加え、ガやハが使いにくく、ゼロ助詞やッテなども文体上適切でないことからやむなくモを選択した（これを加藤（2002）では「負の動機」と呼ぶ）とも言える。ゼロ助詞でも文体が不適切ならないように工夫すれば、同じ場面で以下のように発したとしても適切であろう。

（62）「宴会のほうφたけなわではございますが…」

　つまり、疑似照応はある意味で他の副助詞や格助詞が用いにくい間隙をモに埋めさせるという動機もあるということである。聞き手は、先行詞を同定できないことは承知で照応可能であるかのように、話し手の解釈に合わせて解釈をおこなうことになる。
　前節と本節で見たことをまとめておこう。

（63）（A）《同一判断》のモは1つの節に複数存在することができる。ハや格助詞に課せられる多重格制約はモには課されないが、同一格名詞句はすべて連続させ、すべてモを付さねばならない。このとき、モがついても順次列挙のような解釈にはならず、時系列上の配列に従う必要もない。
　　　（B）1つの節に複数の《同一判断》のモが存在することは可能だが、

いずれも情報構造上の焦点を担うため、意味格が異なるモ句が多く存在するほど、焦点の機能が抑圧され、解釈処理の負担が増大することから、語用論的に受容度が低下する。

(C)《同一判断》のモは、原則として前方照応を行う。一部で相互照応もあるが、これは前方照応の一種とする。先行詞は、先行文脈にあることが多いが、状況文脈や知識文脈にあってもよく、具体的な先行詞がないままに「あたかも知識文脈の先行詞と照応しているかのごとく」述べる《疑似照応》の用法も存在する。

(D) 数量詞などにつくモは《量的評価》を表し、通常は、連用修飾を行う。ただし、連体修飾を行う数量詞につく場合は、「数量詞＋も＋の＋名詞」という形式で用いられ、一般的な副助詞とは異なる（便宜上、前者の副助詞のモをモ₁、後者をモ₂として区分する）。ハにも数量詞につく用法はあるが、連体修飾における連体数量詞には後接しない。

3.　倚辞スロットとしての副助詞出現位置の記述

　これまで現代日本語文法で副助詞あるいは係助詞とされてきたもの（「とりたて詞」と呼ばれてきたものも想定してもよい）は(64)に副助詞ハやモを用いると(65)のようなるため一見すると名詞につくように見えるが、本論ではすべてが名詞に直接後接するとは考えない。(66)であれば(67)のようになり、格助詞カラやニがついた名詞句では格助詞のあとにハやモが後接している。

(64)　太郎が秘密を知っている。

(65)　太郎は秘密も知っている。

(66)　次郎は花子から秘密を聞き、葉子に教えてしまった。

(67)　次郎は花子からも秘密を聞き、葉子には教えてしまった。

ハとモは、動詞連用形・形容詞連用形・形容動詞連用形・副詞などに後接する[9]ほか、名詞述語「N＋だ」であれば「N＋で」となり、「従属節[10]＋だ」でも「〜で」のあとに現れる。このことを根拠の１つとして、加藤（2015）は名詞と副詞をより大きい品詞範疇「体詞」に括ることを提案しているが、本論は品詞論ではないので特に取り上げず、名詞句と副詞句の形態論的共通性に意を用いて記述する。

(68)　この点は欠点でもあるが、美点でもある。
(69)　彼が非難されたのは、ルールを無視したからでもあった。

　「欠点だ」「美点だ」という名詞述語の連用形が「欠点で」「美点で」であると考え、また、接続助詞「から」が導く従属節にコピュラの「だ」が後接した形の連用形が「〜からで」と見なせば、ハやモが後接する成分の共通性が理解できる。
　国文法では活用以外に形態論が議論されることが少ないが、日本語の助詞の多くは特定の品詞にのみつくわけではなく、多様な要素につき、しかも、ホストと助詞の間に他の形態素の介在を許す。これは、服部（1950）でいう付属語であることが多く、接辞（affix）か倚辞（clitic）で分けるなら倚辞に相当する。村木（2012）では、「花子から」のように名詞に格助詞類（同書では「後置詞」）が後接したものを名詞の曲用として扱うことを提案している。もちろん「花子から」における意味的主要部は名詞とみることができ、名詞句として扱う枠組みは想定できるので、非常に刺激的な発想ではあるが、格助詞や複合助詞を含む後置詞類は接辞と扱い、名詞の曲用として記述することはできない。すなわち、日本語の後置詞類は、服部（1950）の言う附属語であって附属形式ではなく、接辞ではなく接語にあたり、当該形態素とホスト形態素の間に別の形態素の出現を許すこと、さらに、名詞の後ろに現れる形態素が一種の拘束形態素で「１つ」しかないのであれば、それは活用や曲用の語尾と見なすことは可能だが、倚辞として別の形態素の介在を許す以上、

屈折語における曲用とは根本的に異なる。複数の助詞が名詞に付属してあとに置かれることが、日本語が古典的類型論で膠着語とされる根拠の1つであることは今更確認するまでもあるまい。そして、助詞類が連続して現れる日本語の膠着特性における副助詞の位置づけをここで確認しておきたいのである。とは言え、助詞の種類を限定したところで、この小論ですべての倚辞を細かに記述することは不可能である。そこで、ここでは、助詞類をいくつかのカテゴリーに区分した上で、それを連続スロットとして記述する方法を1つのアイディアとして提案するに留める。

　ここで扱う助詞は、接続助詞と終助詞を除く、格助詞・副助詞・間投助詞・準体助詞であり、「ガ・ヲ・ニ・ヘ・ト・デ・マデ・カラ・ヨリ・ノ」「ハ・モ・ϕ・バカリ・ダケ・ノミ・シカ・スラ・サエ・コソ」「ネ・サ・ナ・ヨ」「ノ」などである。

　このうち、ダケ・バカリ・ノミは量的評価などに関わる助詞で現れる位置が共通している。これは、形式名詞に近い特性があり、(70)(71)に見るように、名詞に直接後接してガの前に現れるが、このときガの直後にこれらを置くことはできない。(72)を見るとガはハに近い。

(70)　太郎だけが来た。／　花子ばかりが目立つ。／　次郎のみが合格した。
(71)　*太郎がだけ来た。／*花子がばかり目立つ。／*次郎がのみ合格した。
(72)　*太郎はだけ来た。／太郎だけは来た。

　ヲやニ・ヘ・デ・トはこれらのダケ・バカリ・ノミを前に置くことも後ろに置くこともできる。

　もっとも、ヲに関しては前に置くほうが自然で、後ろに置くとや不自然になることは(73)(74)で確認できるところであり、前後いずれに置くこともできる格助詞でも自然さや頻度にはばらつきがあり、意味の違いを考慮すべきものもある。ただ、ここでは出現位置のみを扱うので、意味機能の差については論じない。

(73)　太郎だけを呼んだ。／花子ばかりをほめる。／次郎のみを責める。

(74)　太郎をだけ呼んだ。／花子をばかりほめる。／次郎をのみ責める。

(75)　君だけに教えよう。／僕ばかりに頼むなよ。／彼のみに依存する。

(76)　君にだけ教えよう。／僕にばかり頼むなよ。／彼にのみ依存する。

　しかし、マデはガと逆に、後ろにしか量的評価助詞類を置かない。カラは受容度や頻度には偏りがあるが、前後ともに出現を許す。ヨリは（81）に見るように前に量的評価助詞を置けば成立することがあるが、後に置く「ヨリダケ・ヨリバカリ・ヨリノミ」は適格にならない。

(77)　ここまでだけ塗ってください。／　そこまでばかり／　あの地点までのみ行く。

(78)　＊ここだけまで塗ってください。／＊そこばかりまで／＊あの地点のみまで行く。

(79)　葉子からだけ手紙が来た。／太郎からばかり電話がくる。／花子からのみ申し込みがあった。

(80)　葉子だけから手紙が来た。／太郎ばかりから連絡がくる。／花子のみから申し込みがあった。

(81)　この症状はアプリノール系製剤｛だけより／？ばかりより／のみより｝尿アルカリ化剤と組み合わせたほうが効果的だ。

　ここでは、量にかかわる評価を行う副助詞が現れうるスロットをQスロットとし、格助詞の前にあるものをQa スロット、格助詞のあとにあるものをQb スロットと暫定的にしてみよう。格助詞のうち連用成分を導くガ・ヲ・ニ・ヘ・ト・デ・マデ・カラ・ヨリなどが現れうるスロットをC スロットとしよう。ノは連体修飾格が第一義と考えるが、ガノ交替などで連用句を導くこともあり、その場合は、C スロットに現れることができるとする。上述の通りであれば、スロットごとに許可される助詞をあらかじめ指定してお

30 加藤重広

くことができる。

（82）　Qa＝｛ダケ、バカリ、ノミ｝
　　　　C＝｛ガ、ヲ、ニ、ヘ、デ、ト、カラ、マデ、ヨリ、ノ｝
　　　　Qb＝｛ダケ、バカリ、ノミ｝

　もちろん、Qa-C-Qb というスロット配列が設定されても、任意の要素を代入していいわけではない。例えば、「だけがだけ」は許容されないが、これは、ガがダケの後接を許さないからであって、「C＝ガのとき Qa は指定された任意の助詞が代入できるが、Qb にはいずれも代入できない」のように、別途記述する必要がある。試みに、P＝［x, y, z］が P というスロットに x か y か z のうち任意の形態素が代入される、の意とし、いずれも形態素も代入されないときに Φ を用いるとしよう[11]。例えば、P＝［φ］ならスロット P には何も形態素を入れないということであり、P＝［a, b, φ］なら、スロット P には a か b が入るか何も入らないか、のいずれかということになる。（82）については、（83）のように記述できる。

（83）　① C＝ガ、ヨリならば Qa＝［ダケ、バカリ、ヨリ、Φ］かつ Qb＝
　　　　　［Φ］
　　　　② C＝ヲ、ニ、ヘ、ト、デ、カラならば Qa＝［ダケ、バカリ、ヨ
　　　　　リ、Φ］か Qb＝［ダケ、バカリ、ヨリ、Φ］
　　　　③ C＝マデならば Qa＝［Φ］かつ Qb＝［ダケ、バカリ、ヨリ、Φ］

　紙幅の都合もあり、すべての助詞について例文による確認はできないが、スラとガについて見てみると、形式上「それだけすらが」などは可能であり、スラを焦点助詞（focus particle）の一種とみて F1 というスロットに入りうるとしよう。スラは「私にすら」「私すらに」の両方が可能であり、「親友からすら」は可能でも「親友すらから」が不可能であることを踏まえると、

Q_a、Q_b と同じように F1、F2 を設定できる。問題は、Q と F の位置関係であるが、「それだけすらが」「彼からだけすらなどを念頭に が F に Q が先行すると考えて、ここまでの議論を踏まえて、Q_a-F1-C-Q_b-F2 というスロット構造を立てておく。

(84)　①C＝ガ、ヲならば F1＝［コソ、スラ、Φ］かつ F2＝［Φ］
　　　②C＝ニならば F1＝［コソ、スラ、Φ］か F2＝［コソ、スラ、Φ］
　　　③C＝ヘ、ト、デ、カラ、マデ、ヨリならば F1＝Φ］かつ F2＝［コソ、スラ、Φ］

　本論と特に論じているハとモには、ここまで見た量的評価助詞（Q 類）や焦点助詞（F 類）と決定的に異なる点として格助詞ガと同一スロット構造内に共起できないという強固な規則がある。ガとハ・モが共起せざるを得ない場合は、ガは消去されるのである。ハ・モは F3 というスロットに入りうるものとして、このときは、以下のように記述することになる。

(85)　C＝ガならば C＝［Φ］かつ F3＝［ハ、モ、ϕ］[12]

　ヲ格のときは「をも」がありうるので、その点を厳密に記述すると（81）のようにすべきであろう。

(86)　C＝ヲならば C＝［Φ］かつ F3＝［ハ、ϕ］、または、C＝［Φ］かつ F3＝［モ］

　ニのときだけ「には」と「は」が可能であるとされているが、これは場所格のニの場合だけであって、それ以外の用法ではニは残存しなければならない。また、デ・カラ・マデは原則として残存しなければならないが、文脈上復元可能であれば消去してもよい。

(87)　岡山 ｛では／は｝ 説明会を行わない。

(88)　札幌駅 ｛からは／は｝ ここまで 210 円です。

　日常的な会話では、場所格や起点格とわかるケースでは、ハ・モ・φ だけになることもある。これは精密に記述することもできるが、ここでは簡略に以下のようにしておく。

(89)　①C＝ニ、ヘ、デ、カラ、マデならば F3 ＝［ハ、モ］または C ＝［Φ］かつ F3 ＝［ハ、モ、Φ］

　　　②C＝ト、ヨリならば F3 ＝［ハ、モ、Φ］

　シカは否定辞が述語に出現しなければならない規則があり、他の助詞類と異なる面はあるが、ハと同じように F3 に含めて記述できる。

　次に格助詞が複数出現する場合も確認しておこう。格助詞はまず連体修飾を行う「の」（連体格）とそれ以外のいわゆる連用格に分けることができる。「の」は連体修飾節内でいわゆるガ／ノ交替を生じて用いる場合は主格であり、これは連用格の一種であるが、「私の家」のように所有格や属格・生格とされる用法の場合は連体修飾をおこなう連体格である。このノは他の連用格の格助詞に後接して現れることがあり、一覧にしたものを(85)に掲げる。

(90)　連用格助詞＋連体格助詞ノの複合

連用格	ガ	ヲ	ニ	ヘ	ト	デ	マデ	カラ	ヨリ
連体格	×	×	×	ヘノ	トノ	デノ	マデノ	カラノ	ヨリノ

　要するに、主格・対格・与格についてはノが後接できないが、それ以外は後接できることになる。まず、ノを連体格（Prenominal でなく Genitive の頭文字を使う）と位置づけ、G というスロットを C よりあとに設定する。ガ・ヲ・ニとそれ以外を区分するが、最終的には、ガ格・ヲ格・ニ格も区分した

方が精密になるので、連用格として主格・対格・与格・それ以外の連用格の4つのスロットを立て、それぞれ C1、C2、C3、C4 とする。現れうるものは、以下の通りである。

(91)　C1 =｛ガ、ノ、Φ｝
　　　C2 =｛ヲ、Φ｝
　　　C3 =｛ニ、Φ｝
　　　C4 =｛ヘ、ト、デ、マデ、カラ、ヨリ、Φ｝
　　　G =｛ノ｝

　このように規定すれば、G は C4 とのみ共起し、C1、C2、C3 とは共起しないという記述で対応できる。また、「13 頁までに書いてある」「16 頁からが面白い」「13 頁までと 16 頁からとを読みたまえ」のように使うこともあり、C4 のあとに C1、C2、C3 が現れることがある。実質的に、これらの C1、C2、C3 は前方に現れても後方に現れても格助詞として変わるところはないが、スロット構造を明確にしておく必要があるので、全体を表す場合は、前方に現れるものを Ca1、Ca2、Ca3 とし、後方に現れるものを Cb1、Cb2、Cb3 としておく。C4 については同様の区分はない。
　ト、ヤなど並列に関わる助詞を並列助詞（Taxis particle）というカテゴリーにまとめて、T スロットを設け、F2 のあとに置く。ヤは「A だけや B だけは」のように使い、並列される名詞句の間にしか入らない。ト は「A だけと B だけとは」のように、個々の名詞句に付けられる点で異なるが、ここで倚辞スロット構造として想定しているのは並列された名詞句全体ではなく、並列を構成する個々の名詞句のことなので、T スロットにヤとトが出現できる条件を指定すれば、対応できるだろう[13]。
　さて、ハとモと φ については、C1、C2、C3 について区分できれば、(85)(86) を以下のように、記述しなおすことができる。

(92)　F3 ＝［ハ、モ、φ］であれば、C1 ＝［Φ］

　　　F3 ＝［ハ、φ］であれば、C2 ＝［Φ］、F3 ＝［モ］であれば C2 ＝
　　　［ヲ、Φ］

　　　F3 ＝［ハ、モ］であれば、C3 ＝［ニ、Φ］、F3 ＝［φ］ならば C3 ＝
　　　［Φ］

　なお、F3 スロットは「君こそは」や「それすらも」などを考えると F2
のあとにあるはずであり、G スロットは、F3 スロットと排他的分布をなす
と考えられるが、暫定的に F3 の前に配置しておく。これに加えて、いわゆ
る間投助詞のネ・ヨ・サ・ナを談話助詞（Discourse particle）として D スロッ
トを倚辞スロット構造の末尾に置く。以上を総合して、倚辞スロット構造の
全体像を示すと、(87)(88)(89)のようになる。以下における N は名詞であ
るが、複合名詞でもよく、前方に連体句や連体節を伴っていてもよい。

(93)　日本語の名詞句に後接する助詞類は倚辞の特性を持ち、各々が出現し
　　　うるスロットが連続する配列構造が仮定できる。

(94)　日本語倚辞スロット構造配列案

　　　N─Qa─F1─Ca1─Ca2─Ca3─C4─Qb─F2─Cb1─Cb2─Cb3─F3─G─D

　むろん、このスロットすべてに形態素が入ることはない。例えば、連続す
る C1、C2、C3 ではいずれか 1 つのスロットしか使われることがなく、F3
にハが入れば、その前にある C1 と C2 はいずれも使われることがない。こ
の種の指定を精密に行えば、さまざまな後置詞類（＝倚辞）の複合配列につ
いても、記述し、また、説明ができる。例えば、(95)(97)の下線部であれ
ば(96)(98)のように記述できることになる。

(95)　真意を伝えられなかったこと<u>だけこそが</u>彼の心残りだったのだ。

(96)　N─Qa─F1─Ca1─Ca2─Ca3─C4─Qb─F2─Cb1─Cb2─Cb3─F3─G─D

N–$\boxed{だけ}$–$\boxed{F1}$–$\boxed{Ca1}$–$\boxed{Ca2}$–$\boxed{Ca3}$–$\boxed{C4}$–$\boxed{Qb}$–$\boxed{こそ}$–$\boxed{が}$–$\boxed{Cb2}$–$\boxed{Cb3}$–$\boxed{F3}$–$\boxed{G}$–$\boxed{D}$

(97)　12 ページまで<u>だけ</u><u>を</u>すべて訳した。

(98)　N–$\boxed{Qa}$–$\boxed{F1}$–$\boxed{Ca1}$–$\boxed{Ca2}$–$\boxed{Ca3}$–$\boxed{C4}$–$\boxed{Qb}$–$\boxed{F2}$–$\boxed{Cb1}$–$\boxed{Cb2}$–$\boxed{Cb3}$–$\boxed{F3}$–$\boxed{G}$–$\boxed{D}$

　　　N–$\boxed{Qa}$–$\boxed{F1}$–$\boxed{Ca1}$–$\boxed{Ca2}$–$\boxed{Ca3}$–$\boxed{まで}$–$\boxed{だけ}$–$\boxed{F2}$–$\boxed{が}$–$\boxed{Cb2}$–$\boxed{Cb3}$–$\boxed{F3}$–$\boxed{G}$–$\boxed{D}$

　本論は、ハとモを中心に副助詞の統語語用論的分析を行うものであり、次節で倚辞スロットを踏まえて、両者に関わる議論を見直しつつ、若干の修正をし、新しい提案を行う。

4.　副助詞における形態論と語用論の分離

　ハは、提題にせよ、対比にせよ、F3 の位置に出て、先行部では C1 のガ格と C2 のヲ格が表層に現れることを許さない [14] という点で特性は単純である。後続部においても談話助詞の D スロットにネ、サなどが現れることはあるが、属格の G スロットには何も入れられない。このことは単に「〜はの」という形態素連続がないことからも確認できる。

　しかし、モについては、「〜もの」という形態素連続はあり得る。このとき、モが F3 スロットに現れているのだとすると、F3 スロットと G スロットが共起する例になってしまう。「〜もの」の用例は、先に量的評価とした用法である。

（99）　太郎は高級車を 4 台も持っている。

（100）次郎は高級車を 4 台は持っている。

（101）太郎は 4 台もの高級車を持っている。

（102）*次郎は 4 台はの高級車を持っている。

　連体修飾にも連用修飾にも用いうるモは、（99）と（101）が可能でいずれも「事前想定よりも多いという量的評価」を意味する点でモは同じ機能を果た

している。ハは一方、連用修飾の（100）は成立するが、連体修飾にした（102）は非文となる。このときのモは評価に過ぎないので、（99）（101）からモを消し去っても事態の意味は変わらない。つまり、《量的評価》のモは命題の真理値に関与しない。しかし、ハは（8）（G）に述べたように、限度境界値を表し、（100）は次郎の所有する高級車が5台であっても成立するが、ハを取り去ってしまえば、所有する高級車が5台の事態を表す文としては「偽」である。今回「しか〜ない」は議論していないが、これも《量的評価》という点でモと同じである[15]。

　量的評価のモは、これまで見てきたように、数量詞に後接する際に量的評価を表すのであるが、（103）（104）のように数量詞以外に不定数量を表すものでもよく、（105）のように疑問詞につく場合もある。

（103）友人が何人も見舞いに訪れた。／何百冊もの本を処分した。
（104）新作ゲームソフトを販売する量販店の店頭では、何十人もが行列をつくっていた。
（105）誰もが不信に思った。／荷物は何も持ってこなかった。

　不定数量は主に「なん」に類別詞がついたものであるが、「なん」のあとに桁を表す「千」や「百万」などがついてもよく、「なん」のほかに「すう（数）」でもよい。また、連体数量詞にしても、連用数量詞にしても、いずれでも成立する。（103）では、「数人も」とすると違和感があるが、「数十人も」なら不自然さはない。「数」では一桁の多くない数（おおむね3〜7くらいか）を想定させるので、モの量的評価と整合しないのだろう。（104）では「何十人も」に主格のガがついている。モをF3とした場合、現在の構造では、モのあとに現れるのは、GスロットのノとDスロットのネなどだけであり、（104）は（94）の倚辞スロット構造案では指定されておらず、カバーされていないことになる。

　記述の精度を高めるには、（94）のスロット構造案を修正することが考え

られる。「何十人も」のあとには、ガ以外にもヲやニやカラも現れるので、修正するなら C1、C2、C3、C4 を F3 のあとに更に追加することになるだろう。この場合、C が現れる位置は 3 つめということになるので、Cc1、Cc2、Cc3、Cc4 のようにすればよい。しかしながら、現状でも使わないスロットが多いので、これ以上、追加するのは好ましいとは言えない。しかも、この方法では F3 と G のスロットの共起制限の問題は解消されない。

　もう 1 つの改善案は、モに F3 以外のスロットに入るものを認めるというものである。F3 はハやゼロ助詞とともにモも入れているが、F3 スロットに入るモと別のスロットに入るモを分けて設定し、後者のモが格助詞や G スロットのノと共起することを可能とする記述にすれば問題はなくなる。問題はモを F3 とどのスロットに入るものとするかである。

　F3 に入るハとモを少し比較して記述しておきたい。モとハは松下 (1930) の合説と分説がよく知られているが、日本語を母語にするものにとってはこの 2 つの焦点辞は、意味と機能がまったく違い、どちらを使うべきか迷うようなことにないこともあり、とりたて詞や副助詞あるいは係助詞として、1 つの品詞的範疇に含めることはあっても、その機能を比較する必要は感じられず、管見の限り、直接比較対照をしているものはない。

　ハもモも、ホストとなる要素に大きな差はない。モが量的評価になるときは主に数量詞につき、その数量詞は「数百人」のような概数でもよいが、この点はハの限度境界の用法でも変わらない。

(106) 今日の研究会に 40 人は参加した。

(107) 今日の研究会に 40 人は参加しなかった。

(108) 今日の研究会に 40 人も参加した。

(109) 今日の研究会に 40 人も参加しなかった。

　肯定文における限度境界値を示すハと、事前の想定数量を越えて「多い」という評価を示すモの違いは既に述べたので繰り返さない。否定文の場合、

ハでは「限度境界値を超えないこと」を、モでは「事前の想定数量を超えて多いと評価した値に届かないこと」を示すため、命題の真理値はハでもモでも同じである。そして、両者の明確な違いの1つが連体修飾の可否である。(96)(97)に見たように、ハが連体修飾句に現れることは許されないが、モは可能である。これは単純に「数量詞＋モ＋ノ＋名詞」は可能でも、「数量詞＋ハ＋ノ＋名詞」は不可能で、後者は統語構造として形式的にハノが許容されないと記述しても事足りる。モについて、モノが許容されるが、これは量的評価のモだけに可能なことであって、(110)と同趣旨のことを(111)のように《同一範疇判断》のモを連体修飾に使って表すことはできない。つまり、《同一範疇判断》のモについては、モノは許容されない。(106)はモを取り去れば適格な文として成立する。

(110) 次郎が参加したことに加えて、太郎も参加したことが、花子を喜ばせた。
(111)*次郎の参加に加えて、太郎もの参加が花子を喜ばせた。

　このほかにモは疑問詞に後接して全称数量詞に変える機能を持つ。「どれ」にモを付した「どれも」は「どれ」が指示しうる事物や事象すべてを指す。そして、(112)のように肯定文でも否定文でも使える。「だれ」にモを付した「誰も」も全称数量詞化するが、(113)に見るように、「誰も」は否定文では使えるが、肯定文では使えないものの、修辞疑問形など実質的に否定文の解釈ができれば成立するので、形式的な肯定文・否定文よりも意味的な肯定文と否定文とするのがより正確だろう。そして、「誰も」は(114)に見るように、格助詞をつければ肯定文でも使える。(112)の「どれも」も肯定文・否定文いずれも場合でも、格助詞を付すことができる[16]。

(112) どれもおいしい。／どれもおいしくない。
(113)*誰も支持する。／誰も支持しない。／*cf.* 誰も支持するものか！

（114）誰もが支持する。／誰もが支持しない。

（115）どこも混んでいる。／どこも空いていない。[17]

　しかし、すべての疑問詞のふるまいが一様なのではない。「何も」や「どこも」は否定文に使えるが、肯定文には使えず、格助詞をつけて使うこともない。「どこ」は（115）に見るように、肯定文でも否定文でも使えるが、格助詞をつけて使うことはできない。以上の観察を総合すると、類型としては以下の4タイプに区分できることになる。疑問代名詞の「なに、だれ、どこ、いつ、どれ、どっち」についてみてみると、以下の表のようになる。なお、「なぜ」は疑問副詞とし、ここでは対象にしない。「どいつ」「どなた」なども疑問代名詞であるが、「どっち」「だれ」の文体的変異形として扱う。

（116）モと疑問詞の関係

類型名	モの後接に関する特性記述	該当する疑問詞
第一類型	疑問詞＋モは否定文・肯定文ともに可。格助詞をつけて使うことも可。	どれ、どっち
第二類型	疑問詞＋モは否定文・肯定文ともに可。しかし、格助詞をつけて使えない。	どこ、いつ
第三類型	疑問詞＋モは否定文でのみ可。格助詞をつけて使うことができる。	だれ
第四類型	疑問詞＋モが否定文でのみ可。格助詞をつけて使うこともできない。	なに

　上記のタイプでは、第二類型と第四類形は格助詞がつけられないが、第一類型と第三類形は格助詞をつけることができるものである。数量詞にモがつく場合は、「300人もと年賀状をやりとりしている」のように全くないわけではないが、これは「300人の友人と」など連体数量詞句の主要部名詞を省略した表現とみることもでき、一般に、数量詞＋モは連用数量詞として使われていることを考えると、格助詞の後接はあまり考慮しなくてよいと思われる。しかし、疑問詞につく第一類型と第三類型が排除されないようにしてお

く必要がある。また、全称数量詞化と量的評価は近い関係にはあるものの、これらを同じ意味機能として括るのは雑駁な扱いであろうが、格助詞についてもスロットは形態格で考えており、意味機能の違いを考慮しておけば、スロットは同一であっても問題はない。

　上述の倚辞スロット構造の検討では、量的評価に関わる副助詞が現れる位置として、Qスロットを立て、格助詞の前にQa、格助詞の後にQbを便宜上置いている。量的評価に関わる点ではモも、Qスロットに現れうるダケ・バカリ・ノミと同類と考えることが可能であり、形態統語的には《全称数量詞化》も同じように扱うとすると、Qスロットにモが出現すると考え、当面、QaとQbに現れうると記述しておく。

　ここでの議論をまとめて、モの特性に関して(63)の(A)〜(D)に以下の(E)を加えることにする。

(63)　(E)モ₁(副助詞)は《同一範疇判断》を表し、F3スロットに置かれる。モ₂はQaないしQbスロットに置かれ、量的評価を表すか、全称数量詞化を行う。モ₂が不定数量を含む数量詞句につくと量的評価を表し、疑問詞につくと全称数量詞を形成する。いずれもQスロットに置かれ、Gスロットのノと共起して連体修飾句をなしうる。

　一方、数量詞につくハは限度境界値を意味するが、ノを後接させて連体数量詞句をなすことはなく、うしろに格助詞が現れることもないので、F3のままでよい。ハはすべての用法においてF3の焦点辞スロットに置かれるが、モは意味機能によってF3とQa/Qbに分かれる点で大きく異なる。単に副助詞やとりたて詞として一括すべきでないのはこういった理由からである。

5. まとめと今後の課題

　本論では、ハとモを中心に日本語の副助詞類の形態統語論と語用論的特性を考察している。なお、ハやモを含むカテゴリーを「とりたて詞」と称するのは、文法研究史を考慮すれば理解できる面はあるものの、助詞のなかの一下位領域とするには名称の整合性が弱く、「係助詞」は係り結びという形式的対応を喪失している現代日本語にあっては古典文法の係助詞の後継性を過剰に提示し、意味的な特性として「係り」を強く想定せざるを得ない用語であるという点で、両者は範疇名として相対的に妥当ではなく、副助詞と称するべきと考えるが、これは本論の主張の主眼ではない。

　ハが主題性と対比性を有するも両者は排他的な関係に必ずしもあるわけではなく、連続的な関係にある。文は1つの節が1つの命題に相当するとき、文末で陳述として機能する述部と対応する主節にあって単一の主題が存在することを原則とするため、複数の主題は存在せず、節内に複数のハが存在するときは1つ以下の主題を除外すれば他は対比となる。対比は同一階層内で同一意味格に付すことはできない。対比は焦点性が強く、通例、照応する先行詞が文脈に存在する照応現象となるが、ハ句が多く存在すると照応の意味計算の負担が過大となり、語用論的に不自然になる。

　一方、モは節内に複数のモが存在するとき、同一階層内の同一意味格が連続するときは、原理上はいくつ存在しても受容される。ただし、同一階層内の異なる意味格で用いるときは、焦点性が強まり、ハの場合と同じように照応の意味計算が過大になるため、語用論的に受容度が低下する。

　ハは、数量詞につくとき限度境界値を表す。意味用法は、主題や対比と異なるが、対比が限定の意味を帯びる場合とは派生上近い関係にある。しかし、出現する位置を考えると、主題・対比・限度境界値のいずれも同一の範疇（同一スロット）にある。

　モは、数量詞につくとき、「事前の想定数量よりも多い」という量的評価を表し、疑問詞につくとき全称数量詞化の機能を持つ（後者はハにはない用

法機能である）。それ以外の一般的なモの用法は同一範疇判断であるが、同一範疇判断のモと量的評価・全称数量詞化のモは、異なる範疇（別のスロット）に属する。

他の助詞との承接順序について第 3 節ではスロットを仮定してモデルを提案した。名詞（N）のあとに現れうる助詞類を以下の（117）のように分類し、助詞類を倚辞（clitic）の一種とみて、倚辞スロット構造（94）を仮定する。

（117）
　　　Q：量的評価助詞スロット　F：焦点辞スロット　　C：格助詞スロット
　　　G：連体格助詞スロット　　　D：談話助詞スロット
　　　Qa と Qb, Ca と Cb は所属する助詞形式は同一で位置が異なる。
　　　F1 と F2 と F3、また、C1 と C2 と C3 と C4 は、所属する助詞が異なる。

スロットに属する個々の形式はここでは繰り返さないが、ハはいずれの用法も F3 に現れ、モは同一範疇判断は F3 に現れるものの、量的評価と全称数量詞化は Q（Qa もしくは Qb）に現れる。すなわち、ハはすべて同じスロットにあるのに対して、モは用法ごとに現れるスロットが分かれる。

（94）　日本語倚辞スロット構造（再掲）
　　　N–Qa–F1–Ca1–Ca2–Ca3–C4–Qb–F2–Cb1–Cb2–Cb3–F3–G–D

このスロット構造では、すべてのスロットに何らかの形態素が現れることはなく、相互に共起制限がかかる。例えば、Ca1、Ca2、Ca3、C4 はいずれか 1 つしか選択されず、Cb1、Cb2、Cb3 も同様で、同一形態素が重複して現れることができないなど、制約がかかっている。

倚辞スロット構造は、ハとモの議論のために、概略的に提案したもので、細部の記述を加え、より説明力を高める必要があるが、その点については機

会を改めたい。例えば、カラとマデについては、格助詞以外に副助詞も想定できるが、どのように記述すべきか、検討しなければならないと考えている。

注

1　松下文法では、原辞・詞・断句の3段階があるとされ、詞には単詞と連詞が設定される。2つの詞から統合体が連詞で、理論言語学で言う phrase にやや近いと考えていいだろう。修用語はおおむね連用修飾句に相当する。

2　表記上は「とりたて」「取り立て」などが混在し、枠組みの系統が反映していると見えることも承知しているが、ここではひらがなで統一して表すことにする。

3　山田（1922: 191–234）には、副詞詞・終助詞・間投助詞がみずからの創案であったことが記されている。格助詞という用語の導入も山田によると思われるが、鶴峯戊申が case の訳語としての「格」を用いていたことから、山田が格助詞という用語と概念をつくったとまでは言えない。これらの用語は、橋本を介して学校文法に持ち込まれているが、学校文法はその性質からして用語の典拠まで記さないので、山田の功績はいわば隠されてしまったことになる。

4　加藤（2017）では、文脈を形式文脈・状況文脈・知識文脈・その他に分けており、形式文脈とは、言語的に形式化された文脈を指す。形式文脈内での指示は、いわゆる文脈指示、あるいは照応にあたる。

5　加藤（2009）では、形式文脈にある情報内容は話し手と聞き手が共有する義務（形式文脈共有義務）が課されるとする。

6　ここで言う「ガ格」は加藤（2013）で言う「非斜格」と同じものを指すが、本論では「ガ格」で統一する。

7　例えば、「太郎 ｛に／には｝ 殴られた」はいずれでもよいが、「に」を「は」に置換できない。「京都 ｛に／には／は｝ 行った」はいずれでもよい（が、着点でも消去しにくいときもある）。「自宅 ｛に／には｝ いる」はいずれでもよいが、「は」に置換すると据わりが悪い。「私はそのことを花子 ｛に／には｝ 教えてもらった」はいずれでもよいが「は」に置換すると不自然になる。

8　（30）の「山に」のニ格は場所格、「芝刈りに」にニ格は目的格で、同一形態格でも異なる意味格ゆえ重複制約ではない。

9　例を挙げると、「食べ ｛は／も｝ する」「さみしく ｛は／も｝ ある」「厳かで ｛は

／も｝ある」「ゆっくり（と）｛は／も｝走れる」。

10 ここでの従属節は、節末に接続助詞をとるものを想定している。このほかに、「N＋格助詞＋だ」でも構造上は同様の現象が考えられるが、これらは「この手紙は花子からだ」のような分裂文に現れ、「N＋格助詞」が情報構造上の焦点となる。そこにさらに焦点辞としてのハやモを付加すると、内容が複雑になり、それを支える文脈をあつらえなければ自然にはならない。例えば、「この手紙は花子からでもある」とすると、「この手紙の差出人の欄には葉子の名前しか書いていないが、文面は葉子と花子が相談しながら書いたので、この手紙は花子からでもある」のように、焦点が二重になる複雑な事情を説明する必要が生じ、例文としては挙げにくいが、文として統語的には成立する。

11 なお、形態素代入なしの意のときには大文字のファイ（Φ）を用いるものとし、ゼロ助詞を表す小文字のファイ（φあるいはϕ）とは区別することにする。ゼロ助詞は一種のゼロ形態素であるが、Φは形態素がないことを表すものであって、ゼロ形態素とは異なる。

12 小文字のϕはゼロ助詞を表す。ゼロ助詞は他のスロットをすべてΦ、つまり、形態素なしにしなければならないが、カテゴリー上はF3とすべきなので、ここでは暫定的に（80）のように記述しておく。

13 Ｔを加えると以下のようになる。

《N－Qa－F1－C1－C2－C3－C4－Qb－F2－T》－C1－C2－C3－F3－G－D

並列助詞の入るＴスロットは《　》の部分を反復することを可能にするが、ヤは後続部に《　》が存在しなければＴスロットに入れることができない。一方、トは後続部に《　》が存在すればＴスロットの表層に現れなくてもよい。以上の記述によって、「太郎からや次郎からや三郎からはね（プレゼントが届いたんだよ）」であれば、「太郎からや」は《N－C4－T》となり、「次郎からや」も同様の構造になる。「三郎から」では「や」が表層に現れないが、同様の構造を想定すればよい。「太郎からや次郎からや三郎からはね」は、｛《N－C4－T》＋《N－C4－T》＋《N－C4－T》｝－F3－Dという倚辞スロット構造になる。

14 厳密に言えば、「これヲバしばし拝借いたしますぞ」のヲバはC2–F3はハが逆行同化で子音部が音韻的に有声化してバになったもので、東京方言でも古風な文体として残存している。ただ、日常一般に用いるものではないので、記述を単純化するために、C2–F3の「をは」は表層で許容されない形として扱う。一方、ヲバは九州方言や東北方言の一部では、ヲバはバだけの形になり、提題や対比の焦点機能ではなく対格マーカーとしての機能が主になっている。

（1）（北奥方言）「ダレ－バ　　ヨブ－ベ－ガ－ナ」（誰－バ　呼ぶ－べ－か－な）

（2）（標準語）「＊誰は　呼ぼうかな」

問い返しなどを除けば、標準語でハは疑問詞につけない。これは北奥方言でも「何は足りないの？」に相当するハの使い方「ナニ−ハ　タンネーンダ？」は非文であり、同様の規則が適用されている。加えて、ハとバが対立しており、後者が対格標識になっているので、（1）は「誰を呼ぼうかな」の意で適格となる。つまりは、東北方言・九州方言におけるバは C2 の表層形式と見ることができる。

15 このため「三郎はクルーザーを 2 台しか持っていない」は「三郎はクルーザーを 2 台持っている」と命題の表す事態は同じである。もちろん、「三郎はクルーザーを 2 台も持っている」としても命題が表す事態は同じである。

16 これらの多くは「でも」を付して、「誰でも」のように使うことができるが、これは疑問詞＋モという、ここでの検討対象とは異なる。本論では、疑問詞＋コピュラの連用形＋も、コピュラの連用形＋モの「でも」が譲歩を表すと考えるが、別の機会に論じたい。

17 これらの「どこも」にアクセントの違いがあり、注意を払うべき重要な相違点だと思われるが、本論で扱う範囲を超えるので、ここでは論じない。なお、東京方言では、「どこも」は、肯定で HLL が優勢で、否定で LHH が優勢である。

参考文献

井島正博（1999）「助詞から探る日本文法③　副助詞・係助詞（とりたて詞）あるいは談話構造」『月刊言語』28（3）: pp.122–127．大修館書店

奥津敬一郎（1974）『生成日本文法論—名詞句の構造』大修館書店

加藤重広（2002）「言語使用における動機のあり方について」『富山大学人文学部紀要』36: pp.43–50．富山大学人文学部

加藤重広（2003）『日本語修飾構造の語用論的研究』ひつじ書房

加藤重広（2006a）『日本語文法　入門ハンドブック』研究社

加藤重広（2006b）「線条性の再検討」『言語基礎論の構築の構築へ向けて』pp.1–25．東京外国語大学アジア・アフリカ言語文化研究所

加藤重広（2009）「動的文脈論再考」『北海道大学大学院文学研究科紀要』128: pp.195–223．北海道大学文学研究科

加藤重広（2013）『日本語統語特性論』北海道大学出版会

加藤重広（2015）「形容動詞から見る品詞体系」『日本語文法』15（2）: pp.48–64．日本語文法学会

加藤重広（2017）「文脈の科学としての語用論—演繹的文脈と線条性」『語用論研究』18: pp.78–101．日本語用論学会

教育科学研究会（1963）『文法教育：その内容と方法』麦書房

鈴木重幸（1972）『日本語文法・形態論』むぎ書房

寺村秀夫（1981）「ムードの形式と意味（3）取り立て助詞について」『文藝言語研究　言語篇』6、pp.53–67．筑波大学文芸言語学系

寺村秀夫（1991）『寺村秀夫論文集　日本語文法篇』くろしお出版

沼田善子（1985）「第2章　とりたて詞」奥津敬一郎・沼田善子・杉本武『いわゆる日本語助動詞の研究』凡人社

服部四郎（1950）「附属語と附属形式」『言語研究』15: pp.1–26.

松下大三郎（1930）『改選標準日本文法（昭和五年訂正版）』中文社（復刊、『改撰標準日本文法』、勉誠社、1974年）

益岡隆志（1991）『モダリティの文法』くろしお出版

益岡隆志（2007）『日本語モダリティ探究』くろしお出版

三上章（1960）『象は鼻が長い』くろしお出版

宮田幸一（1948）『日本語文法の輪郭：ローマ字による新体系打立ての試み』三省堂（復刊、鈴木重幸、仁田義雄解題、くろしお出版、2009年）

村木新次郎（2012）『日本語の品詞体系とその周辺』ひつじ書房

村木新次郎（2015）「日本語の品詞をめぐって」『日本語文法』15（2）: pp.17–29.

山田孝雄（1922）『日本文法講義』寶文館

de Saussure, Ferdinand（1916）*Cours de linguistique générale*, Paris: Payot.

比喩を導入する構文としての
直喩の語用論的機能

小松原哲太

1. はじめに

　比喩表現は、ある存在に別の存在を重ねて見て取ることで、ターゲットと
なる存在の特定の性質を浮き彫りにする機能をもつ。修辞学において比喩が
長らく注目されてきた理由の1つは、この比喩の特別な修辞的効果にある
と言える。(ː)は、宣教師の顔が「鱚または鰤」の尖った頭部に喩えられて
おり、特徴的な面立ちを眼前彷彿とさせる効果が感じられる。

（１）　三四郎は生まれてから今日に至るまで西洋人というものを五、六人し
　　　　か見たことがない。そのうちの二人は熊本の高等学校の教師で、その
　　　　二人のうちの一人は運悪くせむしであった。女では宣教師を一人知っ
　　　　ている。随分尖がった顔で、鱚または鰤に類していた。

（夏目漱石『三四郎』：21）

　認知言語学における比喩研究は、修辞的効果とは異なる側面から、比喩の
重要性を明らかにしている。比喩という現象が言葉の綾の領域にとどまるも
のではなく、人間の概念体系の根幹が比喩的であることを明らかにした
Lakoff and Johnson（1980）は、比喩を言語学の重要な研究対象に押し上げた
という点で歴史的な意義をもつ。Lakoff らによる概念メタファー理論は、
比喩の認知メカニズムの解明を企てる認知言語学の比喩研究の方針を決定づ

けた。その結果として、認知言語学では概念の体系と構造の中に潜む比喩の
メカニズムが解明されてきたが、その一方で、比喩がコミュニケーションに
おいてどのように役立つかという「機能」の問題は本格的には論じられてこ
なかった。

比喩の体系と構造は、根源的には、コミュニケーションにおいて比喩が果
たす記号機能、談話機能、相互行為機能の慣習化から形成されたものである
と考えることができる。本論文は機能主義の立場から、比喩の体系と構造
を、比喩の機能から創発してくるものとして位置づける。本稿では、比喩の
語用論的機能 (i.e. 言語使用のコンテクストに埋め込まれた比喩の機能) に焦
点を合わせ、比喩の機能は具体的な表現方法によってどのように異なるのか
という問題を論じる。

本稿では、日本語の直喩表現を機能の面から分類する。その表現が比喩で
あることを明示する直喩 (simile) の表現は、比喩であることを暗黙の内に伝
える隠喩 (metaphor) と比べて、受け手を比喩の理解に導くためのより多く
の言語的ヒントを伴っている[1]。例えば (1) は、「類していた」という表現が
異なる存在 (i.e.「宣教師」と「鱚または�」) の類似性を明示的に言語化して
いるという点で、直喩の用例であると言える。

日本語の比喩研究では、この種の直喩の表現様式が非常に多様であること
が指摘されている (中村 1977、山梨 1988: 36–39、鍋島 2016: 254–263)。し
かしその一方で、具体的な表現形式の差が、どのような機能的差異を生み出
すのかという点については、本格的には考察されてこなかった。また英語の
比喩研究では、隠喩 "My job is a jail" に対する直喩 "My job is *like* a jail" の
ような典型的な比喩の名詞述語文の最小対のみを取り上げ、直喩と隠喩の差
は何かということが論じられることが多かった (Chiappe and Kennedy 2000,
Glucksberg and Haught 2006, Barnden 2012)。この種の直喩と隠喩の対照性
は重要な研究課題の 1 つではあるが、言語形式の多様性という観点から見
ると、英語の比喩研究は、非常に限定されたスコープの中でなされてきたと
言える。結果として、日英語の直喩研究の潮流の中では、直喩の表現様式が

多様であること、また典型的には隠喩との対照性をもつということが強調されており、直喩という言語現象の中に、機能的な多様性が存在するという事実は注目されてこなかった。

本稿では、直喩を、比喩的な認識を談話ないしテクストに導入する多様な構文現象として捉える。2節では、直喩の一般的な機能的特徴について考察し、3節では、直喩表現の多様性と典型性について論じる。4節から6節では、比喩を導入していることを受け手に明示する機能のちがいに応じて、「強い直喩」と「弱い直喩」の区分が重要になることを示し、この2つのタイプの直喩の機能的特性を明らかにする。

2.　比喩の経験

直喩は、その表現が比喩であることを明示するような表現である。では「その表現が比喩である」と理解する時、受け手は何を経験するのだろうか。アリストテレスは、比喩は「眼前彷彿とさせる」（『弁論術』第三巻第十章、1410b33）と言っている。他者とのやりとりの中で比喩が役立つのは、比喩が、生き生きと目に浮かぶように描き出すという表現効果をもたらすからである。例えば「愛の芽」「情熱の蔓」「死の鞭」のように、比喩は抽象的な存在にイメージの活力を与える。

比喩とは何かをめぐる長く複雑な議論の中で、概念メタファー理論は、比喩は「概念体系における領域間の写像」（Lakoff 1993: 203）であるという認知的な定義を提示している。広範囲にわたる比喩の用例が、「写像（mapping）」という観点から体系的に説明されるという説得的な証拠が数多く示されている（e.g. Grady 1997, Kövecses 2010）。しかし、概念メタファー理論は、比喩の言語表現が用いられる具体的な場面で、言語主体がどのような経験をするのかという問題には深くは立ち入らない。

関連性理論は、この問題をより直接的に論じている。関連性理論は、創造的な比喩がもつ驚きと美は、文脈に応じて受け手の責任で復元される「広い

範囲に及ぶ適切な弱い推意を定める」(Sperber and Wilson 1995: 237) プロセスの中にあるとする。ただし、「弱い推意」は言葉の綾がもたらす詩的効果全般の特性であり (ibid., p.222)、関連性理論は、比喩だけがもつ語用論的特性を示しているわけではない。

　比喩が「眼前彷彿とさせる」のはなぜだろうか。この比喩の特性である生き生きとしたイメージの仕組みを分析する上で、比喩はある存在を別の存在「と見る (seeing as)」ことであるとする Hester (1967) の理論は興味深い示唆を与える[2]。

図 1　「見る」と「…と見る」(Jastrow 1901: 295)

　Hester (1967: 169–186) は、Ludwig Wittgenstein の *Philosophical Investigations* における両義的イメージに関する分析をもとに、比喩の考察を行っている。例えば、図 1 をただ「見る (see)」だけではなく、兎あるいは家鴨「と見る (see as)」ことに成功するためには、想像力を用いて図の中に動物のイメージを見いだすことが必要になる。イメージの両義性を理解することは、あるゲシュタルト B が与えられていて、B を 2 つの異なるイメージ A または C〈と見る〉ことである。比喩の場合は逆である。喩える対象と喩えられる対象が表現されることで、2 つの異なるイメージ A と C が与えられている。問題は、A と C の共通要素 B を構成することであり、比喩を理解することは、それから見ると A と C が同じであると言えるような視点 B を見つけ出すことである。

両義的イメージと比喩は類似した概念化の構図を背景にしている。両義的なイメージが見えたり見えなかったりする時のように、比喩は分かったり分からなかったりする。比喩が理解できない人を助ける方法は、ゲシュタルトの中に家鴨を見つけることができない人を助ける方法に似ている (Hester 1967: 182)。後者の場合には「この突き出た細長い部分が家鴨のくちばし、眼はここ」のような説明をすることで、共通のゲシュタルトの部分を家鴨の部分に対応づけることが容易になる。これを家鴨〈と見る〉ことに成功した人は「ああ見えた (Now I see)」と言うことになるだろう。

（２）　a. ?嘘は河豚汁である。
　　　　b. 嘘は河豚汁である。その場限りで祟がなければこれほど旨いものはない。しかし中毒たが最後苦しい血も吐かねばならぬ。

(夏目漱石「虞美人草」：174)

［? はコンテクストが不足しており適切性を欠くことを示す］

　比喩について言えば、例えば (2a) のような新奇な比喩の場合、(2b) のような説明は理解の助けになる。喩える対象「河豚汁」と喩えられる対象「嘘」の共通性、すなわち比喩の**根拠** (ground) の列挙 (i.e. (2b) の第 2 文と第 3 文) を手がかりにして、嘘を河豚汁〈と見る〉ことに成功した人は「ああ分かった (Now I see)」と言うはずである。この比喩の成功体験は、単なる 2 つの観念の比較ではなく、図１のゲシュタルトの中に兎と家鴨の二重のイメージを見いだすように、嘘と河豚汁に共通するうま味や苦しみという観点から、両概念を二重合わせにして 1 つの存在として把握する経験である。「眼前彷彿とさせる」比喩の効果は、この喩えられる対象を喩える対象〈と見る〉経験に深く根ざしていると考えられる [3]。

　以上の Hester の考察は、直喩の特性に関する興味深い示唆を含んでいる。隠喩では、多くの差異をもつ 2 つの存在を、同一であると見ることができるような視点を見つけることが問題となる。理解が難しい場合には、受け手

を理解に導くための言語表現を付け加えることができる。共通の性質に言及することは、視点の構築を手助けするための言語的手段である。同じように、比喩であることを明示する直喩の言語的な**指標**もまた、比喩の理解をサポートする役割を担う。

（３）　a.?おばあちゃんたちは、菜の花ですよ。
　　　　b.　ばあちゃんたち、菜の花<u>みたい</u>ですよ。（…）菜の花ってほら、荒れた所にちゃんと咲くじゃないですか、毎年毎年。すごい生命力があって、１つ１つが小さな花が集まって、あんな風になって。だからほんと、このばあちゃんたちの<u>ように</u>思うんです。

（「筑豊」『新日本風土記』）

（４）?その女は随分尖（とん）がった顔で、鱚（きす）または鯑（かます）だった。

　例えば、「みたい」という指標を取りさった(3a)は、比喩としての理解は容易ではない。これに対して、指標をともなう(3b)の第１文は、「ばあちゃんたち」を「菜の花」〈と見る〉経験に受け手を導くための適切な導入の表現になっている。同じように、(1)の理解において感じられる眼前彷彿とさせる修辞的効果は、指標を取りさった(4)では失われる。

　以上の観察は、直喩が、比喩の導入を助ける表現方法の１つであることを具体的に示している。本稿では、比喩を導入するという直喩の一般的機能に着目し、直喩をさらに詳しく分類することで、表現方法のタイプによる直喩の機能的差異をより具体的に分析する。

3.　直喩の多様性と典型性

　比喩の導入が難しい場合、これを助ける典型的な言語的手段は、「この一見すると全く異なる２つの存在を比較せよ」というメッセージを添えることである。英語圏の修辞学では、しばしば直喩は like や as を用いた比較

（comparison）の表現であるとみなされてきた。日本語でも比況の助動詞「ようだ」「みたいだ」を用いた（5）のような例が、直喩の典型例としてよく挙げられる。

（5）　a.　滝の<u>ような</u>汗／兎の<u>ように</u>赤い目／よくできた人形の<u>ようだ</u>
　　　　b.　泥棒<u>みたいな</u>格好／氷<u>みたいに</u>冷たい／泉鏡花の小説<u>みたいだ</u>

　比喩の導入を助ける表現方法として直喩を捉える時、直喩に用いられる比喩の指標の要素は表1のような豊かな言語的多様性を示す。確かに比較表現は直喩の重要な1タイプではあるが、少なくとも日本語に関しては、比較に関係する指標だけを特別視する積極的な理由はないように思われる。中村（1977）は、中央公論社『日本の文学』所収の口語体・散文で書かれた小説を対象として、日本の近代および現代の各小説家の代表作50編から比喩の用例約2万例を収集し、比喩であることの指標となる表現を詳しく記述、分類している。観察された比喩の指標の要素は、表1のように、形態統語論的な観点からD（動詞的）、F（副詞的）、J（助詞的）、K（形容詞的）、M（名詞的）、R（連体詞的）、S（接辞的）の7つの「類」におおよそ分類されている。各類の要素は、比喩の指標としての機能の観点から「種」に分類されている（スラッシュは種の境界を示す）。「よう（だ）」「みたい（だ）」は、K類における1種の要素として位置づけられる。

　表1は一見網羅的であるように見えるが、実際にはそうではない。表1にない指標の要素として、少なくとも筆者の手元に「過ぎない」「類する」「共通性を認める」「むろん…ではない」「…の代用にはならない」のような指標が見つかる。中村自身も作例として、「匹敵する」「甲乙つけがたい」「しのぐ」「顔負け」「驚く」「かなわぬ」「そっちのけ」のような表現を挙げている（*ibid.*, pp.140–145）。比喩の導入を助ける直喩の指標は、文法形式の閉じた集合と見るよりはむしろ、比喩の経験のさまざまな側面を言語化する要素を組み合わせた諸構文の開かれたクラスターと見る方が適切であるよう

と思われる[4]。

　一方、使用頻度の観点から見ると、表1の要素は均質的に分布している
わけではなく、典型的な表現パターンが存在する。中村（1977）の調査では、
高頻度の構文パターンの上位10タイプは、1.「よう」、2.「まるで…よう」、
3.「よう…気がする」、4.「よう…もの」、5.「みたい」、6.「ほど」、7.「でも
…よう」、8.「よう…見える」、9.「…的」、10.「ごとし」である（*ibid.*, p.541）
（「よう」は助動詞「ようだ」の全活用形を含む）。この中で、助動詞「よう
だ」を含んでいる用例は5448例あり、全用例の約4分の1を占めている。

表1　比喩指標の要素（中村 1977: 448–452）

D類	感じる、思う、考える、心得る、受け取る、錯覚する、紛う、見る、眺める、見立てる、見せかける、たとえる、なぞらえる、諷喩する、扱う、する／比する、比較する／言う、言い直す、呼ぶ、形容する／なる、化す、変わる／感じられる、覚える、思える、思われる、考えられる、とれる、疑われる、錯覚される、見える、見られる、見なされる、眺められる、眼に映る、映る、聞こえる、響く、印象づけられる、扱われる／気がする、心持がする、心地がする／感じさせる、思わせる、思い出させる、思い起こさせる、思い浮かべさせる、想像させる、空想させる、連想させる、髣髴させる、錯覚させる、象徴する／見いだす／思い合わされる、髣髴（と）させる／想像される／思い出す、思い浮かべる、想像する、連想する／似る、相似る、似通う、通じる、一脈通じる、共通する、比較される／当たる、当てはまる、相当する、類する、よくある、ままある／劣る／違う／成す／ならう／例にする
F類	まるで、さながら、あたかも、ちょうど、いかにも、さも／いわば、言えば、言ってみれば、言ってみるなら、言うたら、例をとれば、たとえば、たとえて言えば、たとえて言うと、たとえて言うなら、たとえて言うが／そっくり、もはや、ほとんど、ほぼ、まず、まあ、むしろ、半分、なかば、ただ、せいぜい、いささか／まさに、まったく、実に、ほんとうに、ほんなこと、それこそ、どう見ても、文字通り／つくづく／今にも、あわや／つまり、結局、要するに、いずれ／なにか、なにかしら、なにやら、なんだか、どこか、どこやら、どこぞ、どことなく／仮に、もし／これでは、それでは、それじゃ、あれじゃ／まさか、なにも／大して、あんまり、どれだけも、露一つ、寸分／薬にしたくも／を見ると、を見たら／から見れば／なら、で言えば、にたとえると／がよく…ように、に見るように、にあるように、に時々あるように／ということがある、と言うでしょう、と言うじゃありませんか、ということがあるでしょう、という諺があるでしょう、という…があるが、ということもあるわけだし、のたとえ通り／ではあるまいし、ではないが

J類	ほど、くらい、ばかり、より、というより、に比べて、のほうが／でも、など、かたにか、かな（ん）ぞ／も、もまた、だって、さえ、すら、まで／に、と／というものは／の／…であれ…であれ、…と…は／…が…なら…は…、…なら…が…では…、…を…とすれば…は…、…を…と呼ぶなら…は…、…を…とすれば…は…にたとえてもいい、…は…だが…も…、…がかえって…でありむしろ…は…である
K類	近い、等しい、同じ、そっくりだ、瓜二つ、似たり寄ったり／同様、同列、同程度、一つ、一般、違いがない、変わりがない、違わない、変わらない、異ならない、選ぶところがない／同然／同類／その通り、そうだ、そんなの／わからない／ふさわしい、負けない、ひけをとらない、及ばない／比でない／よう、ごとし、みたい、らしい／そう、かねない／である、さ、ではないか、と言っていい、というところだ、といったところだ、というものだ、にほかならない、というよりほかはない、にすぎない、なんでも…と…ばまちがいない／ではない、ではあるまい／はよかった、とはよくも名付けた
M類	やつ、もの、代物、こと、まね、わけ／ようす、気配、ありさま、おもむき、風情、ふう、態（テイ）、状態、観、概、ぐあい、あんばい、調子、口調、姿勢、形、かっこう、顔、顔つき、おもかげ、色、形式、図／感、感じ、感触、気、気持ち、気分、心持ち、心地、心、思い、感慨、つもり、印象／役目、役割、模型、代わり／たぐい、一種／類似、相似／比喩、たとえ／錯覚
R類	へたな、どんな／大した、なんの／いわゆる、ほんの、ほんとの／一種の、ある種の、一つの、第二の／小…
S類	…もの、…色、…式、…なり、…状、…状態、…様（ヨウ）、…性、…役、…ふう、…づら、…はだ、…ばり、…なみ、…格、…級、…大、…程度、…以上、…型（ガタ）、…形（ケイ）、…気分／…的／…化／…気どり、…紛い、…扱い、…代わり／…めく、…びる、…じみる、…なす／…ぽい、…くさい／…そっくり、…同様、…同然／…そのまま、…さながら、…よろしく／…たる、…という、…という名の、…として／…そのもの／…ひとつ

　さらに、「まるで」「ちょうど」のような要素を含む例では、高い頻度で「ようだ」と共起している（*ibid*., pp.461–463）。以上の調査結果からは、助動詞「ようだ」は頻度の点で他の要素より重要であり、「ようだ」が直喩の典型例であるという従来からの指摘は妥当であったと言える。

（6）　a.　人生という旅／年齢という壁／家族という宝物

　　　　b.　潤滑油的存在／機械的作業／百科事典的知識

　　　　c.　子どもじみた行動／年寄りじみた趣味／所帯じみた顔つき

しかし、これまで注目されてこなかった高頻度の要素もある。例えば「…という」「…的」「…じみる」はS類の高頻度上位3要素である（*ibid.*, pp.482–484）。(6)のような表現は日常言語でも広く観察されるが、直喩の例として挙げられることは多くはない。比喩を導入する指標となる言語表現は思った以上に多様であり、使用状況の実情に即した直喩の研究を行うためには、直喩の多様性と典型性を考慮することが重要になると言える。

4. 構文としての直喩の指標

直喩は、表1に示すような要素を組み合わせて（ないしは単独で）用いることで、受け手を比喩の経験へと導く言語的手段である。本稿では、中村（1977: 182–186）の考察を基本として、比喩であることを示す形式を全体として直喩の「指標」と呼び、その指標を構成する個々の形式を指標の「要素」と呼ぶこととする。例えば「彼の形相は<u>まるで</u>鬼を<u>も</u>ひしがん<u>ばかりに見えた</u>」という例では、「まるで…も…んばかりに見えた」が指標であり、「まるで」「も」「ばかり」「見えた」等の個々の形式は指標の要素である。指標は単一の要素からなる場合もあれば、複数の要素からなる場合もある[5]。

直喩の主な機能は「その表現が比喩である」ことを受け手に明示する点にある。明示性の程度によって、直喩の用例が機能的に異なる2つのタイプに区分されるということが、本稿の論点になる。分類の鍵は、指標となる構文形式がどれほど強力に機能するかということである。第1のタイプは、比喩の指標となる構文形式に加え、指標以外の語彙の意味内容や語用論的な文脈を考慮することではじめて「その表現が比喩である」という解釈が得られる直喩で、これを**弱い直喩**とよぶ。第2のタイプは、比喩の指標となる構文自体が、構文にどのような語彙を適用するかによらず「その表現が比喩である」という解釈を強いる直喩であり、これを**強い直喩**とよぶ。この直喩の区別は、指標の機能にもとづく段階的な区分であり、指標の形式から規定される二分法ではない。しかし、以下で見るように、この区別に着目するこ

とによって、直喩の下位タイプの特性のちがいが明確になる。

（7）　a. ＆透明なものはガラスのように見えた。

　　　　b. ＆プラスチックはガラスのように見えた。

　　　　c.　軒先のつららはガラスのように見えた。

　　　　　　　　　　　　［＆は異なる2つの解釈があいまいであることを示す］

　ある直喩表現が強いか弱いかは、指標ではない語句を他の語句と入れ替えた例と比較すると明らかになる。「AはBに見えた」という構文は、弱い直喩の指標である。例えば（7c）のような場合、この構文は、文字通りに「つらら」が「ガラス」であると思ったわけではなく、比喩的に述べていることを明示する役割を担っており、比喩の指標になっている。これに対して（7a）では、比喩としての解釈も可能であるが、「透明なもの」が実際に「ガラス」なのではないかと推定しているとも解釈できる。（7b）の場合も、「プラスチック片」を「ガラス」に喩えているという解釈ができると同時に、見間違いを訂正していると解釈することも可能である。したがって、「AはBに見えた」という構文の用例が比喩であるかどうかは、AとBにどのような語彙が入るかに依存している。以上の考察から、（7c）、および比喩として解釈される（7a, b）は弱い直喩の例であると言える。

（8）　a.　透明なものはまるでガラスのようだった。

　　　　b.　プラスチックはまるでガラスのようだった。

　　　　c.　軒先のつららはまるでガラスのようだった。

　これに対して「AはまるでBのようだった」は強い直喩の指標である。AとBにカテゴリーの上下関係がある（8a）のような表現や、AとBにカテゴリーの同位関係を含意する範列関係（例えば「この器は…でできている」）にある（8b）のような表現も、ここでは比喩の解釈しか残らない。したがって、

(8) はすべて強い直喩の例であると言える。

　ある直喩の強弱は、生起する指標の機能によって決まる。しかしながら用語法の問題としては、ここで論じている「弱い直喩」および「強い直喩」とは、指標の下位分類ではなく、直喩表現の下位分類であることに注意する必要がある。指標について論じる場合には、例えば「A は B に見えた」は弱い直喩 “の指標” である等、明示的に言及することとする。

　弱い直喩では、指標となる構文と指標以外の語彙との相互関係によって比喩の意味が生まれる。これに対して、強い直喩は、指標となる構文形式が比喩の明示機能と対になっている。従来の研究では、「ようだ」「まるで」といった語自体が修辞性の標識になっていると考えられてきた。しかし、(7) からも分かるように、「ようだ」という語自体が、その文が比喩であるかどうかを決めるわけではない。このことは「まるで」についても同様であり、「まるで感覚が無い」「まるで知らない」という用例から分かるように、「まるで」という語自体は、文の修辞性を決定づける訳ではない。しかし「まるで…ようだ」という組み合わせは、修辞性の存在を含意する。言い換えると、「まるで…ようだ」の機能は構成要素の語の意味からは厳密には予測されず、構文全体と修辞性を示す機能とが対になっていると言える。

　直喩の指標が「その表現が比喩である」ことをどれほど強く示しているかによって、具体的な使用の文脈は異なり、コミュニケーションにおいて達成される事柄も異なっている。以下では、さまざまな直喩の指標を比較しながら、弱い直喩と強い直喩の機能の差異についてより具体的に考察する。

5.　弱い直喩

　弱い直喩の指標は、厳密には「その表現が比喩である」ことを明示しているわけではない。では、弱い直喩の指標は、実際には何をしているのだろうか。本節では、主観的経験および類似と差異を示す比喩指標を対象として、弱い直喩の特性を分析する。

5.1 比喩的経験のフレーム

　直喩であることに気づくことは「その表現が比喩である」ことを理解することである。弱い直喩では、指標自体が修辞性を明示するわけではないため、解釈主体が能動的に比喩の解釈に移行しなければならない。2節で論じたような、想像力を用いることで共通の視点から両者を重ね合わせるという比喩の経験に関するフレームを背景として、修辞的な解釈を能動的に行うことが弱い直喩の理解を支えている [6]。

　弱い直喩の指標は、修辞性を明示しているわけではないが、修辞的解釈を誘発するものとしては機能している。表1を観察していくと、指標の要素には、比喩の経験の様々な側面を言語化するものがあることが分かる。例えば「似通う」「共通する」は類似性を直接言語化する要素であり、「ではない」「ではあるまい」は差異性を焦点化する。「感じる」「思う」は比喩的認識が主観的であることの指標であり、「というより」「に比べて」は比較のプロセスを明示的にコード化していると言える。この種の直喩の指標を用いることは、比喩のフレームの一部分を活性化させることにつながる。フレームの一部に言及することは、フレーム全体を喚起するためのトリガーとなり、この意味では、弱い直喩の指標は、間接的には修辞的解釈への移行を喚起する機能を担っていると言える。

5.2 類似性の提示

　具体的に、いくつかの弱い直喩の振る舞いを観察することで、弱い直喩の特性を分析しよう。弱い直喩の指標の代表的要素である助動詞「ようだ」は、日本語の直喩全体の中で見ても非常に使用頻度が高い（第3節）。「ようだ」は比較と類似のプロセスに関係している。原形は古典語の「やうなり」であり、「やうなり」は体言「やう（様）」に断定の助動詞「なり」の接続したものである（永野 1964: 177）。「よう」は様子を意味する形式名詞であり、「ようだ」は"その様子である"という語源的意味をもっている。

（9） a. ?するとあんなにも大きかった笑いが、角砂糖のようになってしまいました。

　　 b. するとあんなにも大きかった笑いが、熱い紅茶に入れた角砂糖の<u>ように</u>見る見る消えてしまいました。　　（安部公房『壁』：58）

（10） a. ?タオルで顔を時計の秒針のように拭く。

　　 b. 小さく息をしながら、わたしはタオルで顔を時計の秒針の<u>ように</u>せわしく撫で回して汗を拭きつづける。（井上ひさし「女の部屋」：70）

　助動詞「ようだ」は、比較される2つの存在に何らかの共通様相があることを指摘しているだけであり、類似性の具体的内実を示すわけではない（cf. 小松原 2016b: 15–16）。「ようだ」を用いた創造的直喩には、さらに比喩の根拠になる類似性を示す表現が添加される傾向が観察される。例えば（9a）では、「笑い」と「角砂糖」の突飛な比較は理解しにくいのに対して、消え方が同じであるということに具体的に言及されている（9b）は、より理解が容易になる。（10b）でも「せわしく」「（撫で）回して」「（拭き）つづける」という根拠の提示によって、「タオル」と「時計の秒針」という意外性のある比較が正当化される[7]。

　根拠の提示は、喩える対象と喩えられる対象に内在するスキーマ、いわば比喩の"ゲシュタルト"の提示である。（9b）は、「笑い」が消えてしまったことを理解するために、「紅茶に入れた角砂糖」が消えてしまう様子を考えればよいことを示している。言い換えると、「消えてしまいました」という述部の意味には、「笑い」と「角砂糖」が重ね合わせられている。この概念の重ね合わせは比喩の成功体験の重要な条件である。以上の観察からは、弱い直喩がもつ比喩の経験をサポートする機能は、指標の表現だけでなく、比喩の根拠を具体化する表現によっても支えられていることが分かる。

5.3　想像力を喚起する主観的表現

　助動詞「ようだ」は他の指標要素と共起する場合も多い。特に知覚や感

覚、あるいは思考や感情を表す動詞を含む直喩の用例の多くは、（11）（12）のように「ようだ」と共起する強い傾向が観察される。中村（1977: 456–461）の調査結果から計算すると、各動詞の直喩の用例のうち「ようだ」と共起している用例の割合は、「見える」157件のうち約77%、「思われる」91件のうち約80%、「気がする」219件のうち約86%にのぼる。

(11) a. 細身の柱が月光をうけるときには、琴の弦の<u>ように見えた</u>。
　　　b. トタンを打つ雨音が、勇壮な行進曲の<u>ように聞こえる</u>。
(12) a. たばこの火を見ると、ほたるが浮遊している<u>ように思える</u>。
　　　b. 私の内臓は、決して馴れない飼犬の<u>ように感じられた</u>。
　　　c. どういうわけか自分が住みなれた部屋の<u>ような気がしてくる</u>。

　「マネキンが人のように見えた」「この主張は正しいように思える」のような例では、この種の指標は比喩ではなく、主観的判断を示すものとして解釈される。したがって、「見える」「思える」といった動詞は直接的に修辞性を高める機能をもつわけではなく、むしろ主観的な認知のモードと密接に関連する。知覚や思考は、主体によって結果が異なるという意味で主観的である。5.2節で論じたように、助動詞「ようだ」が表すのは共通性があるということだけであり、どのような共通点があるのかについては特定されない。（11）（12）における知覚動詞や思考動詞は、主観的な認知のモード（e.g. 視覚、聴覚、認識、思考、気分、感情、等）を特定する表現であり、「ようだ」によってコード化される共通性の根拠のタイプを具体化する機能を担っていると言える。
　比喩の場合、この認知の主観性は、想像力（imagination）のトリガーになる。誰もが類似性を認めるような「マネキン」と「人」のような場合、「マネキンが人のように見えた」という表現は、基本的に、自分の見間違いの体験を報告するという意味合いになる。これに対して、（11a）の「細身の柱」と「琴の弦」のように、類似性が自明ではない場合には、単なる知覚体験の

報告としては解釈され得ない。この表現は、喩える対象を投影しイメージを重ね合わせる想像的な経験（i.e. 柱を楽器〈と見る〉経験）にもとづく描写としてのみ解釈可能であり、この点で「ように見えた」という指標は、話者の想像的認識を喚起する機能を担っている。

　「である」を用いた断定的な表現だけでなく、知覚や思考を表す動詞が直喩によく用いられるという事実は、これまであまり重視されていなかった。これらの動詞は、当該の表現が主観的な経験を言語化したものであることを示す役割を担っている。比喩は主観的で想像的な認識の反映であり、この意味で、これらの動詞は、比喩的認識の重要な指標になっていると言える。

5.4　同一性の否定と反直喩

　弱い直喩の特徴は、指標によって修辞性を明示するのではなく、比喩のフレームの一部に言及することによって間接的に修辞性を示す点にある。「?? 狼は狼のようだ」のような同語反復的な比較の直喩が不適切となることからも分かるように、比喩に関係する 2 つの存在が異なるということは、比喩の基本的な前提である。否定表現を用いたこの差異性の前提への言及は、暗示的な直喩として機能する場合がある。(13)のような、「ぬ」「ない」や「まい」といった否定の意を表す文法形式を用いて 2 つの存在の違いを指摘する直喩は、修辞学で「反直喩（dissimile）」とよばれている（佐藤・佐々木・松尾 2006: 197–198）。

(13)　a.　すばしっこいと言ったって、忍者じゃあるまいし。

　　　b.　そんなにブルブルふるえながら喋るな！　南極のレポーターじゃあないんだから。　　　　　　　　　　　　　　　　　　（山梨 1988: 38）

　　　c.　料理をする時は、女の人は特に頭を手拭でカバーして料理すべし。ふけや髪の毛は味の素の代用にはならぬ。

（北大路魯山人『魯山人味道』: 332）

山梨（2015: 82–88）は、直喩の基盤は類似性の認識（A IS LIKE B）にあるとした上で、同一性（A IS B）と同一性否定（A IS NOT B）を両極とする類似性のスケールのどの部分に焦点を置くかという観点から、直喩の指標を分類している。話者の論理的認識という観点からは、同一性と同一性否定は、あるスケールの両極を占めるものして対称性をもつ。この点からは、同一性への言及も、同一性否定への言及も、比喩のトリガーになるという点では同等の機能を担うように見える。しかし、受け手とのやりとりという点では、否定の指標は、同一性や類似性の指標とは異なるタイプの機能をもつ。(13c) は「ふけや髪の毛」が「味の素」"ではない"と述べており、比喩的にさえも「味の素」"である"とは言っていない。この点で、否定の指標は、厳密には、比喩へと導くことを意図した表現ではない。

　しかし、存在の否定は、存在の認識と表裏一体の関係にある。佐藤（1978: 230–255）は、言いたいことの反対を否定する表現である「緩叙法（litotes）」のレトリックを論じながら、「海にゐるのは、あれは人魚ではないのです。海にゐるのは、あれは、浪ばかり」（中原中也「北の海」『在りし日の歌』）という例を考察している。佐藤は「はじめから人魚など気にもならない人は、決して「人魚ではないのです」などとは言いはしない」（ibid., p.255）とし、人魚は否定されることによって、"そこにいない人魚"として姿をあらわすと述べている。

　否定の指標は、緩叙法的な認識を介して、比喩の間接的な指標として機能する。「ではない」という否定形式が、「浪」を"そこにいない人魚"に喩える指標になっていると見るならば、佐藤の考察した例は、反直喩の例としても解釈できる。(13) の否定表現もまた、"そこにいない"「忍者」や「南極のレポーター」や「味の素」を現前させ、喩えられる対象に重ね合わせるという間接的比喩の指標になっていると解釈することもできる。

　直喩は基本的に、比喩を明示する表現として規定される。しかし、否定の指標を伴う弱い直喩の最大の特徴は、比喩を明示しないという点にある。弱い直喩では、あくまで間接的に修辞性が喚起され、能動的な修辞的解釈に

よってはじめて比喩の経験が得られる。反直喩の現象は、弱い直喩において修辞的解釈の能動性が重要になることを具体的に示している。

6. 強い直喩

弱い直喩の指標は、厳密には「その表現が比喩である」ことを明示しないのに対して、「その表現が比喩である」ことをはっきりと示すということが、強い直喩の特性である。したがって、この指標の要素を詳しく調べれば、受け手が何によって「その表現が比喩である」と気づくのかが分かるはずである。本節では、強い直喩の指標がもつ概念的特性と語用論的機能を考察する。

6.1 虚構性を生み出す指標

強い直喩の指標要素の中で、副詞「まるで」「ちょうど」は、助動詞「ようだ」「みたいだ」と共起する例が高い頻度（中村（1977: 461–463）の調査では約300例）で観察されており、比喩の構文的パターンを形成していると考えられる。(14b)では「まるで」を除去すれば字義通りの意味とあいまいになることから分かるように、これらの副詞と助動詞の組み合わせは、修辞性を決定づける指標になっている。

(14) a. 楽屋といっても、まるでアパートの部屋みたい。
　　 b. 戸外はまるで真昼のようだ。
　　 c. 伸子の気分が平和なのは、二人が別にこれという話もせず、笑いもせず、ぼんやり縁側に腰をかけて、樹でも見ている時であった。ちょうど、二匹の犬が、日向で前脚をのばし、その上にあごをのせて、うつらうつらしている時のように。

（宮本百合子『伸子（下）』：30）

これらのパターンにおいて、「まるで」等の副詞は助動詞の意味を"強調している"と言われることがある（cf. 山梨 1988: 37）。具体的には、副詞は何を強調しているのだろうか。これらの副詞の機能を分析する上で、（15）（16）のような比喩ではない「まるで」「ちょうど」の用例は興味深い。

（15）　a.　漢字がまるで読めない。

　　　　b.??漢字がまるで読めないが、少しは読める。

（16）　a.　ちょうど体に合う。

　　　　b.??ちょうど体に合うが、少し大きい。

　（15b）の不適切性から示されるように、（15a）の「まるで」は、能力の完全な欠如を意味する。同様に（16a）の「ちょうど」は、完全な適切性を意味する。「まるで」や「ちょうど」が"完全性"を表す副詞であると考えると、（14）における「まるで」「ちょうど」は、助動詞「ようだ」が示す類似の"完全性"を強調する機能をもっていると推測することができる。

　興味深いのは、類似の"完全性"を強調すると、比喩としての虚構性が生じるという事実である。例えば「{どうも／まるで} 兎のようだ」のような対を比較すると、判然としないことを表す「どうも」の場合にはそれが兎であるという解釈に傾き、完全であることを表す「まるで」の場合にはそれが兎"ではない"という解釈に傾く。さらに、以下の例では、ほとんど同一であることを表す指標が、同一"ではない"ことを明示する機能を担っている。

（17）　a.　この言葉はほとんど羽ばたいていると言ってもよかった。

　　　　b.　丘へ上がると、ほんとうに山の上へ出たように明るかった。

　　　　c.　昨日のことが、一年前のことででもあったように錯覚される。

　（14）（17）のような強い直喩の指標は、同一性の認識を反映している表現が、差異性の間接的な指標になっていることを示している。類似とは、「〈同

一〉が、〈差異〉にもかかわらず働く」(Ricoeur 1975: tr247) という性質である。2つの存在の類似性を強調することは、共通点があることを強調することであると同時に、それらが別の存在であることを強調することにもなる。比喩の経験は単なる混同ではなく、喩える対象と喩えられる対象を明確に分離した上で、両者を重ね合わせる経験である。この意味で、強い直喩の指標は、喩える対象と喩えられる対象の類似性を強調することで、間接的に現実と虚構の差異性を生み出し、比喩としての虚構世界を創り出すという機能を持っている。

表2　比喩における同一性と差異性の関係

	弱い直喩 （同一性否定）	強い直喩 （同一性）
直接的に言語化	差異性	同一性
間接的に喚起	同一性	差異性
修辞性	暗示的	明示的

　この種の強い直喩と、否定形式を用いた弱い直喩との対照性は興味深い。5.4節で論じたように、2つの存在のちがいを指摘し、差異性を強調する弱い直喩の指標の際だった特徴は、間接的に両者の重ね合わせを喚起し、暗示的に比喩的解釈に導くという点にある。これに対して、2つの存在の同一性を強調する強い直喩の指標は、間接的に両者が別であることを強調し、明示的に比喩解釈に導くはたらきをもつ。この対照性は、(i) 同一性と差異性のどちらが言語化されるかという点、(ii) 同一性と差異性のどちらが間接的に喚起されるかという点、(iii) 比喩が明示的になるか暗示的になるかという点が、互いに深く関係し合っていることを示唆している（表2）。
　同一性を軸にして考えると、同一性を直接的に表す強い直喩では、比喩が明示的になり、同一性を間接的に表す弱い直喩では、比喩であることは暗示されるにとどまる。したがって、比喩の明示性の程度は、同一性の明示性の程度に比例すると言える。この傾向は、比喩の経験は、2つの異なる存在を

１つの存在として把握すること、すなわち同一化することであるという理論的主張（2 節）と整合性をもつ。ただし、この同一化は差異性を前提にしていることに注意する必要がある。差異性に言及するだけで比喩であることが間接的に伝わる反直喩の事例は、差異性が比喩のフレームの一部になっていることを具体的に示している。

　比喩の経験における類似の把握は、同一を前提にした差異化からもたらされるものではなく、差異を前提にした同一化からもたらされるものであり、同一化と差異化のプロセスは論理的に順序づけられている。言い換えると、比喩における〈同一〉と〈差異〉の作用には非対称性がある。本節の考察から、比喩における類似は〈差異〉が前提となって「〈同一〉が、〈差異〉にもかかわらず働く」ことであるという Ricoeur の定式化は、日本語の比喩表現にもあてはまることが分かる。

6.2　比喩であることへのメタ言語的言及

　さて構文が「その表現が比喩である」ことを明示する場合に加えて、特定の語彙が修辞的意図をコード化する場合もある。「たとえ」「比喩」「アナロジー」といったレトリックのメタ言語（metalanguage）を用いることは、「その表現が比喩であること」を直接的に示す強い直喩の指標として機能する。

（18）　a. &あの人は哲学者みたいです。
　　　　b. &私には資材置き場がゴミの山に見えた。
（19）　a.　これは比喩ですが、あの人は哲学者みたいです。
　　　　b.　喩えるなら、私には資材置き場がゴミの山に見えた。

（18）は、比喩的解釈と字義的解釈があいまい性を残している弱い直喩の例である。字義的な解釈の余地がある場合、（19）のように修辞的な意図があることへのメタ言語的な言及は、コミュニケーション上の誤解を防ぐ役割を担う。この意味で、比喩であることへのメタ言語的言及は、比喩の間接的な

導入に相手が気づきにくい場合、導入の補助としてはたらき、弱い直喩を
"強くする"ための言語的手段になると言える。

鍋島 (2016: 278–282) は、直喩によって比喩を明示することのマイナス効
果として「入り込みを妨げる」(*ibid.*, p.280) ことを挙げている。確かに想像
と現実は別であることを明示することは、純粋に空想の世界を楽しむことを
妨げる可能性がある。その一方で、比喩は、理解しにくい事柄の理解を容易
にするための認知的手段でもある。

(20) おもしろいことには、この本のなかに、読書と食事との<u>アナロジー</u>
　　　が、くりかえしでてくる。たとえば、(…) 読書法は<u>ちょうど</u>食物に
　　　かんする栄養学の<u>ようなもの</u>だ、といっている。

(梅棹忠夫『知的生産の技術』: 98)

例えば「読書」と「食事」の間に類推 (analogy) 関係があると明示的に述
べる (20) は、「食事」についての知識や推論が、「読書」という行為の性質
を理解するためにも適用できることを、分かりやすく紹介するはたらきを
もっている。比喩であることへのメタ言語的言及は、そこに修辞的意図があ
ることを明示することによって、修辞的な解釈モードへの明確な切り替えを
行う機能をもつものであると言える。

6.3　導入された比喩の談話的完結

強い直喩は、新しい比喩を導入するための明示的な手段である。字義通り
の表現や慣習的な比喩表現で用が足りるのであれば、わざわざ新しい比喩を
生み出す必要性は無い。比喩をあえて明示的に導入することは、話者が何ら
かの新しい知見を受け手に提供することを示唆することになる。

(21) 小説の会話というものは、大きな波が崩れるときに白いしぶきが泡立
　　　つ、そのしぶきの<u>ようでなければならない</u>。地の文はつまり波であっ

て、沖からゆるやかにうねってきて、その波が岸で崩れるときに、も
うもちこたえられなくなるまで高くもち上げられ、それからさっと崩
れるときの<u>ように</u>会話が入れられるべきだ［。］

（三島由紀夫『文章読本』：86）

　（21）は三島自身の説ではなく、ある批評家の説として『文章読本』の中
で引用されている部分であるが、「小説の会話」についての意見が比喩的に
述べられている。「ようでなければならない」は強い直喩の指標であり、第
1文は比喩を明示的に導入している（「＆男は哲学者のようだ」と「男は哲学
者のようでなければならない」の対比を参照）。第2文では、「地の文」が
「波」に対応することが説明され、波の特徴について述べることによって、
文章の書き方が類推的に説明されている。

（22）　a.　読書と食事は、アナロジーの関係にある。
　　　　b.　小説の会話は、波のしぶきのようでなければならない。

　（20）（21）の冒頭の内容を一文で表現した（22）のような表現は、単文とし
て一応理解可能ではある。しかし、「読書」や「小説の会話」の何を明らか
にしようとしているのかは、（22）の文だけでは明らかではない。言い換え
ると、（22）の強い直喩は、比喩を明示的に談話に導入するものの、その比
喩の具体的内実を示しているわけではない。しかし、比喩が一度導入された
からには、読書と食事がどのような点で「アナロジーの関係」にあるのか、
小説の会話がなぜ波のしぶきの「ようでなければならない」のかの理由が説
明されることが期待される。この意味で、（22）は談話的には単独では完結
しておらず、その後に比喩の内実をさらに説明する表現が続く必要があると
言える。
　例えば、文章の書き方について（21）の比喩が具体的に何を示唆している
かは自明ではない。それにもかかわらず、第2文は、第1文で導入された

比喩をさらに展開し、喩えられる対象についての何らかの洞察を示していることから、第1文の強い直喩を談話的に完結させる役割を担っている。

強い直喩は基本的には、受け手を明示的に比喩へと導く機能をもつ。本節の事例分析は、この強い直喩の基本機能が、比喩の談話的な未完結性とさらなる展開を暗示するはたらきにつながることを示唆している。

7. おわりに

談話に比喩を導入し、受け手を比喩の経験へと導く多種多様な指標をともなう直喩表現は、「その表現が比喩である」ことの明示性に応じて、弱い直喩と強い直喩に区分される。この2つのタイプの直喩の一般的特性は、表3のようにまとめることができる。その中でも特に、同一性を強調する強い直喩と、同一性の否定を表す弱い直喩には、表2のような対照性が見られる。

表3　弱い直喩と強い直喩

	弱い直喩	強い直喩
比喩の指標	コンテクストに依存	構文として独立
修辞的解釈	能動的	受動的
修辞性	間接的	直接的

「隠喩」「直喩」のようにレトリックの分類として一括されてきた現象の中に機能的な多様性が存在するという、一見すると単純な事実は、その単純さにもかかわらず、これまでのレトリック研究では注目されてこなかった。修辞的効果の表面的な記述に甘んじることなく、より具体的に、言語コミュニケーションにおいてレトリックはどのように用いられ、どのように役立つのかということを明らかにするためには、詳細な言語分析、特に言語表現の意味に関する精密な記述が必要になる。本稿の考察は、認知と経験を基盤にした意味分析が、日本語のレトリックに関する語用論的研究において有効であることを具体的に示している。

直喩に用いられる指標の要素には、これまでの文法研究で詳しく記述されてきた形式も多い。しかし、これらの文法形式が、レトリックに関係するという認識が広く共有されてきたとは言えない（cf. 小松原 2016a: 216–217）。指標に用いられる文法形式は、レトリックの資源としても解釈できる。表1に示される多様な指標には、比喩を効果的に導入するための着眼点が反映されている。この意味で、直喩に用いられる文法形式の研究は、比喩の使用のメカニズムを解明するために重要な手がかりになると言える。

注

1　「比喩」という用語は、日本の修辞学では色々な意味で用いられている。最も狭い意味では、「隠喩」を指す。広い意味では、「直喩」「隠喩」「諷喩」「活喩」「提喩」「換喩」等の各種の修辞技法のカバータームとして用いられることもある（中村 1977: 32–36）。本稿では、「直喩」と「隠喩」を合わせて「比喩」とよぶ。

2　Ricoeur（1975: tr254–277）（tr は邦訳書の頁番号を示す）は、Hester（1967）の「と見る」の理論を援用しながら、比喩がもつイメージの特性が、比喩の論理的な特性に劣らず重要であることを論じている。

3　Hester の「と見る」の理論と、ブレンディング理論（Fauconnier and Turner 2002）は、ともに異なる存在の重ね合わせを比喩表現の主要な意味であるとする点で親和性があると思われる。ブレンディング理論にもとづく日本語の比喩の分析としては、鍋島（2016: 270–278）を参照。

4　「構文（construction）」という用語は、認知言語学において色々な研究背景で用いられている（Langacker 2005）。本稿では、Langacker（2003: 43）にもとづき、言語コミュニティの中で慣習化されユニットとして定着した任意の大きさ、任意の特定性の言語表現、およびその共通性を捉えることで表現から抽象化されたスキーマを構文として広く規定する。本稿では、構文全体の意味が構成要素から予測されるかどうかによらず、指標として定着したパターンを広く構文とよぶ。

5　中村（1977）では、具体的に観察される「まるで…も…んばかりに見えた」を指標と呼ぶのではなく、比喩の実現に強く参与しているわけではない「ん」や「に」を「傾向環境」（*ibid.*, p.184）として捨象し、活用のある形式の活用形を「代表形」（*ibid.*）に戻すという操作を施した上で得られる「まるで・も・ばかり・見える」

を比喩指標と呼んでいる。

6 鍋島・中野 (2017) は、指標を比喩化のフレームの要素と対応づけることで、指標の体系分類を試みている。同論文は、比喩の根幹は「種類の異なる事物を比較する」プロセスにあるとし、比較を中心とした比喩化のフレームを想定している。フレームの要素としては、〈比較〉〈同一〉〈類似〉〈相違〉〈範疇化〉〈程度〉〈認識〉〈仮想〉〈言語化〉〈比喩化〉の 10 個の要素が挙げられている。日英語の比喩指標に関する具体的な考察については、同論文を参照。

7 (10b) の「せわしく」は、「わたし」と「時計」の動き方の様態の共通性を明示している。興味深いことに、(10b) は全体として人間を時計に喩える表現であるのにもかかわらず、「せわしい」という描写に関しては人間的な表現が時計に転用されており、むしろ時計が擬人化されている。この点で (10b) は、比喩が、喩える対象から喩えられる対象に一方向的に作用するのではなく、双方向的に作用することを示唆している。

参考文献

アリストテレス (1992)『弁論術』岩波書店.

小松原哲太 (2016a)『レトリックと意味の創造性—言葉の逸脱と認知言語学』京都大学学術出版会.

小松原哲太 (2016b)「認識的モダリティとレトリック—推量と比喩の曖昧性」『学研都市語用論研究論集　第 2 号』pp.13–32. 学研都市語用論研究会.

佐藤信夫 (1978)『レトリック感覚』講談社.

佐藤信夫・佐々木健一・松尾大 (2006)『レトリック事典』大修館書店.

中村明 (1977)『比喩表現の理論と分類』秀英出版.

永野賢 (1964)「ようだ」『国文学　解釈と教材の研究』9 (13)、pp.177–179. 學燈社.

鍋島弘治朗 (2016)『メタファーと身体性』ひつじ書房.

鍋島弘治朗・中野阿佐子 (2017)「シミリとメタファーの境界—シミリを導入する表現の分類に関する一考察」『KLS』37, pp.121–132. 関西言語学会.

山梨正明 (1988)『比喩と理解』東京大学出版会.

山梨正明 (2015)『修辞的表現論—認知と言葉の技巧』開拓社.

Barnden, John A. (2012) Metaphor and Simile: Fallacies Concerning Comparison, Ellipsis, and Inter-paraphrase. *Metaphor and Symbol* 27 (4), pp.265–282.

Chiappe, Dan L. and John M. Kennedy. (2000) Are Metaphors Elliptical Similes? *Journal of Psycholinguistic Research* 29 (4), pp.371–398.

Fauconnier, Gilles and Mark Turner. (2002) *The Way We Think: Conceptual blending and the mind's hidden complexities.* New York: Basic Books.

Glucksberg, Sam and Catrinel Haught. (2006) On the Relation between Metaphor and Simile: When comparison fails. *Mind & Language* 21 (3), pp.360–378.

Grady, Joseph 三. (1997) Theories Are Buildings Revisited. *Cognitive Linguistics* 8 (4), pp.267–290.

Hester, Marcus B. (1967) *The Meaning of Poetic Metaphor*. The Hague: Mouton.

Jastrow, Joseph. (1901) *Fact and Fable in Psychology*. London: Macmillan.

Kövecses, Zoltán. (2010) *Metaphor: A Practical Introduction*. 2nd edition. Oxford: Oxford University Press.

Lakoff, George. (1993) The Contemporary Theory of Metaphor. in Ortony, Andrew (ed.) *Metaphor and Thought*. 2nd edition, pp.202–251. Cambridge: Cambridge University Press.

Lakoff, George, and Mark Johnson. (1980) *Metaphors We Live by*. Chicago: University of Chicago Press.

Langacker, Ronald W. (2003) Constructions in Cognitive Grammar. *English Linguistics* 20 (1), pp.41–83.

Langacker, Ronald W. (2005) Construction Grammars: Cognitive, Radical, and Less So. in Ruiz De Mendoza, Francisco J. and M. Sandra Peña Cervel (eds.) *Cognitive Linguistics: Internal dynamics and interdisciplinary interaction*, pp.101–159. Berlin: Mouton de Gruyter.

Ricoeur, Paul. (1975) *La Métaphore Vive*. Paris: Seuil. (ポール・リクール　久米博訳 (1998)『生きた隠喩』岩波書店)

Sperber, Dan and Deirdre Wilson. (1995) *Relevance: Communication and cognition*. 2nd edition. Oxford: Blackwell.

引用例出典

安部公房 (1969)『壁』新潮社.

井上ひさし (1990)「女の部屋」『ナイン』pp.69–80. 講談社.

梅棹忠夫 (1969)『知的生産の技術』岩波書店.

北大路魯山人 (1995)『魯山人味道』改版. 中央公論社.

夏目漱石 (1938)『三四郎』岩波書店.

夏目漱石 (1956)「虞美人草」『漱石全集第五巻』pp.3–316. 岩波書店.

日本放送協会 (制作) (2016)「筑豊」『新日本風土記』日本放送協会.

三島由紀夫 (1995)『文章読本』改版. 中央公論社.

宮本百合子 (1954)『伸子 (下)』岩波書店.

「させていただく」という問題系

「文法化」と「新丁寧語」の誕生

椎名美智

1. はじめに

　「敬語」の講演会で不思議な場面に遭遇した。講演が終わり質疑応答に入ると、年配の男性が待ってましたとばかりに手を挙げて、次のように質問した。「先ほど入り口で、係の女の人に「受講票を確認させていただきます」と言われた。とても腹が立つ言い方だ。なぜ私がその人に許可を与えなくてはいけないのかわからない。私は聴衆の一人にすぎないのに、まるでその人に許可を与える権威を持っているかのような扱いを受けた。こういう言い方は失礼ではないのか。専門家の意見を聞きたい。」聴衆のほとんどは、怒りに震えながらまくし立てる男性の姿に呆然としていた。壇上の講師は、「今日は日本語の敬意逓減、過剰敬語傾向の話をしたのだが」と怪訝な顔をしながら、「受付の方は、受講票を見せてくれというお願いを丁寧に言ったつもりだと思う」といった趣旨の返事をした。質問者はそれでも納得せず、怒りも収まらない様子で席を立った。会場の空気は微妙なまま散会となった。

　「させていただきます」は使用が拡大しているものの、上の例のように、違和感が生じる場合も少なくない。本稿では、現代日本語における授受動詞の補助動詞用法の１つである「させていただく」に注目し、本表現に対する人々の違和感の調査を通じてポライトネス意識を調べることを目的とする。ここでに山田（2004）に倣って、補助動詞として使われる授受動詞を「ベネファクティブ」と呼ぶことにする。近頃、「させていただく」の使用頻度

が高まり、言語学者もこの現象について論じている（菊地 1997、井上 1999、2017、山田 2004、原田 2007、金澤 2007、東泉 2010、塩田 2016、滝浦 2016）。そこで、まず先行研究を辿りながらベネファクティブ「させていただく」の意味と機能、他の表現との比較など、いくつかの問題の筋を手繰り寄せた上で、それらが絡まり合う問題系として「させていただく」を位置づける。次に、そこで得られた知見を基に筆者が行った「させていただく」についての意識調査について、概要と結果を述べる。最後に、調査結果から読み取れることを「させていただく」問題系への１つの解として提示したい。

2.　ベネファクティブとしての「させていただく」—先行研究

　文化庁の『敬語の指針』によると「させていただく」は、「基本的には、自分側が行うことをア）相手側又は第三者の許可を受けて行い、イ）そのことで恩恵を受けるという事実や気持ちのある場合」に使われるが、状況により許容度が異なり、ア）の条件がない場合は「いたす」の方が適切で、両方の条件がない場合は不適切だが、「満たしているかのように見立てて使う用法」があり、そのために使用域が拡大しているとして、５つの場合に分けて解説している（pp.40–41）。つまり「させていただく」は「させて（使役）」＋「いただく（恩恵）」から構成されており、各構成素に適切かどうかを判断する基準があるということである。

　菊地（1997）は、「させてくださる／いただく」表現には、本来それ自体に相対的に相手を高め自分を低める機能がある上に、さらに「相手の許可（恩恵）」を得ることによって二重に敬意を払う「かなり敬度の高い表現」であるとしている。特に「させていただく」は「一種の複合的な謙譲語として使われる傾向」があり、「過剰敬語」ではないが「用法によってはおかしい」場合があり、本当に許可を求める時は、「させていただく」は失礼なので、「させてください」という依頼形を使うのが正しい用法だとしている

（pp.222–224）。

　一方、井上（1999）は菊地と同じく「させていただく」の用法拡大を取り上げながらも、社会言語学的視点から見るためか、言語変化について「正誤」の判断を下さない。「相手の許可（恩恵）を得て〜することを許してもらう」と捉える点が普通の敬語と異なるとしながら、「相手から恩恵を受けるかのように表現する」「敬語の丁寧化の一環」であり、敬意逓減が作用する限り、当然起こる「敬語の新しい変化方向」と捉えている（p.160）。自分の成し遂げた行為が「自慢」に聞こえないように「謙遜・遠慮」の気持ちを込めたり（例：発見させていただきました）、以前使われていた「てもらう」表現が暗示するようになった「相手への押し付け、強制の意味合い」を避けるために使われるようになった「敬語を使った別の表現」と捉えている（pp.160–178）。また、「させていただく」表現は「恩恵表現・受益表現を前面に出すことによって、目上目下という上下関係を薄めている」（井上2017: 76）点で、従来の「上下敬語」とは異なる「左右敬語」であり、平等な相手とのその場限りの一時的な恩恵のやりとりを反映する「現代敬語」の特徴を持つと捉えている。

　金澤（2007）は「上村コーパス」と『女性のことば：職場編』『男性のことば：職場編』の調査結果から、現代の日本語において両方使用できる文脈において「〜てくださる」から「〜ていただく」への大きなシフトがあると指摘している。従来の「（人）に〜ていただく」を「（人）が〜ていただく」と「誤用」してまで「いただく」を使おうとする選好の背景には、自分の側で「ありがたさ」を感じ、相手側との直接的な関わりを回避して事柄を終了させたいという「ミーイズム」的心理が作用しているのではないかとしている（pp.50–51）。

　原田（2007）は、語用論的視点から「上村コーパス」のベネファクティブの使用実態を依頼、お礼・感謝、提案・申し出などのスピーチアクトごとに調査し、ポライトネス理論の視点から分析し、「〜ていただく」表現の使用が圧倒的に多いことを報告している。その理由として、「〜ていただく」は

視点が話者にあるために「自己同一視化」が起こり、「共感度」が高まることによって心理的距離が縮まり、敬意が弱まり常体化しているという点で、敬語として認識されている「〜てくださる」とは異なると捉えている。

　山田（2004）は3系列7語のベネファクティブについて詳細な語法調査をまとめたベネファクティブ研究の総括と言える。総じて丁寧形はあまり扱われていないので、ここでは「サセテモラウ」の3分類とベネファクティブのモダリティ化の指摘に注目しておきたい。山田（2004）はまず、恩恵表現がなされている以上、話者の意思に反する使役はないと考え、事柄の生起・持続に対する動作主・話者のイニシアティブの有無で分類する。イニシアティブがない第1タイプは、外からの働きかけが原因で事柄が生起する場合で、例は稀だとしている（以下、下線部は原文通り）（例：ヒヨドリの声って、きれいなんですね。毎日、楽しませてもらって、（後略））。話者のイニシアティブがある場合、使役者が顕在するか否かで、さらに2つのタイプに分かれる。第2タイプは使役者が顕在化している使役文である（例：ねぇやによく昔話をきかせてもらった）。この場合、話者の意思が弱い分、相対的に使役者の意向が強く感じられ、許容の意味合いを持つ。使役者が顕在化しないのが第3タイプで、話者の意思は強いが使役者の関与は希薄で、むしろその事柄に間接的に影響を受ける受影者になっている場合である（例：時間が時間だし、（φ／＊アナタニ）手みじかに言わせてもらいます）。この場合、もはや使役の意味は失われ、受益の意味しか残っておらず、「聞き手に対する待遇、すなわち謙譲あるいは丁重表現」（p.143）に近いとしている。このように山田（2004）は話者への受益は常にあるとし、話者の意思の有無、使役者の顕在化の有無が「させてもらう」文の成否を左右するポイントだとしている。また、許容のテヤル・テクレルを論じる際に「受影者非存在型は意思を表すモダリティ表現化している」と述べている。本来あるべき意味素性である受影者のいないベネファクティブのモダリティ化という指摘は興味深い（pp.205–206）。

　滝浦（2016）は、「させていただく」を社会言語学（井上1999）、社会語用

論（原田 2007）、意味・統語論（山田 2004、金澤 2007）などの結節点に生じ
ている現象として捉えている。本稿ではこれを「させていただく」の問題系
と言い換えて、考察を進めていくことにする。また、新しい表現が出現する
前には必ず従来の表現があるので、それを出発点に、「させていただく」の
「不適切」用例＝「新用法」として考察を始めたい。まず、滝浦（2016）のベ
ネファクティブの「気になる」3 類型を見てみよう（pp.92–93）。

①無許可型：本日休業させていただきます。
②実質的強制型：では書類の方、確認させていただきます。
③無関係型：このたび○△大学を卒業させていただきました。

　従来、上の全ての場合に「します」や「いたします」（丁重語）が使われて
おり、②の場合には「させてください」というベネファクティブ表現も使わ
れることから、丁重語などの敬語からベネファクティブ表現へのシフト、ベ
ネファクティブ表現内でのシフトがあることがわかるとしている。
　東泉（2010）もコーパス調査から、1980 年以降に「いたす」から「させて
いただく」への大規模なシフトがあったと指摘している。背景には、「いた
す」が「サ変動詞」に限られており、連体修飾語内で使いにくいという、
「いたす」の使用上の不便さというマイナス面があると指摘している。たし
かに、和語動詞から「いたす」の丁重語は作れないので、その間隙を埋める
ための形式として「させていただく」が採用されたのかもしれない（山田
2004: 145）。
　一方、滝浦（2016）は同じ現象を敬意逓減、敬意過剰という言語変化の視
点から眺め、「いたす」の使用上のマイナスが「させていただく」使用のプ
ラスに作用したと捉え直している。まず、「いたす」系の丁重語が尊大語化
して、回避されるようになったという経緯がある。次に、本来動作主をへり
くだらせるはずの「書類を確認いたします」といった丁重語表現が、敬意が
徐々に減って（敬意逓減）、自己呈示的な「威厳」「品格」を示すものになっ

てきたという変化がある。つまり、丁重語であったはずの「いたす」表現が「宣言」的になり、自己の「謙遜」どころか「尊大」に感じられるようになったために、回避されるようになったのである。それと同時に「〜てくださる」表現にも同じことが起こる。「〜てくださる」は「（あなたが）〜てくださる」と相手が主語であるため、「あなた」が明示されているかどうかにかかわらず、相手に触れることになってしまう。触れると必然的に相手への敬意を含むことになり、時代の流れの中でどうしても敬意逓減の作用の影響を受けてしまう。そして、使われていくうちに敬意不足が感じられるようになって使われなくなると同時に、十分に敬意が感じられる代替表現が必要になるというわけである。これが、敬避的（遠隔的）「〜ていただく」が好まれる方向へとシフトした経緯だと考えられる。この言語的シフト観はベネファクティブの変化の全体像を眺めるのに適した視点である。

　滝浦（2016）は、金澤（2007）の結果を踏まえて「青空文庫」と「現代日本語書き言葉均衡コーパス」を使った追調査を行い、50年前の「青空文庫」では「させてくださる」とほぼ同程度に使用されていた「させていただく」が、「現代日本語書き言葉均衡コーパス」では約3.7倍に急増していることを報告している。背景には、「話し手側と聞き手側の事情」があるとしている。話し手側の使用理由としては、敬意逓減により敬意不足と感じられるようになった「いたす」の代替表現として、また相手に触れざるを得ない「させてくださる」を使用した場合に必ず起こる敬意逓減を回避すると同時に丁寧に表現できるベネファクティブとして、「させていただく」が使われるようになったと考えている。聞き手側としては、自分に触れることなく「恩」だけを持って行こうとする「恩の先取り」は「丁寧過剰のフリをしたインポライトネス」だと感じるとしている（pp.97–98）。これらの先行研究から、いくつもの筋が交わったところに現れる問題系として、「させていただく」が浮かび上がってくる。

3. 調査デザインと調査概要

3.1 2つの仮説

　ベネファクティブ「させていただく」の語用論的機能を考える際には、次の2つの仮説が考えられる。まず1つ目は「させていただく」の文字通りの意味は生きているという仮説、そしてもう1つは、文字通りの意味は失われつつあるという仮説である。いずれの仮説が正しいのかを調べるためには、「させていただく」文への違和感がどのような要因に影響を受けるのかを想定してデザインされた調査を実施し、その結果を検討する必要がある。

3.2 「内的（意味論的・構造的）要因」―「使役性」「恩恵性」「必須性」

　本稿では「させていただく」の意味論的、構造的な要因を「内的要因」と呼ぶことにする。ここでは、その具体的な性質について検討する。まず意味論的に見ると、「させていただく」が本来の意味を保持しているとした場合、「させて」の「使役性」と「いただく」の「受益性」が鍵概念になるだろう。話し手が聞き手に「させていただきます」と言う場合、「させて」の部分には、話し手は聞き手の働きかけや許可によって特定の行為をするという「使役」の意味がある[1]。また「いただく」の部分には、言語表現的には、その行為が話し手にとって何らかの「恩恵」であり、それを受け取るという「話し手受益」の意味があると考えられる。本稿で扱う用例では、「恩恵」の授受は話し手と聞き手の両方に関わる場合があると考えられるので、ここでは「話し手への恩恵」と「聞き手への恩恵」の両方を観察することにする。さらに、その場合、ベネファクティブ「させていただく」に前接する本動詞に、そうした「使役性」と「受益性」に呼応する意味内容が含まれていないと、「させていただく」文は成立しないか、あるいは違和感や抵抗感が生じるのではないだろうか。

　ここで、先ほど取り上げた滝浦（2016）の「させていただく」の「無関係型」を振り返ってみたい。この用法に感じられる違和感は「させていただ

く」の「使役性」「受益性」だけでは捉えきれない。保護者や指導教員以外の無関係の人に対して発せられた「卒業させていただきました」という発話の不自然さは、「させていただく」に前接する本動詞「卒業する」が「聞き手」の関与なしに行われ得る事柄であるために感じられるのではないだろうか。そこで本稿では、本動詞が表す行為において「相手＝聞き手」が不可欠な役割を果たすか否かを「必須性」という素性で取り上げることにした。

　一方、「させていただく」の本来の意味が消失、あるいは希薄になっている場合を考えてみよう。この場合、「使役性」と「受益性」の意味はなくなっている、または希薄になっているので、本動詞が表す行為に「使役性」や「受益性」に対応する意味合いが含まれていなくても、文は許容されることになるだろう。その場合は、内的要因である「使役性」「受益性」「必須性」に対する人々の意識が変化したために違和感が低まったと考えられるので、３つのうちのどの要因に関する意識が、どのように変化したのかを見る必要がある。なお、本稿では話し手と聞き手への「受益性」を両方扱うので、方向性が中立的な「恩恵性」という用語を使うことにする。

　ここで、各素性と値についてまとめておきたい。「使役性」は、聞き手(H)の許可、または同意がある事柄ならば［＋］、なければ［−］である。［恩恵性S］は、S（speaker・話し手）にとって利益や必要がある事柄ならば［＋］、そうでなければ［−］である。［恩恵性H］は、H（Hearer・聞き手）にとって利益になる事柄ならば［＋］、そうでなければ［−］である。［必須性］は、本動詞で示されているSの行為がHの関与なしには成立しないのならば［＋］、そうでなければ［−］であると規定する。

3.3 ‘Benefactive English’

　前節では「させていただく」文への違和感に影響を与える内的要因として、「使役性」「恩恵性」「必須性」の３つを考える必要がある事を確認した。日本語の場合、「使役性」は「させて」に、「恩恵性」は「いただく」に対応させることができるが、「必須性」を特定の語句に対応させることは難

しい。なぜなら、日本語では主語や目的語が省略されることが多いからである。そこで、通常は名詞、つまり実体としてのモノやコトしか目的語に取らない receive の文法を、他者（相手）の行為や動作 (-ing) も目的語として取れるように拡張した仮構の英語を考案し、「させていただく」文に 3 要因が組み込まれている様子が明示できるようにした。ここではそれを 'Benefactive English' と呼ぶことにする。'Benefactive English' 構文には、以下の (a) 〜 (c) の要因が含まれている。(d) はそれを入れ子構造として示したものである。

(a) 恩恵性「いただく」：I (shall) receive/I (have) received [polite] [2]...
(b) 使役性「させて」：your letting me *do something*
(c) 使役＋恩恵の「させていただく」
　＝あなたが私に〜をさせてくれることを私がいただく：
　I (shall) receive/I (have) received [polite] your letting me *do something*.
(d) 'Benefactive English' の文構造：
　[I (shall) receive/I (have) received [polite] [your letting me [*do something*]]]

　具体例を 2 つ挙げておきたい（日本語には J、'Benefactive English' には BE を番号に付す）。

(1-J)　　契約内容について説明させていただきます。
(1-BE)　I shall receive [polite] your letting me explain the contract to you.
(2-J)　　この度、OX 大学を卒業させていただきました。
(2-BE)　I have received [polite] your letting me graduate from OX University.

　「必須性」は文ごとに異なる。たとえば、例文 (1-BE) における「必須性」は (e) のように示すことができる。

(e)　　必須性：explain the contract to you

これらの要因を組み込んで和訳すると、以下のようになる。

(1-BE-J)［私は［あなたが私に［契約内容をあなたに説明さ］せてくれる］
　　　　ことをいただく］。

　あなたが私に与える「許可」を意味する「使役性」（下線）と、私があなた
から受け取る「恩恵性」（点線）は、あなたから私に向かって求心的に移動す
る。「契約内容をあなたに説明する」という部分（二重線）が、あなたの関与
を示す「必須性」を含む部分である。
　'Benefactive English' のメリットは、日本語だと隠れてしまう「話し手＝
私」と「聞き手＝あなた」や、許可、恩恵、行為に関わる主体や客体（人・
モノ）が文の表面に現れることである[3]。例文 (1) の場合、「説明する 'ex-
plain'」は、主語である「私 'I'」、直接目的語の「契約内容 'the contract'」、
そして説明される相手である「あなた 'you'」が関わることによって意味が
完結する。この「聞き手＝あなた」との関わりが必須性であり、この場合の
値は［＋必須性］と考える。例文 (2) の場合、「卒業する 'graduate'」は英語
では自動詞で、主語があれば意味が完結する。「大学を 'from OX
University'」は場所を表す「位格 (locative)」なので、値は［－必須性］と考
える。

3.4　「外的（話者属性・心理的・社会的）要因」
　「させていただく」に影響を与える要因としては、内的要因のほかにも言
語使用者の社会的属性と言語的嗜好性といった話者属性や心理的・社会的な
ものが考えられる。本稿ではそれを「外的要因」と呼ぶ。社会的属性として
は、「性差」「年齢」「生育地域」が言語感覚に関連すると考えられる。ま
た、言語嗜好性としては、特定の言語状況でどのような表現をふさわしいと

思うかという「表現選択」と、一般的に「させていただく」をどんな目的で使うかという「使用目的」の2つを、言語嗜好性を示す要因とみなすこととする。

3.5 本調査における従属変数と独立変数

本調査では、「させていただく」文への違和感を従属変数とし、「させていただく」表現に感じる違和感の度合いを、「①全くない ②あまりない ③どちらとも言えない ④ややある ⑤とてもある」の5段階のリカート尺度（Lickert Scale）で答えてもらった。上に述べた内的・外的要因を、従属変数である違和感に影響を与える独立変数とする（木山2016）。それらをまとめたのが表1である。

表1 本調査における従属変数と独立変数[4]

従属変数：違和感の度合い（5段階）	
独立変数：内的要因と外的要因	
内的要因：（意味論的・構造的）	
使役性	SがHに許可をもらって行う行為か
恩恵性H	その行為はHにとって恩恵性があるか
恩恵性S	その行為はSにとって恩恵性があるか
必須性	その行為の成立にHの関与は必須か
外的要因：（話者属性・社会的・心理的）	
性別	女性／男性
年齢層	若年層（10–20代）／中年層（30–50代）／高年層（60代以上）
S/H	自分が話し手として言う場合の違和感／自分が聞き手として言われた場合の違和感
出身地	言語形成期を過ごした地方
表現選択	各例文の状況に最もふさわしい表現（選択・自由記述）
使用目的	「させていただく」の使用目的（選択）

注：S = Speaker, H = Hearer

3.6 調査概要

本調査の実施時期・実施場所、対象者は表2の通りである。

表 2　本調査対象者（有効回答数）の内訳

実施時期	2016 年 12 月 15 日～12 月 27 日			
実施場所	放送大学　足立・千葉・文京学習センター		235 名	
	法政大学		194 名	
	日本大学		228 名	
	その他		29 名	計 686 名
性別	女性		369 名	
	男性		317 名	計 686 名
年齢層	若年層	10 代	134 名	
		20 代	298 名	
	中年層	30 代	25 名	
		40 代	53 名	
		50 代	70 名	
	高年層	60 代	71 名	
		70 代	33 名	
		80 代	2 名	計 686 名

3.7　調査文例とその素性について

　質問紙ではコンテクストを説明した上で、それぞれの例文を示した。Part 1 では「聞き手」として、Part 2 では「話し手」として違和感を感じるかどうか、感じる場合は違和感の度合いはどの程度かを 5 段階で聞いた。以下に、調査紙の質問事項を 1 例だけ引用しておく[5]。

　　Part 1：受講票が必要な文化人の講演会会場の入り口で、係員の人から「受講票を確認させていただきます」と言われました。この言葉遣いに違和感を感じますか？違和感の度合いをお答えください。
　　Part 2：受講票が必要な文化人の講演会会場の入り口で、係員として受講票をチェックする場合、あなたは「受講票を確認させていただきます」という言い方を使いたいと思いますか？使うとした場合の違和感の度合いをお答えください。

「させていただく」という問題系　87

　調査に使用した例文は表 3 の通りである。紙幅の関係で、コンテクストは簡略化し、内的要因は素性のみを示す。

表 3　調査例文と素性[6]

例文	使役性	恩恵性 H	恩恵性 S	必須性
ケータイの契約を変更した時、販売員が：では、ご契約内容について説明させていただきます	+	+	+	+
講演会の会場で係員が：受講票を確認させていただきます	+	−	+	+
同僚に会議室を譲った時、同僚が：お言葉に甘えて．会議室を使わせていただきます	+	−	+	−
コミュニティーセンターで地域起こしの話をした時．知り合いが：微力ながら応援させていただきます	−	+	−	+
メガネを買った時、店員が：セール期間中ですので、全品 5%の値引きをさせていただきます	−	+	−	+
美術館でペットボトルのお茶を飲もうとした時、係員が：ここでの飲食は禁止させていただいております	−	−	+	+
クレジットカードの発行を申し込んでいた会社からの電話で：誠に申し訳ございませんが．今回はカードの発行を見送らせていただきます	−	−	+	+
知り合いからの年賀状で：エッセイコンテストで受賞させていただきました	−	−	+	−
自己紹介の場面で知らない人が：このたび、○△大学を卒業させていただきました	−	−	+	−
テレビでオリンピック選手の演技を見た感想を聞かれた観客が：素晴らしい演技に感動させていただきました	−	−	−	−

　ここで各素性について補足説明をしておく。まず、[使役性] について、

一方的な通告や宣言は H の許可・同意と見なさないが、実質的には強制力を伴っていても H の協力を得て行う場合は許可・同意と見なすことにする。［必須性］については、「受講票の確認行為」は相手が受講票を提示しないと不可能であるし、「5%値引きの販売行為」は買ってくれる客がいないと成立しないので、［＋必須性］とする。

　2 節で取り上げた滝浦（2016）の 3 類型のうちの 2 つは文例に採用したが、ほぼ慣用句として使われている「本日休業させていただきます」は採用しなかったので、少し見ておきたい。客（H）は、店（S）が休みだと（［＋恩恵性 S］）、利用できないことにより影響を被るが（［－恩恵性 H］）、「休業する」という行為自体に H の存在は介在しない。言い換えると、発話媒介行為（perlocutionary act）として H が影響を受ける場合は、必須性は［－］と見なす。この場合、「休業する」ことに関して、（滝浦（2016）が「無許可型」と分類しているように）店は客の直接の許可は得ていないが、実質的には理解、または暗黙の了解を得て休業していると考えられるので［＋使役性］である。まとめると、この表現の素性指定は［＋使役性］［－恩恵性 H］［＋恩恵性 S］［－必須性］であることになる。

4.　分析方法—決定木分析の有効性

　本調査では IBM 社の統計ソフト SPSS（ver. 24）を使用し、決定木分析を利用した多変量解析を行った[7]。決定木分析の有効性は、ある行為や選択や判断などに影響している要因が複数考えられるとき、関与している要因と影響の強さを解析してくれることにある。本調査の場合、「させていただきます」文に対して人々が感じる違和感という漠然とした感覚（従属変数）に対して、どの要因（独立変数）がどのくらい影響を与えているのか、有意に効果のあった要因のみが、影響力の強さの順に上から下へと階層化したツリー構造で明確に示されることになる。

5. 「させていただく」の調査結果

5.1 回帰木[ε]からわかること

　回帰木分析には、内的要因の 4 つすべてと外的要因の「性別」「年齢層」「S/H」の 3 つをかけた。「させていただく」の違和感に効果のあった要因についての調査結果は、図 1 の通りである。

　回帰木により、「させていただく」文への違和感に影響を与える要因について、以下のことがわかった。

①最も強い効果を及ぼしているのは「必須性」である。
②2 番目に強い効果を及ぼしているのは「使役性」である。
③3 番目に強い効果を及ぼしているのは「年齢層」と「話し手／聞き手（の立場の相違）」である。
④「恩恵性 S」「恩恵性 H」は共に有意な効果を及ぼしていない。
⑤「性差」は有意な効果を及ぼしていない。

5.2 内的要因

　まず、3 つの内的要因、「使役性」「恩恵性」「必須性」について詳しく見ていきたい。図 1 の回帰木から、違和感に最も影響を与える要因は本動詞における「必須性」であり、［＋必須性］（ノード 1）は違和感が相対的に低く、［－必須性］（ノード 2）は違和感が相対的に高いことがわかる。3.3 節で見たように、必須性とは本動詞の示す行為が成立するために「相手＝聞き手（you）」の存在や関与が必要不可欠な要素かどうかということである。この結果は、その行為に「相手＝聞き手（you）」が関与していると「させていただく」への違和感は小さく、関与していないと違和感が大きいことを示している。

　2 番目に影響力があるのは「使役性」で、［＋使役性］（ノード 3、5）だと違和感が相対的に低く、［－使役性］（ノード 4、6）だと違和感が相対的に高

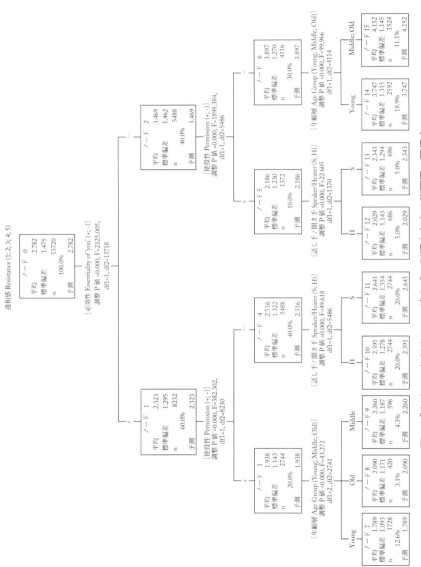

図1 「させていただく」への違和感に影響を与える諸要因の回帰木

いことがわかる。つまり、「私があなたにさせてもらうこと」とみなされる場合は「させていただく」への違和感は小さいが、「私が自分で勝手にやること」とみなされる場合は違和感が大きいということである。このことは、「させて」の部分の使役の意味が生きていることを示している。一方、「恩恵性」が回帰木に現れないということは、本動詞部分が話し手への恩恵がある行為でも、聞き手への恩恵がある行為でも、「させていただく」への違和感に有意な影響を及ぼしていないということを意味する。これは「いただく」がもっているはずの本来の意味「恩恵性」が希薄になっていることの証左である。

　内的要因についてわかったことをまとめると、「させていただく」への違和感には前接する本動詞が「聞き手」に関与するか否かが最も強く影響を与え、ベネファクティブの前半の「させて」には使役の意味が残っているが、後半の「いただく」には実質的な恩恵の意味がもはや感じられていないということである。付言すれば、（1–BE–J）で示した文の内部構造と図１のツリーにおける効果の強さとの間には、（1–BE–J）で左から「恩恵性」「使役性」「必須性」と並ぶ内的要因が、図１では逆に「必須性」「使役性」の順に強い効果をもち、「恩恵性」は有意な効果をもたない、という面白い符合が見られた。

5.3　外的要因

　図１を見ると、「させていただく」への違和感に３番目に有意な影響を与えるのが、外的要因である使用者属性「年齢層」とコミュニケーション上の立場の差「話し手／聞き手」であることがわかる。「年齢層」と「話し手／聞き手」については、それぞれ影響力を及ぼす言語状況が異なっている。「年齢層」については以下のことがわかった。

①［＋必須性］［＋使役性］の場合（例：受講票確認）（ノード７、８、９）：
　「若年層」＜「高年層」＜「中年層」

② ［－必須性］［－使役性］の場合（例：すばらしい演技に感動）（ノード 14、15）：「若年層」＜「中高年層」

　［＋必須性］［＋使役性］は「させていただく」の意味が生きていて、使うのに違和感が最も低いと想定される言語状況だが、その場合、3 つの年代層がそれぞれ異なる違和感を示していることがわかった。「若年層」が最も低い違和感であるのに次いで「高年層」、一番高い違和感を感じるのが「中年層」であった（ノード 9）。「中年層」は現役世代なので、公私に渡る様々な言語活動の場面で「させていただく」の使用に最も高い意識を持たざるを得ない年齢層だと解釈できる。これは、井上（2017）の「敬語の成人後採用」という考え方と一致する結果である。ところが、［－必須性］［－使役性］の場合、つまり「させていただく」の意味が希薄で、使うのに違和感が高いと予測される言語状況では、「中年層」と「高年層」が 1 グループをなしており、「若年層」＜「中高年層」（ノード 14、15）という結果が得られた。「若年層」対「非若年層」の言語意識への相違がここに表れている [9]。
　次に「話し手／聞き手」の立場の差を見ると、以下のことがわかった。

① ［＋必須性］［－使役性］の場合（例：「応援」）（ノード 10、11）：
　「聞き手」＜「話し手」
② ［－必須性］［＋使役性］の場合（例：「会議室使用」）（ノード 12、13）：
　「聞き手」＜「話し手」

　つまり、違和感に影響を及ぼす［必須性］［使役性］が［＋］と［－］の組み合わせになっている言語状況では、「話し手」としての違和感が「聞き手」としての違和感より大きいということである（これについては 6.3 節で検討する）。

5.4 「させていただく」の使用目的

　使用についての意識は違和感に影響を与えるのだろうか。本調査では、人々が「させていただく」を使う目的を、以下の６つの選択肢から１つだけ選んでもらった。

①商売で客に使う時
②へりくだりたい時
③相手から許可をもらいたい時
④自分の利益になることを言う場合
⑤丁寧に話していることを示したい時
⑥あまり使わないようにしている

　「させていただく」をよく使う人の意識調査をするのが目的なので、まずあまり使わない人を排除するために⑥を設けた。また、使う人のうち、商業敬語として接客時に無意識に使う人を排除するために①を設けた。
　②から⑤までの結果は次のようにまとめられる。第一に、「させていただく」の使用目的は、「へりくだり（45％）」と「丁寧さ（32％）」が合わせて77％という結果が得られた。これは敬語と同様の目的、つまりネガティブ・ポライトネス方略の目的で使うと考える人が多いと言い換えることができる。一方、「許可を求める（使役性）（18％）」と「自己の利益の表明（恩恵性）（5％）」の目的の数値を見ると、「恩恵性」はもはやあまり意識されておらず、「使役性」についても、意識が残ってはいるものの特に多いわけではないことがわかる。5.1、5.2では「使役性」も影響していることが確認されたが、この結果を鑑みると、少し留保がつくのかもしれない。

6. 調査結果からの考察

6.1 恩恵性について

　恩恵性は違和感に対する有意な影響をもたなかったので、「いただく」の本来の意味は「漂白化（semantic bleaching）」（秋元 2002）していると言うことができる。使用目的調査（5.4 節を参照）においても確認されたが、「あなたに対して恩義がある」という意味での旧来の「恩恵・恩」の意識は、「させていただく」においては希薄化していると言わざるを得ない。つまり「恩恵」への意識をあまり感じないまま「させていただく」を使用している人が多い、あるいは「恩」の概念が過去の意味とは変化していると考えた方が良いのかもしれない。

6.2 使役性について

　ここでは、各例文に直接的・間接的スピーチアクトのラベル付けをして、「使役性」の意味を考えてみたい。違和感に関連する内的要因は「必須性」と「使役性」の 2 つなので、［＋；－］の値によって 4 つの組み合わせが考えられる。本調査で使用した例文をその 4 つに分類し、それぞれの直接的・間接的スピーチアクトを記したのが表 4 である。

　5.2 では違和感は使役性の有無に影響を受けることが確認されたが、表 4 からはさらに、使役性が「行為の方向性」を示していることがわかる。「スピーチアクト」と「共通点」の列を見ると、［＋使役性］の行為は「行為予告と協力要請」「申し出の受諾」のように相手との呼応関係を前提とした「双方向性」をもつ行為だが、［－使役性］の行為は「一方向的行為の宣言」「私事の一方向的報告」のように「一方向的な」行為である。「使役」の意味からは当然の結果とも言えるが、［＋使役性］＝「双方向性」、［－使役性］＝「一方向性」なのである。この方向性は、5.2 節で見た「必須性」と同様に、「聞き手＝あなた」の存在を前提にしているかどうかの問題と重なっている（これについては 6.5 節で再び検討する）。

表4　違和感の高低とスピーチアクト

	違	必	使	例文（略記）	直接的・間接的スピーチアクト	共通点
1	小	+	+	受講票確認	行為予告と協力要請	行為の双方向性
				契約内容説明		
2		−	+	会議室使用	申し出の受諾	
3		+	−	飲食禁止	一方的行為の宣言	行為の一方向性
				応援		
				カード発行見送り		
				5％値引き		
4	大	−	−	受賞	私事の一方的報告	
				感動		
				卒業		

注：違＝違和感、必＝必須性、使＝使役性

6.3　「話し手」と「聞き手」の立場について

　「話し手」と「聞き手」という立場の相違による影響は2箇所で確認されたが、なぜ違和感はいつも「話し手」の方が「聞き手」よりも高いのだろうか。人から言われる場合よりも自分が言う場合に、より違和感や抵抗を感じるということは、典型的には、相手から許可を求められるのはいいが、自分から相手の許可を求めることはあまり気が進まないといった心理が働くということなのかもしれない。

　滝浦（2016）は近年の「させてください」から「させていただく」へのシフトを取り上げて、「話し手と聞き手の事情の衝突」として立場の違いについて論じている。要約すると、話し手側はなるべく相手に触れることなく丁寧に言いたいという事情から「ください」より「いただく」を使いたいという心理が働くが、聞き手側は「させていただく」は自分の許可なしの「恩の先取り」でありインポライトだと感じるとまとめられる。「許可のない先取り」は「丁寧過剰のフリをしたインポライトネス」であるという見解を、本調査の結果に組み込んで考えてみたい。

　「話し手の違和感＞聞き手の違和感」という現象は、聞き手として人から

配慮を「もらう」のは良いが、自分が話し手として配慮を「あげる」ことには抵抗があるということでもある。別の見方をすると、人は他人への配慮を表現すること対して控え目で慎重なのかもしれない。自分の関連する事柄に人を巻き込んで煩わせたくないために遠慮をするという事情が話者の側にあるのではないか。これはネガティブ・フェイス侵害行為を回避したいという思いである。ところが、聞き手側は話し手のそうした見解と心情を共有できていない。これは、敬語表現によって丁寧に扱われ、ネガティブ・フェイスが尊重されている限り、そこまで遠慮する必要はなく、必要ならば関与・協力要請、ポジティブ・ポライトネスへのアピール要請をしてほしいということなのだろうか。つまり話し手がもっぱら心配するのは聞き手のネガティブ・フェイス侵害だが、聞き手はポジティブ・フェイス侵害の軽減を明示的に行うストラテジーを使っても良いと感じているのかもしれない。これは「聞き手」と「話し手」のポライトネス意識の矛盾、または衝突と言える。この点については、他のベネファクティブと比較した上で再考する必要があるだろう。

6.4 ポライトネス意識について

5.2 節では、「聞き手が行為に関与しているかどうか」という「必須性」が「させていただく」の違和感に最大の影響を及ぼしていることを確認した。これは本動詞の部分が「聞き手＝あなた」に関与していると違和感が低いということである。逆の視点から見ると、「させていただく」の使用は「必須性」を前提としており、そのことは「聞き手であるあなたを意識し認知していること（acknowledgement）」を示す印、つまりポジティブ・ポライトネス（PP）意識の反映と解釈することができる。一方、使用目的を問う質問への回答で「へりくだり」「丁寧さ」を示す目的のために「させていただく」を使用する人が多いことは、ネガティブ・ポライトネス（NP）意識の反映とみることができる。つまり、「させていただく」は「私はあなたの存在を認める」という意味において PP への配慮、「あなたと丁寧に接したい」

という意味において NP への配慮を示しており、両者合わせて 2 つのポライトネス意識を同時に表明する言語表現と解釈することができる。

　丁重語「いたす」の尊大化による代替表現としての「させていただく」を考えるなら、丁重語に含まれるのは NP 指向のみだが、「させていただく」には NP に加えて「いただく」の部分に「聞き手認知」という「PP 指向」が元からあり、その PP 機能があること自体は変化していないのかもしれない。ただ、使用者の意識がその点をより重視するように変化してきたという点で、「新しい要素」が展開していると言える。この新しい意識の変化により、「させていただく」においては、NP 機能と PP 機能が相補的に作用するようになった。NP 機能と PP 機能の相互作用によって尊大化が起こりにくくなってきており、そこに新しい「恩」の概念が見え隠れしている。

　スピーチアクトとポライトネス意識の両面から考えてみたい。双方向のスピーチアクトである「依頼」をする時に「させていただく」を使うのは、遠隔化という意味では NP ストラテジーの行使だと言える。だが、話者が「いただく」ためには、聞き手は「何かをする」必要のある状況になる。「相手がもらうと言っている」→「自分があげなくてはならない」→「〜してくれと依頼されている」という認識を得るための余分な解釈のステップは、誤解を生み出す間隙でもある。「させていただく」の使用には、相手へのフェイス侵害度を軽減させるために明言を避けているという側面と、はっきり言うと自分が頼んだために相手からの恩が発生するので、それを避けるために言わずにおきたいという側面がある。冒頭の高齢の男性の怒りに関して言えば、受付の係員はフェイス侵害回避の意味で使ったのに、高齢者は受恩回避の意味で解釈したために、ミスコミュニケーションが起こった例と言えるのではないだろうか。また、「受講票を見せて入場する」という一連の行動においては、入場者が係員に「受講票を見せる」という恩恵を与える（「受講者＝与許可者」「係員＝受益者」）と同時に、受講者は係員に受講票を見せないと入場できない、つまり係員から入場許可を受けるために受講票を提示するという（「係員＝与許可者」「受講者＝受益者」）、許可と恩の関係性の逆

転が同時に起こっている。この言語表現と発話内力（illocutionary force）の反転が苛立ちの源にあるのかもしれない[10]。双方向のスピーチアクトの場合、話し手は、聞き手が自分の意図を読み取ってくれることを望みながら「させていただく」を使用しているのかもしれない。そこには、「聞き手／話し手」「年齢層の違い」「言語感覚（使用目的意識）の違い」といった要因が加わると誤解が起こる可能性があるというリスクが常に潜んでいる。

6.5　「させていただく」における「恩・恩恵」とは何か？

　5.2 節で「恩恵性」は「させていただく」の違和感に有意な影響を与えないことがわかった。では、「恩恵性」が意識されないのに、なぜ「させていただく」がこれほど使われているのだろうか。もしかしたら、現代の日本語において「させていただく」が帯びている「恩・恩恵」の概念は、従来の「恩」の概念とは異なってきているのかもしれない。変化しているとすると、調査結果からは、次のように考えることができる。それは「私はあなたから利益を得る」という「受益意識」ではないし、「あなたは権威を持っており、私はあなたから行動の許可を得る」という上下関係を示すものでもない。むしろ、「必須性」が最も影響のある要因であったことから、「あなたの存在を認知し、言語化したい」「私の行為を、あなたと関係のあることとして丁寧に表現したい・謙遜の気持ちを表現したい」という PP、NP の両方のポライトネス意識の表れとして使われていると考えなくてはならないのだろう。つまり、「あなた起源」ではなく、「わたし起源」のあなたへの配慮・気遣いとして示される種類の意識が「させていただく」における「恩恵意識」なのではないだろうか。つまり、あなたが「くださる」からではなく、私があなたの存在を認知したことによる関係性や、一連の行為におけるあなたの関与を丁寧に表現することによって生まれる「近すぎず遠すぎない心地よい距離感」を話し手側が構築・保持しようとする気持ちが「恩のようなもの」「恩に代わるもの」であり、「させていただく」はそれを示す印と言えるのではないか。

滝浦（2016）によると、「いただく／くださる」の違いは「「私が」いただく」「「あなたが」くださる」という主語・視点の違いであり、「くださる」を使うと「あなた」が明示されていなくても「あなた」に触れざるをえず、触れてしまえば「敬意逓減の法則」が作用して「敬意」がすり減ってしまい、結果として日本語の敬語が過剰になっていくとしている。その上で、滝浦（2016）は金澤（2007）を再解釈し、近年の「くださる」から「いただく」へのシフトは、相手に触れる形式「くださる」対　触れない形式「いただく」の差が動因であり、自分を行為の主語として表現することによって相手に触れないという「遠隔化」作用、つまり NP 方略の現れだとしている。

しかし、これは視点を変えれば、「いただく」を使って「くださる」と同じ効果を得ているということにもなる。つまり、あなたに触れることなく（NP）、あなたとの繋がりを創出する（PP）ことができるということである。つまり、「させていただく」は、相手に触れることなく相手と繋がることを可能にしてくれる、よって相手に触れることが重なって起こる敬意逓減の法則を免れることのできる、敬意がすり減らない言語装置ということができる。しかも、旧来の上下の「恩・恩恵」から、現代社会により適した横の「縁・繋がり感」を構築する効果が得られる。また、6.2 節でみたように「使役性」は方向性の問題であり、「させて」は話し手と聞き手間の「双方向性」（場合によっては「見せかけの双方向性」）を演出する効果も兼ね備えている。話し手の側からすれば、見せかけにすぎなくても一旦そういう関係性への扉を自ら開けてしまえば、本当は一方向的な行為を、まるで「了解」を得た「双方向的な行為」であるかのように聞き手に伝え、行うことができるというメリットがある。「させていただく」は、そんな便利で魅力的な言語表現なのかもしれない。

7.　「させていただく」についての総合的考察

「させていただく」文への違和感の調査を通して、これまで漠然と論じら

れてきたことが、明確な根拠に基づいて語れるようになった。調査から得られた知見は以下の 4 つにまとめられる。第一に、「させていただく」の使用への違和感は、前接する本動詞が示す事柄が成立する際に「聞き手」が必須の参与者であるかどうかによって影響を受けるということである。第二に、「させていただく」が本来もっていた「使役性」や「恩恵性」の意味合いに関しては、「恩恵性」の認識は「使役性」や「必須性」ほど重視されるものではなく、薄れてきていることが示唆された。また「許可」を求める目的で「させていただく」を使用すると考える人がそれほど多くなく、「使役性」のない事柄を示す動詞と共起しても高い違和感が有意に少ないことから、「使役性」の意味合いも変化しつつあるのではないかと考えられる。この 2 つの現象から、「させていただく」は「させて」と「いただく」という 2 語の複合形ではなく、分割できない 1 フレーズとして認識されるように変化してきていると言えるのではないだろうか。

　第三に、全般的な違和感への影響から判断して、「させていただく」の文字通りの意味が最も希薄な、「使役性」も「必須性」もない「させていただく」の用法への違和感が、中年層・高年層では高いが若年層では低いという「世代間のずれ」があることがわかった。これは「敬語の成人後採用」(井上 2017)と解釈することもできるし、時代と共に違和感が低下しているという「言語の通時的変化」と読み替えて解釈することもできる。5.3 節で見た「中年層」の違和感が最も高いという結果は、この「成人後採用」で説明ができる。だが同時に、「させていただく」の用法拡大は、内的要因の有無にあまり関係なく使用できる語句へと変化しているという大きな通時的変化としても捉えておく必要がある。

　最後に以上の 3 つのことを総合すると、「させていただく」の「文法化」のプロセスが今、私たちの目の前で進んでいると言えるのではないか。つまり、ベネファクティブ「させていただく」は元来の意味を失ってどのような意味内容の本動詞とも共起可能で、かつポライトネス的には NP と PP をともにカバーするような、いわば「(NP 兼 PP の) 新丁寧語」へと通時的に変

化してきており、本調査ではその過程が垣間見えた。「丁寧語」も敬語である以上、その使用は基本的に NP 指向だが、「させていただく」の場合は、元から備わっていた「PP 性」に使用者の焦点がシフトしてきた点が新しい[11]。この「NP 兼 PP」は「新丁寧語」とでも呼ぶのがふさわしい性質ではないだろうか。5.2 節の最後で触れた文構造と図 1 の影響要因との符合を改めて解釈するならば、文構造における本動詞の意味素性「受恩性（BE 'receive'）」がもはや実質的意味をもたず、その句動詞的な目的語の意味素性「使役性（BE 'your letting'）」も微妙に揺らぎ始めている現象として理解することができる。これはすなわち、句動詞 'receive your letting…' 自体が NP と PP を合わせもつポライトネスの助動詞に変化する「助動詞化」という「文法化」であることを意味するだろう。だとすると、「させていただく」現象も、それと同等のいわば「補助動詞ベネファクティブの助動詞化」現象として捉えることが可能ではないだろうか[12]。

　このことと関連して、最後に先行研究を再度振り返っておきたい。いくつかの「させてもらう」文を比較し、その自然さについて「話者受益の有無がこれらの文の可否を決めているものと考えられる」とする山田（2004: 148）と、それを「大原則的な基準として認めて良いと思われる」とする滝浦（2016: 101）の見解は、本研究において「させていただく」における「恩恵性」の意味の希薄化が判明した今の時点で、すでに少なくとも額面どおりには成り立っていない[13]。「恩恵性」を示す言語表現に対する、言語使用者の意識が変化してきたと言った方が良いかもしれない。しかも今回の調査で明らかになったことは、高年齢層でも「恩恵性」の有無が「違和感」のレベルに有意な効果を及ぼしていないということだった。その点を考慮するなら、恩恵性の希薄化は最近始まった現象とは言えないように思われる。本稿は、井上（1999）が社会の側から述べていた、社会の変化が人々の関係と心理、さらには言葉にも変化を与えたというストーリーを、言語の内的側面とそれに対する人々の語用論的意識の観点から捉えて実証的に論じ直したことになる。そして、それを現在生起しつつある変化の断面として明示できたと考え

る。

8. おわりに―今後の課題

　本稿では、ベネファクティブ「させていただく」に焦点を当てた調査を実施し、その結果から読み取れることを、スピーチアクトやポライトネスの視点を使ってまとめ、そこに「文法化」現象の兆しが見られるのではないかという結論に至った。もっとも、本当の意味での通時的変化を観察するのであれば、過去のデータを集めたコーパスを現代日本語のデータと比較検討する必要があることは言うまでもない。コーパス調査においては、「させていただく」はどんな動詞と共起しているのか、そこには何か傾向はあるのか、通時的変化はあるのか、などといった課題がある。また、「させていただく」表現は「現在形」や「過去形」などでも使用されているし、可能形「させていただける」、条件＋疑問形「させていただいてもよろしいでしょうか」など、さまざまなモダリティ表現が見られる。それぞれに「いま、ここ」の直接性から微妙に距離感をとる「遠隔化」作用（滝浦 2005: 180–182, 2008）が働いている。それらの形式と機能の検討はもちろんのこと、普通体「させてもらう」との比較、他のベネファクティブとの比較研究も必要である。

　特に、「させていただく」の現代日本語における浸透度を「させてくださる」との比較で考えると、「させていただく」が文法化して助動詞化しているのに対して、「させてください」は「ください」が実質的意味を失っておらず文法化してないと思われる点も、使い易さの度合いに影響を与えているのではないかと思われる。しかし、そう論じるためにはさらなる調査が必要である。

　また本稿では、誤用だとされることの多い5段活用の動詞の「サ入れ」表現については考察しなかったが、「サ抜き」表現と併用されている場合があり、「サ入れ」によって「使役性」が表現されているという指摘もあるので[14]、さらなる調査と考察が必要である。「させていただく」研究には多く

の課題が残っているが、それらは今後の課題とし、引き続き「させていただく」の問題系の解を探っていきたい。

注

1 「せる・させる」という形式には、意味的には「強制使役」と「許可使役」があるが、本稿で扱うのは用法が拡大してきたとされている後者の「許可・使役」の方であり、ここではその「許可・使役」のことを「使役性」と呼んでいる。実質的に強制された行動であっても、話し手が「させていただく」という表現を選択した場合、話し手は「使動・使役性」の意味合いを「許可・使役性」として捉え直しており、そこにはポライトネスに関連した何らかの意図が働いていると考えられる。

2 「いただく」が「もらう」の敬語形であることを示すために、「丁寧形 polite form」の［polite］を付けている。

3 BE は概念意味論の記法に類似しているという指摘もあるかもしれないが、これは本稿が解明したい「させていただく」表現における「恩恵性」「使役性」「必須性」の3要素の有無を明示して考察するために、receive の用法を receive〜ing という形に拡張した略記にすぎない。

4 一般に、日本語の敬語は西高東低と言われており、本稿で取り上げている「させていただく」についても、井上（1999: 164, 170）、塩田（2016）では関西で多く使われる傾向があるとされており、滝浦（2016: 101）にも同様の言及があるので、言語形成期を近畿地方で過ごしたかどうかを社会的要因に入れた。しかし、該当者の実数が 17（4.4%）と少なすぎたため、ここでは考慮しないこととした。年齢については、予備調査の際に実年齢を書く欄を作ったが、記入しない回答者が特に年配の女性に多かったので、本調査では 10 歳ごとの幅で回答してもらった。そのため、実年齢の平均と標準偏差は出していない。

5 Part 3 では、表 1 の外的要因の「表現選択」を調べるために、Part 1、Part 2 と同じコンテクストにおいて「最もしっくりくる」と思う表現を選択肢から 1 つ選択するか、または適切な選択肢がない場合は自由に記述してもらったが、本稿では扱わない。Part 4 では「使用目的」について択一式で尋ね、本稿では 5.4 節で結果のみを報告した。

6 文例の数については、4 要因を 2 条件［＋；－］で調べるので、可能性としては 16 の組み合わせが考えられる。ここでは例文が考えられない組み合わせを除き、

日常生活で実際に収集した実例を元に意味素性が明確な7パターン10文例を扱った。素性の値については、同僚の言語学者3人に3要素の定義を説明した上で例文の素性の値を尋ね、同意を得られた。

7　実証的語用論研究の強力な手法として決定木分析を用いたのは Kiyama et al. (2012) が最初である。

8　決定木のうち、従属変数が量的データである場合を回帰木という。

9　年齢層ごとの回答者数は、表2に示したように、若年層だけで6割強という偏りがある。このことの影響については次のように考える。本節で見たように若年層では全体的に違和感の値が低く、かつそのグループの人数が多いことから、全体の違和感の平均値を押し下げる効果を及ぼしていることが考えられる。全体の平均値は 2.782 であり（図1ノード0）、5段階の中央の値である3よりも小さい。このことがその影響であると思われる。なお、人数比を考慮して「若年層」と「非若年層」に二分する区分けも試みたが、ノード8と9が1つになって中間的な値となる以外、ツリーの構造も平均値も同一だったため、3分類のままとした。

10「許可と恩恵の関係の逆転による言語表現と発話内力の反転」は加藤重広氏の指摘による。

11　もちろん普通体「もらう」と比較すると、「いただく」は敬語なので NP のニュアンスが加わるため繋がり具合の距離感が拡大し、動作への要求度が低下すると考えられるが、本稿では普通体と丁寧体の比較は行わない。

12　山田 (2004) は「テヤル・テクレルの非恩恵的用法」を「意思」を表すモダリティと捉えている。

13　山田の著書は 10 年以上前に刊行されたものなので、現在急速に高まっている「させていただく」使用の普及と浸透度を捉えきれていないと言った方が良いかもしれない。

14　第5回動的語用論研究会における立命館大学の岡本雅史氏のコメントによる。

参考文献

秋元実治 (2002)『文法化とイディオム化』ひつじ書房

井上史雄 (1999)『敬語はこわくない』(講談社現代新書) 講談社

井上史雄 (2017)『新・敬語論―なぜ「乱れる」のか』(NHK 出版新書) NHK 出版

金澤裕之 (2007)「「～てくださる」と「～ていただく」について」『日本語の研究』3 (2) : pp.47–53．日本語学会

菊池康人 (1997)『敬語』(講談社学術文庫) 講談社

木山幸子 (2016)「語用論調査法」加藤重広・滝浦真人編『語用論研究法ガイドブック』 pp.261–282．ひつじ書房

塩田雄大（2016）「"させていただきます" について書かせていただきます—2015 年『日本語のゆれに関する調査』から②」『放送研究と調査』66（9）: pp.26–41. NHK 放送文化研究所

滝浦真人（2005）『日本の敬語論—ポライトネス理論からの再検討』大修館書店

滝浦真人（2008）「〈距離〉 と 〈領域〉 の語用論—日韓対照ポライとネスのために」森雄一・西村義樹・山田進・米山三明編『ことばのダイナミズム』pp.31–49. くろしお出版

滝浦真人（2016）「社会語用論」加藤重広・滝浦真人編『語用論研究法ガイドブック』pp.77–103. ひつじ書房

原田登美（2007）「日本語会話における 〈授受表現〉 の使用実態とポライトネス・ストラテジー—「日本語会話データベース（上村コーパス）」にみる」『言語と文化』、NII–Electronic Library Service, pp.117–138. 甲南大学

東泉裕子（2010）「「（さ）せていただく」と「いたす」の競合」『特定領域研究「日本語コーパス」平成 21 年度公開ワークショップサテライトセッション予稿集』pp.27–32.

文化審議会答申（2007）『敬語の指針』

山田敏弘（2004）『日本語のベネファクティブ—「てやる」「てくれる」「てもらう」の文法』明治書院

Kiyama, S., Tamaoka, K., and Takiura, M. (2012) 'Applicability of Brown and Levinson's Politeness Theory to a Non-Western Culture: Evidence From Japanese Facework Behaviors.' *SAGE Open*, 2012 2.

謝辞 今回の調査の実施に際しては、放送大学の各学習センターの皆様、日本大学、法政大学の皆様にお世話になった。統計手法による調査に関しては、放送大学の滝浦真人氏、東北大学の木山幸子氏の多大なる協力と示唆を得た。また、本稿の一部は、2017 年 3 月に京都工芸繊維大学で開催された第 5 回動的語用論研究会にて発表し、有益なコメントをいただいた。さらに、仕上げるにあたっては、本書の編者である加藤重広氏と滝浦真人氏から有益なコメントをいただいた。ここに記して、各方面の皆様方への感謝の意を表したい。

談話構造の拡張と構文化について

近現代日本語の「事実」を中心に

柴﨑礼士郎

1.　はじめに

　英語の言い誤りに関する論考や書籍は枚挙に暇がなく、マンガ、文芸書、新書、DVD、インターネット上等々、入手形態も多様化している。同様に、日本語の場合にも誤用への注意喚起を促す新聞投書等も散見しており、専門家の中でも以下に取り上げる野口（2016）の指摘などは一目置かれる内容である。一方、使用上の誤りを超えた言語変化を示唆する指南書の類も存在する（e.g. NHK「みんなでニホン GO!」制作班版 2010）。翻って考えてみると、言語（あるいは言語学）を研究する者を言語学者とするならば、言語学者の関心は「正誤よりも使用実態」に向けられるのが自然であり（加藤 2014: 30）、筆者の研究スタイルも軌を一にしている。本稿でも、言語の使用実態から言語変化と機能拡張を考察する立場を取ることを示しておく。

　上述の野口（2016）は「日本誤」なる言い誤りを観察し、ジャンルによる使い分けを促す記述が多く、非常に示唆に富む使用実態が紹介されている。例えば、野口（2016）は以下のようなツイッターやインターネット上の例を用いて、文章では用いるべきではない現代日本語の用法を取り上げている（原典の傍点を下線に変更してある）。

（1）　問題　下線のついた言葉は何かが短縮されたものです。適切な言い方
　　　にしてください。

a. 私は基本、どんぶり勘定で、きちんと家計簿をつけるようなタイプではありません。

b. この一か月、毎日三〇分ジョギングしました。結果、三キロやせました。

c. 学費等の納付金は、原則、返還しません。

d. 先生が授業中によく、学生時代に自分が勉強にも部活にもどれだけ頑張ったかという話をする。正直どうでもいいのだが、一応聞くふりをしている。

(野口 2016: 62)

野口（2016: 62）によれば、（1a）から（1d）のような「短縮した言い方は、会話で使う分にはかまわないが、文章では用いない。改まった席で話す際も避けた方がよい」と解説されている。訂正例として「基本的に、その結果、原則として、正直に言って」がそれぞれ提案されている（野口 2016: 63）。

試みに、小学生向けの国語辞典として定評のある金田一・深谷（2015）で「基本、結果、原則、正直」および本稿で取り上げる「事実」を調べてみると、「基本、結果、原則」には名詞用法のみが挙げられている一方で、「正直、事実」には名詞（および形容動詞）用法に加えて副詞用法も挙げられている。

（２）「正直」の品詞と語義
a. 名詞・形容動詞：うそやごまかしのないこと。例正直な人。
b. 副詞：ほんとうをいうと。じつをいうと。例正直、友人の問題でこまっている。 （金田一・深谷 2015: 566）

（３）「事実」の品詞と語義
a. 名詞：実際にあったこと。例事実を語る。事実無根。
b. 副詞：実際に。ほんとうに。例事実、だれも信じなかった。

（金田一・深谷 2015: 501）

編集代表の深谷圭助によれば、「正直、事実」を覚えるのに最適な学年は小学校3年生とある。原典表記は無いものの、書きことばでの使用例とも解釈できる（3b）は特に興味深い。つまり、現代日本語では「正直、事実」の副詞用法は確立しており、場合によっては話しことばと書きことばの境界は連続的である（第2.3節も参照）[1]。

名詞が副詞化する現象は日本語に限らず多くの言語で確認されている（e.g. Heine and Kuteva 2007: 111）。こうした通言語的な変化を思い起こしつつ（1）の例文を再考すると、各名詞の副詞化の度合いにより、容認度（あるいは誤用度）に差が生じていると判断できる。勿論、日本語母語話者といえども年齢や言語感覚による個人差も考えられうる。そこで本稿では、特定の日本語コーパス（第3節参照）を用いて「事実」の史的変化と使用実態を調査しつつ、特に「事実」の副詞用法が担う語用論的且つ構文的特徴を考察する。

本稿の構成は以下の通りである。第2節では本稿に関連する先行研究を概観し、第3節では調査に用いるコーパスを紹介する。第4節ではコーパスによる調査結果を提示し、第5節では「事実」の使用実態を歴史的に考察する。第6節は結論である。本稿では、「事実」を伴う談話構造の拡張はTraugott and Trousdale（2014）の提唱する「構文化」（constructionalization; Cxzn）の見解と符合することを説明する。尚、「事実」（「事實、ジジツ、じじつ」も含む）の副詞・接続詞用法を「副詞用法」と統一して以下の議論を進める。

2. 「事実」に関する先行研究の概要

2.1 「事実」の品詞拡張

古橋・他（2012: 157）を用いて古語の状況を見てみると、万葉期から江戸期までの例は全てが名詞である。つまり、現代日本語の「事実」は名詞から副詞用法を派生している点において、通言語的な言語変化と符合している。各用法の初出例を北原（2006: vol. 6, 655）から挙げておく。以下、取り上げ

110　柴﨑礼士郎

る例文中の該当箇所には下線を施しておく。

（4）　摂政被来云、今夜齋院盗人入云々、仍奉遣奉云々、右大弁来云、齋院
　　　　事実也。
　　　　「摂政来られて云く、今夜斎院に盗人入ると云々、仍りて、奉を遣は
　　　　し奉ると云々。右大弁来りて云く、斎院の事実也」
　　　　（寛仁元年（1017）七月二日『御堂関白記』；北原 2006；注釈・山中（編）1985: 135）
（5）　兄さんは誰よりも今の若い人達の心をよく知つてゐる。そして事実、
　　　　東京で若い多くの女のお友達もおありの事であつたらうし。
　　　　　　　　　　　　　　　　（1914 年『田舎医師の子』〈相馬泰三〉五；北原 2006）

　　北原（2006）および古橋・他（2012）の記述から、「事実」の副詞用法は 20
世紀初頭頃に派生したと解釈できるものの、名詞用法の初出から約 900 年
を経ての副詞用法の派生であるため、何らかの確認作業は必要である。そこ
で、これまでの調査結果を極簡単に紹介しておく。
　　まず、室町時代に関して土井・代表（1994）を用いたが「事実」は確認で
きない。日葡辞書（土井・他 1980）および邦訳日葡辞書の索引（森田 1989）
も確認したが、「事実」を拾得することはできない。入手可能な江戸語辞典
は複数存在するものの（e.g. 前田 1974、大久保・木下 1991、頴原・尾形
2008）、いずれも「事実」を掲載していない。ただし、大久保・木下（1991:
i）には、「今日普通に用いられず、解説を要する語句一万語以上を収録す
る」と記載されている。つまり、日常的な語彙であり、且つ、抜本的な変化
を被らずに現代へ伝わっている語彙については対象外であった可能性が高
い。この点は他の辞書も同じものと思われる。尚、国立国語研究所のホーム
ページで利用可能な『日本語歴史コーパス江戸時代編Ⅰ洒落本』（市村編
2015）および『日本語歴史コーパス江戸時代編Ⅱ人情本』（藤本・高田編
2015）においても使用例が確認できない点も付記しておく。
　　以上の調査結果から、「事実」の副詞用法は 20 世紀初頭頃に派生したと

予想できる[2]。そこで、本稿では第 3 節に紹介する『近代語コーパス』を最大限に用いて、「事実」の品詞拡張の時期である 19 世紀末から 20 世紀初頭を調査し、機能拡張のプロセスを詳細に考察する[3]。

2.2　日本語研究史の中の「事実」

接続詞あるいは文副詞の分野でも研究史は浅くは無く（e.g. 渡辺 1971、竹内 1973、森本 1994、日本語記述文法研究会 2009、大竹 2009、藤原 2011、三枝 2013）、近年では、就職資格関連の出版社からの刊行物も散見している（石黒 2016、本稿第 2.3 節を参照）。論の骨子となる理論的背景や取り扱うデータの質量も異なることから、全ての先行研究が同様の見解を提示している訳ではない。しかし、近代以前の日本語まで遡り、「事実」を構文という視点から考察し、更に、構文そのものが変化・拡張を遂げているとする論考が上梓されていない点は唯一共通している。つまり、多くの論考は既に副詞化された「事実」の談話機能を論じてはいるが、機能拡張に伴う構文変化へは踏み込んではいない。確かに、渡辺（1971: 318）は（6）のように「誘導副詞」としての「事実」を指摘し、（7）の「もちろん」のような言い換えも指摘している。ただし、渡辺（1971）では「事実」を底とする名詞述語文を暗示させながらも実例は挙げていない。参考までに、「事実」の言い換えの（8）を挙げておく[4]。

（6）　事実この帽子はスマートだ。　　　　　　　　　　　　（渡辺 1971: 318）

（7）　a.　もちろん原書を読みます。

　　　b.　原書を読むのはもちろんだ。　　　　　　　　　　（渡辺 1971: 316）

（8）　a.　事実、来た人はだれもいなかった。

　　　b.　来た人が誰もいなかったのは事実だ。　　　　　　（三枝 2013: 53）

例文（7）や（8）の言い換えを指摘した点は渡辺（1971）の優れたところである。一方で、「事実」が後続情報を誘導する機能だけではなく、先行文脈と

も関わる談話機能を担う点は、竹内 (1973) 以降、様々な研究者によって指摘されている。紙幅の都合で踏み込んだ紹介はできないため、表 1 に要点をまとめ概要を掴むにとどめる (X = 先行情報、Y = 後行情報、NA (not applicable) = 当該研究に言及無し)。尚、日本語記述文法研究会 (2010: 3) には「文は、談話の基本的な単位」とあるため、表 1 では句や節ではなく「文」(sentence) を包括的用語とする。

表 1 「事実」を伴う文の情報関係

形式	情報構造	
	$[X_{sentence\ 1}]$　　　　事実、	$[Y_{sentence\ 2}]$
「事実」の担う機能	NA	後行する注釈対象 (陳述) を誘導 (渡辺 1971: 317–319)
	「事実」の外側	外側から内側 (陳述) への働きかけ (竹内 1973: 137–142)
	陳述	(先行の陳述に対する) 証拠の提示 (森本 1994: 142–143)
	NA	論理関係や実情を導入 (大竹 2009: 149)
	一般論	一般論に合致する心外の真の情報 (藤原 2011: 52–53, 56–57)
	前文	(前文に対する) 具体例、根拠 (三枝 2013: 54)

　前述した通り、各論考の根拠となるデータは異なる。例えば、竹内 (1973) のデータは先行研究からのものと作例が中心と思われる。森本 (1994) は独自のアンケートに基づく調査結果であり、藤原 (2011) は検索エンジンのGoogle と goo を活用している。本稿では利用可能な電子コーパスを最大限に用い (第 3 節)、文献資料による補完的調査も行うことから (第 2.1 節)、データ面からも「事実」の新たな側面を見出すことができるものと判断する。

2.3　文章表現研究の中の「事実」

　文章表現や語法に関する研究では、取り上げる用法が副詞用法に限定されている感が強い。例えば、日本語記述文法研究会（2009: 58, 97–99）では「実際、事実、たとえば」を「加算的関係を表示する接続表現」に分類している。更に、「実際、事実」に後続する内容は（9）のように先行文脈に対する判断の例証を示すことから、「例証の用法」を持つ接続表現と見なしている（第5節も参照）。

（9）　マンガの世界は人気の有無ですべてが決まるのである。事実、大家と言われるようなマンガ家の作品でも、すぐに連載が打ち切られてしまうことがある。
　　　　　　　　　　　　　　　　　　　　（日本語記述文法研究会 2009: 98）

　上掲書の執筆者の一人である石黒圭は、石黒（2016: 96）において例証の接続詞の事例を拡張している。その中には「事実、実際、じつは」を基本形とし、バリエーションとして「実際に、現実に、げんに、その証拠に、じつのところ」を認めている。興味深いのは、石黒（2016）の内容が「書きことば向け」である点である。書きことばにおいては助詞を伴わない「実際」の方が「実際に」よりも基本形と言うことである。先に挙げた野口（2016: 62）の見解、つまり、助詞を伴わない名詞「基本、結果、原則、正直」の副詞用法は書きことば（野口のことばでは「文章」）や、改まった席での発話では避けた方が良いとする意見と相反する点は確認しておきたい。こうした見解の真偽を見定めるためにも、使用実態の詳細な調査が必要とされている[5]。

2.4　中間総括

　まず、歴史的には、「事実」は名詞（述語）用法として11世紀初頭に日本語史に現われ、20世紀初頭に副詞用法への機能拡張を遂げている（第2.1節）。日本語研究史の中では副詞化した「事実」が注目を集め（第2.2節）、先行文脈に関わる証拠、具体例を導く機能を果たしている点で見解が一致し

ている（表 1）。文章表現研究においては、副詞化した表現が助詞を伴うか否かで意見が分かれているが（第 2.3 節および第 1 節）、先行研究の多くはデータの扱いが限定的であり、使用実態の解明には至っていない。そこで本稿では、次節で紹介するコーパスを用いて、構文拡張に基づく「事実」の使用実態に迫る。

3. 本稿で用いるコーパス

本稿で用いるコーパスは表 2 の通りである。

表 2　使用コーパス（『近代語コーパス』）[6]

コーパス	語彙数	時期
『明六雑誌コーパス』	約 18 万語	1874–1875 年（明治 7–8 年）
『国民之友コーパス』	約 101 万語	1887–1888 年（明治 20–21 年）
『近代女性雑誌コーパス』	約 210 万字	1894–1895 年（明治 27–28 年） 1909 年（明治 42 年） 1925 年（大正 14 年）
『太陽コーパス』	約 1450 万字	1895 年（明治 28 年） 1901 年（明治 34 年） 1909 年（明治 42 年） 1917 年（大正 6 年） 1925 年（大正 14 年）

第 2.2 節で説明したように、「事実」の副詞用法は 20 世紀初頭頃に現われるようである。前述の各種江戸語辞典や「日本語歴史コーパス江戸時代編 I・II」で確認できないことからも、言語事実と大きな隔たりは無いものと判断する。むしろ、確認できた副詞機能がどのような談話状況下で構文拡張を遂げているのかが本稿にとって重要である。明治大正期の日本語に取り組むため、表 2 に掲載した『近代語コーパス』を使用して草創期の発達経緯を詳細に考察する。

4.　コーパスによる調査結果

　紙幅制限のため調査対象を以下の構文に絞る。（10）は名詞述語の文末用法（定形文）であり、（11）は文頭の副詞用法である。

（10）　現に、西洋での經驗で、下水や、水道工事を施してから、死亡數が減
　　　　少したのは事實である、萬事如斯風になると云ふ時には古と周圍の關
　　　　係はかわつてゐても、やはり長壽者は減らぬかもしれない…

（1901 年「養生閑話」（二）；『太陽コーパス』）

（11）　是れは徒弟制度を新設するよりも、更に困難である。事實、法文に規
　　　　定の標準を示したりとて、工塲主が、其標準に從ふ如く裝ひて、監禁
　　　　同樣の籠城法を取り、之を密閉して、外出せしめざる樣のことあらば
　　　　…

（1901 年「社会事情」；『太陽コーパス』）

　古田島（2013: 34）の指摘する通り「かつての日本語は、句点と読点の使い分けがなかった」ため、読点が句点の役割も担っていた。例えば、（10）の下線部の直後にある読点は、今日では句点の意味で使用されている。（11）では「事実」の直前に句点が使用されており、文頭副詞用法の「事実」であることが明らかである。

　文頭副詞用法については、他の要素を伴わない「事実」のみを分析対象とする（「事実上、事実として」等は分析対象外とする）。一方、文末使用の名詞述語用法（定形文）は「事実なり、事実である、事実であります、事実だ、事実です」の変異形を扱うこととする。尚、紙幅の都合で、文接続用法（e.g.「事実であり、」）については第 5 節で関連事例のみ取り上げることを付記しておく（柴﨑 2015 を参照）。

表 3　「事実」の副詞用法と名詞述語用法（『近代語コーパス』）

	副詞用法（文頭） 素頻度（%）	名詞述語用法（文末） 素頻度（%）	合計 素頻度（%）
1874–75	0（0%）	3（100%）	3（100%）
1887–88	0（0%）	13（100%）	13（100%）
1894–95	0（0%）	15（100%）	15（100%）
1901	1（3%）	28（97%）	29（100%）
1909	0（0%）	73（100%）	73（100%）
1917	2（2%）	95（98%）	97（100%）
1925	10（9%）	96（91%）	106（100%）

　表 3 は「事実」の副詞用法（文頭）と名詞述語用法（文末）の調査結果である。まず、北原（2006）が副詞用法の初出とする 1914 年（例文（5））と、本調査結果での初出年代 1901 年（例文（11））に若干の隔たりがあるものの、「事実」の副詞化は 20 世紀初頭と判断できそうである。ただし、近代語コーパスが守備範囲とする大凡 50 年間の言語変化から判断すると、「事実」の副詞用法は 1925 年頃に漸く慣習化の兆しが垣間見え始めたと推測できる。確かに、1901 年や 1917 年にも僅かながら事例の確認はできるが、使用実態として一般化していない点は明らかである。他方、名詞述語用法は着実に使用頻度を高めており、20 世紀初頭には用法が確立していたものと判断できる。

　名詞述語用法には変異形が存在し、各々の使用実態は表 4 に示す通りである。20 世紀初頭頃までは「事実なり」が他を圧倒しているが、その後急速に使用頻度が減少している。一方、1917 年以降、「事実である」の使用頻度が激増し、「事実だ」と「事実です」も微増傾向にある。なお、Shibasaki（2017: 16）の予備的調査では、20 世紀後半には引き続き「事実である」が最も多く使用され、「事実です」と「事実だ」がそれに続く使用頻度の高さである。「事実なり」の使用はほぼ皆無であり、丁寧度が高すぎるためなのか「事実であります」も一握りの事例にとどまっている。

表4 「事実」に後接するコピュラの変遷（『近代語コーパス』）

	なり 素頻度 （%）	である 素頻度 （%）	であります 素頻度 （%）	だ 素頻度 （%）	です 素頻度 （%）	合計 素頻度 （%）
1874–75	3（100%）	0	0	0	0	3（100%）
1887–88	12（92%）	1（8%）	0	0	0	13（100%）
1894–95	15（100%）	0	0	0	0	15（100%）
1901	25（89%）	0	3（11%）	0	0	28（100%）
1909	24（33%）	36（49%）	1（1%）	10（14%）	2（3%）	73（100%）
1917	12（13%）	71（75%）	1（1%）	7（7%）	4（4%）	95（100%）
1925	1（1%）	77（80%）	1（1%）	11（12%）	6（6%）	96（100%）

5. 談話構造の拡張と構文化

5.1 談話構造の拡張—文の内から外へ

　まず（12）と（13）を用いて、名詞述語として文末に使用されていた「事実」が、徐々に機能拡張を遂げた点を考察する。尚、この時期には（13）のようにゼロ名詞化辞（Ø）も存在している（cf.「告ぐる<u>の</u>は」）。

（12）　又新南威士の土地ウキクトリヤに比すれば、殆ど三倍以上廣大なることも<u>事實なり</u>、然れども土地廣大なるが故に、富も亦廣大なりと斷言すべからず…　　　　　　　　（1888年「国民之友34号」；『国民之友コーパス』）

（13）　茶の季節は二隻の定期船のみとしては、運搬力に不足を告ぐるは<u>事實であつて</u>、從つてダグラス船侵入の餘地を存すること〻なるを以て、同期間には定期船以外に一隻の船舶を加へ…

　　　　　　　　　　　　　　　　　（1909年「南清航路問題」；『太陽コーパス』）

　（12）は「事実」の名詞述語の文末用法であり、（13）は名詞述語の文中（接続）用法である。前者は定形の「事実なり」を含み、後者は非定形の「事実で」を含むという統語上の違いはある。しかし、名詞化された先行節を取り

たて詞（e.g.「は」、「も」）で話題化（theme）し、それが事実であると評言（rheme）する情報構造は同じである。

　文末用法と文中用法の違いを挙げるとすれば以下の点であろう。前者の「事実」は語彙的意味が強く、「事実」そのものが評言機能を果たしている。「話題—評言」という情報構造を一文内で完結させており、更に、同構造が歴史的に古い点も確認したい（第 2.1 節）。一方後者では、名詞化された話題に対して「事実」が評言機能を担う点は共通しているが、「事実で」という接続機能からも、後行情報の中に「根拠、証拠、補足情報」等が続くことを聞き手や読み手に予期させる機能も果たしている。つまり、評言機能を果たす一方で後続談話を予期する機能も担うことから、文末使用の名詞述語に比べると語彙的意味は相対的に弱いと思われる。

　更に、文頭使用の副詞用法も、同じ情報構造の中で使用されている点に注目したい。（11）を（14）として再掲する。

(14)　是れは徒弟制度を新設するよりも、更に困難である。<u>事實</u>、法文に規定の標準を示したりとて、工場主が、其標準に従ふ如く装ひて、監禁同様の籠城法を取り、之を密閉して、外出せしめざる様のことあらば…
　　　　　　　　　　　　　　　　　　　　（1901 年「社会事情」；『太陽コーパス』）

　（14）での話題は「是れは徒弟制度を新設するよりも、更に困難である」ことである。「是れ（これ）」の具体的内容は、直前の先行情報「一定の年齢以下の者に、勞働時間の制限を加へ、其身体の發育を害し、不治の病に陥らしめざる様に注意」を指している。（14）における副詞用法の「事実」は、話題内容の困難さの根拠を後続談話に導入する機能に特化しており、語彙的意味は更に希薄になっている。

　以上の談話統語的考察をスキーマ化すると図 1 のようになる。ここで確認したいことは、「事実」の文末用法（定形）、文中用法（非定形）および文頭用法（副詞）の統語形態は異なるものの、「話題—評言」という情報構造は節

と文を超えて共通している点である（Clause＝節、COP＝コピュラ、LK＝
接続機能、NML＝名詞化辞（の、こと、∅）、TOP＝トピック・マーカー）。

（ⅰ）名詞述語［定形］（＝（12））：

$$[\ldots clause1_{NML+TOP} \quad + \quad 事実 \text{-COP} \quad]_{sentence1}$$

統語論：	節主語	述語
語用論：	話題（theme）	評言（rheme）

（ⅱ）名詞述語［非定形］（＝（13））：

$$[\ldots clause1_{NML+TOP} \quad + \quad 事実 \text{-COP}_{LK,} \quad clause2]_{sentence1}$$

統語論：	節主語	述語	節
語用論：	話題（theme）	評言／投射詞	評言（rheme）

（ⅲ）副詞（＝（14））：

$$[\ldots \ldots \ldots]_{sentence1} \quad 事実 \quad [\ldots \ldots \ldots]_{sentence2}$$

統語論：	先行文	副詞	後行文
語用論：	話題（theme）	投射詞	評言（rheme）

図1 「事実」の構文拡張と情報構造

　一見して分かることは、情報連鎖上の「事実」の役割が徐々に後続談話と
の繋がりを強めている点である。言語の線状性（linearity）からも無理のない
構文的且つ談話的拡張と言える（Chafe 2013: 112, 119）。取り分け（ⅱ）と
（ⅲ）の場合には、「事実」が後続談話に評言を伴うことから、（15）のような
使用実態は（少なくとも今回の調査では）確認できていない点は重要である。

（15）??一週間で退院しました、事実。　　　　　　　　　　　　（森本 1994: 147）

　機能変化に伴い、名詞本来の意味が徐々に希薄化することは Heine and
Kuteva（2007: 111）からも確認でき、（14）の場合であれば「事実」を「実
際、現に、つまり」等と置き換えることも可能である。談話の流れの中で、

ある言語行為が後続する言語行為を予測させる（prestructure）と指摘した
Auer（1996: 16）とも符合する（Gentens et al.（2016）および Defour et al.
（2010）も類似する談話構造を指摘している。Traugott（2017）も参照のこと）。

　三枝（2013: 60）は「事実」を含む副詞化した名詞や接続詞の分析の後、
「もとの意味を残しつつも、前文と後文の間におかれて、その意味を広げ、
構文的にも新たな機能を担っている」と解釈している。この点は、誘導副詞
を陳述副詞の外側にあるとし、恐らく先行情報と後行情報とを繋ぐ役割を
「事実」に認める竹内（1973: 142）の見解とも合致する。「事実」のこうした
談話機能は、西欧言語学で提唱されている「投射詞」（projector）に相通じる
見解である。投射詞とは先行文脈と関連・対立する内容を後続談話に導入す
ることに特化した構文であり、疑似分裂文等を始めとして注目を集めている
（e.g. Hopper and Thompson（2008）、Shibasaki（2014）および所収参考文献も
参照のこと）。

　要約すると、「事実」の機能拡張は「話題―評言」という情報構造に基づ
く構文的拡張であり、後続談話中に関連情報を付加する語用論的機能を強化
するものである。系統発生的に異なる日本語と西欧語において、共通する語
用論的機能が発達している点は注目に値する。

5.2　構文化と「事実」の証拠表示機能

　構文化については Traugott and Trousdale（2014: 22）に詳細な定義がある
が、ここでは Traugott（2014）による簡易な定義を紹介する。

（16）　Constructionalization is the development of form$_{new}$-meaning$_{new}$ pairs, i.e.
　　　constructions.
　　　「構文化とは形式と意味のペア、つまり構文が形式的にも意味的にも
　　　新規な発達を遂げることである」　　　　　　　（Traugott 2014: 89、柴﨑訳）

　この定義に従うと、古英語の *wīf*「女、妻」が現代英語では（一部の方言

を除いて）*wife*「妻」に限定される意味変化のみや、*had* が *'d* に縮約される形態変化のみの変化は構文化と見做されない。意味あるいは形式のみの変化は「構文変化」（constructional change）と見做され、表 4（第 4 節）でまとめたコピュラの変遷（e.g.「なり」>「である」）が構文変化に対応すると思われる。

　一方、図 1 に示した（ⅰ）から（ⅲ）への変化は構文化と判断できる。つまり、形式面では名詞述語（文末）から副詞（文頭）へと変化を被り、意味面では語彙的意味から前後の文を繋ぐ投射詞へと機能変化を遂げているからである。尚、本稿では、具体的なコンテクストにおける使用実態を考察していることから、（16）の「意味」を「語用論的意味」と解釈しておく。（ⅱ）は新旧機能が混在する段階であり、Evans and Wilkins（2000）の指摘する「架橋コンテクスト」（bridging context）と解釈できる [7]。

　前後の文を繋ぐ投射詞として談話構造を拡張させ、理論的にも構文化の一事例に対応する「事実」の語用論的機能は、個別事例以上の意味を持つのであろうか。本稿では、投射詞化した「事実」に、通言語的な研究分野の一つである「証拠性」（evidentiality）の機能があると提案する。証拠性を狭義に解釈すれば「情報源」（source of information）の言語的標示となり、500 言語以上を調査した Aikhenvald（2004: 7）でも同様の解釈をしている。広義には、人称、時制、相、ミラティヴ（mirative；気づき、つまり、話者にとって新規な情報）等のカテゴリーと通時的に関連はするものの、解釈は研究者間で必ずしも一致はしていない（Aikhenvald 2004: 7–8、柴﨑 2005、Shibasaki 2007）。例えば、Aikhenvald（2004: 10–11）は文法的にコード化された証拠性（the grammatical coding of evidentiality）のみが考察対象とされ、統語的に独立している英語の副詞（句）や評言節（e.g. *I think, I hear, in fact*）等は除外されている。一方、より広い観点から証拠性に取り組む Chafe and Nichols（1986）には日本語や英語の副詞表現も証拠性を示す事例として含まれており、以下に示す通りである。尚、（18）は原文を日本語として表記している。

(17)　<u>In fact</u> this whole week has been awful.

「それどころか、今週は全くもって酷かった」（Chafe 1986: 271、柴﨑訳）
(18)　<u>間違いなく</u>、彼は本を読んでいる。　　　　　　　　（Aoki 1986: 234、柴﨑訳）

　Aijmer（2013: 86）も *in fact* を考察し、関連情報を導入することで先行発話との関連性を高める機能を果たすと指摘しており、Aijmer（2007: 42）は類似表現 *the fact is that* に取り組み、先行発話に対する根拠を提示して詳述する機能を認めている。しかし、いずれの場合にも証拠性との関連付けは明示されていない [8]。

　副詞あるいは投射詞化した「事実」の証拠表示機能に近いものには、オランダ語の（*het*）*feit is*（*dat*）'（the）fact is（that）'（Keizer 2016）、ドイツ語の *und zwar* 'namely/in fact'（Günthner 2015）、フランス語の *en fait* 'in fact' や *de fait* 'in fact'（Defour et al. 2010）等も挙げられる。先行文脈に対する詳細な情報提供機能も担う *und zwar*（Günthner 2015: 241–244）や、投射詞化した「事実」と類似する機能と史的発達経緯を持つ *in fact* は取り分け興味深い（Defour et al. 2010: 451–452、Schwenter and Traugott 2000 も異なる視点から *in fact* に取り組んでいる）[9]。このように同族語間での比較対照研究は取り分け盛んであり、一言語内での関連表現研究も目立つ（Simon-Vandenbergen 2013）。しかしながら、こうした表現の談話語用論的機能に証拠性を認める研究は Chafe（1986）や Carretero and Zamorano-Mansilla（2013）等と僅かであり、通時的な観点からの派生経緯を詳細に論じたものでは管見の限り Defour et al.（2010）のみである。上述した Aikhenvald（2004）や Chafe and Nichols（1986）の指摘する通り、証拠性が他のカテゴリーと重なる点を加味すれば、今後取り組むべき余地は十分に残されている。

5.3　更なる構文化と構文変化

　「事実」と同様の談話構造の拡張を果たし、投射詞化した表現も存在する。参考までに以下に数例挙げるが、「事実」以外の表現は本稿の枠を超えるため現時点で十分な精査に至っておらず、副詞用法の例は必ずしも初出と

は限らない点を明記しておく。

(19) 原則

    a. 名詞述語:

    好男子人に嫉（そね）まるとは万古の<u>原則</u>だ。

(1885–86 年『当世書生気質』；北原 2006)

    b. 副詞用法（北原 2006 には記載無し）:

    <u>原則的に</u>云へば、上、中、下なんて云はずに新夫婦は別居がいゝ
にきまつてゐますが。

(1925 年「当為的には別居が原則」；『近代女性雑誌コーパス』)

(20) 基本

    a. 名詞用法:

    一流とはなるべきか、大同の<u>基本</u>ならず、これをなん浅とはいふ
べからむ

(1709 年『集義外書』；北原 2006)

    b. 副詞用法（北原 2006 には記載無し）:

    <u>基本的に</u>いまでもそう思っておるわけでございます。

(1976 年『国会議事録第 077 回国会』；BCCWJ)

   文頭に生起する副詞用法の「原則、基本」は、21 世紀に入ってから確認
される場合が多い。尚、(19) の副詞用法は句としての形式を残しているた
め接続句と見做す方が良いが、20 世紀後半に確認される形式的縮約「原則
的に云へば＞原則」の方向性は一般的な言語変化と符合している。「正直」
は 11 世紀中頃に名詞用法が確認できるが、名詞述語としてではなく動詞の
項としての用法が多いようである。尚、「正直」の副詞用法は 19 世紀前半
に確認できる（北原 2006）。「結果」に関しては情報構造が「原因—結果」で
あるため異なる構文拡張の過程を経ているものの、最終的には副詞用法を創
発している（高橋・東泉 2014）。こうした構文化の拡がりが確認できる点
は、Traugott and Trousdale (2014: 22, 27) の主張する構文化の生産性の向上

とコロケーションの拡張に符合している。理論と実践の融和を図るためにも、近未来の言語変化を見据えた研究が臨まれる。

　一方、文末使用の「事実」にも変化が生じている。

(21)　このことからもわかるように、アルミニウムが酸によって溶出し、体内に取りこまれたのは<u>事実</u>。　　　　　（1988「「食」器公害」；BCCWJ）

(22)　姑：でも、大事にすることは<u>事実</u>ね。お殿さまみたいに扱って。

　　　嫁：お殿さま…（笑）。　　　　　（2001「日本一勇気ある嫁」；BCCWJ）

　一見して明らかなように「事実」はコピュラを伴っておらず、(22)では終助詞が後接している。こうしたコピュラの省略表現は 1980 年代以降に確認できることから、文頭使用の投射詞機能だけではなく、文末使用の変化（この場合は第 5.2 節で論じた構文変化）へも注視する必要がありそうである（新屋 2014: 7 も参照）。

　更に、『讀賣新聞全国版』(2016 年 12 月 2 日付）の中に、(23)のような東京消防庁の広告が一面に掲載されていた。

(23)　事実。

　　　年間の救急出動件数 759,802 件

　　　救急車の出動頻度 42 秒に 1 回

　　　平均の現場到着時間 7 分 45 秒

　　　東京消防庁管内では、救急車の出動件数が年々増加しています…

　　　　　　（『讀賣新聞全国版』広告のページ、2016 年 12 月 2 日付）

　見出しとも取れる最初の文言は「事実。」であり、明示された先行情報文脈無しの句点付きの使用である。その下に、例証と思われる箇条書きの情報が続き、漸く「東京消防庁管内では、救急車の出動件数が年々増加しています」という一般的な文章が始まっている。本稿で扱った事例を超えた言語的

刷新（innovation）が書きことばにおいて創発されていると見て良いであろう。

　最後に、本稿での考察結果が以下の理論的見解を裏付ける点を確認してお
く。

（24）　"Speakers exploit available grammatical structures to realize their goals in
　　　 speaking."
　　　 「話者は既存の文法構造を利用して発話における目的を実現させる」

（Du Bois 2003: 49、柴﨑訳）

　図1に示した通り、「事実」は明治期以降徐々に後続談話との繋がりを強
め、先行文脈に対する証拠提示機能を果たすようになり、本節で提示した他
の表現も前後の情報構造を繋ぐ役割を果たしている点で同様の構文化が進ん
でいると判断できる。Du Bois（2003）は「発話における目的」を特に明示し
てはいないが、より良いコミュニケーションを実現させるための情報提供と
するならば、本稿で考察した「事実」の談話機能と符合する。更に、Du
Bois（2003）は話しことばに重点を置いてはいるものの、（24）の見解は本稿
で示した歴史的資料に基づく言語変化においても確認可能である。具体的な
談話的基盤を背景とした言語変化も構文化理論の妥当性を裏付けている。

6.　談話レヴェルでの構文研究へ向けて

　本稿では「事実」の機能拡張を構文化の視点から考察した。11世紀初頭
に名詞述語として現れた「事実」は、20世紀初頭に副詞用法を創発させた。
この構文的拡張の背景には、「話題―評言」という情報構造を一文内で完結
させていた「事実」が、徐々に後行情報との関連性を高めていき、「話題―
評言」という情報構造を保ちつつ、最終的には二文を繋ぐ機能へと拡張を遂
げた語用論的要因が関係している。他の名詞派生型副詞にも同様の構文化が
確認できる可能性も高く、更に、日本語とは系統発生の異なる言語において

も類似する機能拡張が確認できる。先行文脈に関連する根拠を後行文脈に導入する「事実」の機能は、通言語的な研究分野である証拠性と重なる点も確認した。本稿では、電子コーパスを最大限に活用して言語の使用実態を見極めるという立場を取り、関連する先行研究の妥当性を裏付けるとともに、看過されていた事実を確かめた。

　20世紀初頭頃に創発した「事実」の副詞用法は文頭で使用され、先行文脈に関わる情報を後続文で導入する機能を担う。統語的基準から判断すれば「事実」の副詞用法は「文頭」であり、現在注目されている周辺部研究（小野寺編 2017）の用語を借りれば「左の周辺部」ということになる。一方、本稿での考察点は文を超えた談話レヴェルにあり、図1に示す「話題—評言」という情報構造下での構文化と談話語用論的機能拡張であった。換言すれば、「事実」の副詞用法を把握するには、先行文脈と後行文脈の関係が不可欠ということとなり、この点は、注5で触れた工藤（2016: 13）の「下位除法の副詞」（および本稿では触れることの出来なかった「条件—接続の叙法の副詞」等）にも当てはまる談話機能である。つまり、談話レヴェルから「事実」の機能を解釈すると、文や節を単位とする統語的な周辺部、あるいは、話順（turn）を単位とする相互行為上の周辺部というよりは、「（談話上の）関連主情報の中間部」での使用と判断することができる。ただし、この解釈上の違いは周辺部研究の弱点ではなく、むしろ今後の可能性を示唆していると思われる。澤田他（2017: 13）がいみじくも指摘するように、文や節を超えた談話レヴェルでの関連研究も報告されているからである。

　2016年には *East Asian Pragmatics*（Equinox Publishing）が創刊され、西欧言語を始めとする他の地域言語との相乗効果を生み出す語用論研究が期待される。「解放的語用論」（Emancipatory Pragmatics）を掲げる Hanks et al.（2009）および井出・藤井（2014）も無視できない。本稿で提示した考察結果は構文化理論と語用論の接点を探るものであったが、執筆者の意図は上掲アプローチと軌を一にしている。

注

1 石黒・橋本（2014）に関連論文が掲載されている。英語に関しては柴﨑（2017）を参照のこと。一方、書きことば偏重の言語研究に対する批判的論考として Linell（1982）があるが、時流に先立つ内容であったため刊行当初は注目を集めずじまいであった。Linell（2005）として再刊後は注目を集めているが、Chafe（2013: 108–109）の見解は更に先を行く内容である。

2 遠藤他（2004）を用いて、1937 年から 1945 年 1 月の期間に用いられたラジオドラマの台本も調査したが、「事実」の使用は確認できていない。現代日本語研究会編（2011）には、1993 年に録音された職場での女性ことばと男性ことばが所収されているが、こちらでも「事実」は確認できない。筆者がこれまでに書き起こした日本語会話に確認できないことからも、「事実」は書きことばで使用される場合が多いのではないかと推測される。

3 紙幅制限上 20 世紀後半以降の分析結果を省かざるを得ないが、予備的調査は柴﨑（2015）および Shibasaki（2017）にある。

4 誘導副詞とは「一つの注釈内容を意義として担い、それを表示しつつ、後続する注釈対象を誘導する」機能を果たす副詞類である（渡辺 1971: 318）。三枝（2013: 50–52）も参照のこと。

5 工藤（2016: 13, 46–49）の見解では、「事実」は「下位除法の副詞」（sub-modality）の中の「証拠立て」に分類され、表 1 の多くと符合している。ここで注目したいのは、下位除法の副詞は形態上「なんらかの程度に一語化ないし慣用句化したものである（中略）使用量、語形変化の退化、格支配・被修飾性の喪失といった形式的な裏付けが、それなりの程度に指摘できよう」という説明である（上掲 p.49）。このように考えると、助詞等を伴わない「基本、結果、原則、正直、事実」の副詞用法は使用実態に即していると言えそうである。一方、使用頻度については「何が高くて低いのかは現時点で決着に至っておらず」（Bybee 2015: 40）、相対的に低頻度表現の研究も研鑽が進んでいる点も無視できない（Hoffmann 2005: 140–165）。

6 『近代女性雑誌コーパス』の 3 つの時期は『女学雑誌』（1894–1895 年）、『女学世界』（1909 年）、および、『婦人倶楽部』（1925 年）にそれぞれ対応している。『太陽コーパス』の収録語彙（異なり語）数は、それぞれの年代で約 50 万語（1895 年）、約 43 万語（1901 年）、約 38 万語（1909 年）、約 36 万語（1917 年）、約 38 万語（1925 年）と推定されている（田中 2012）。

7 図 1 の（ⅰ）から（ⅱ）を「構文変化」、（ⅱ）から（ⅲ）を「構文化」と解釈する可能性も残るが、紙幅の都合で本稿では割愛する。

8 ただし、Aijmer and Simon-Vandenbergen（2004）は *in fact* と対応するスウェーデン

語の *i själva verket* 'in actual fact' やオランダ語の *in feite* 'in fact' 等の複数の訳出表現との対照研究を行い、こうした語用論標識の意味領域を探るとともに証拠性へも関連付けている。柴﨑 (2016) は同様のアプローチで、韓国語の사실 (事實)「本当に」および中国語の事実上「事実上」との関係に触れている。

9 Günthner (2015) の発展研究とも言える Günthner (2016) では、前後の情報関係を示す *zwar...aber* ('true...but')「確かに…だが、(実際は) …だ」に着目している。尚、より早い *und zwar* の事例研究として Miller and Weinert (1998: 326–328) があり、そこでは *und zwar* が 'and in fact, namely' と英訳されていることからも、本稿で取り上げた「事実」の談話機能とも関係性が深いと思われる。稿を改めて論じたい。

辞書・文献資料

穎原退蔵著・尾形仂編 (2008)『江戸語大辞典』角川学芸出版

大久保忠国・木下和子編 (1991)『江戸語辞典』東京堂出版

北原保雄編 (2006)『日本国語大辞典』第二版. 小学館

金田一京助編・深谷圭助 (編集代表) (2015)『例解学習国語辞典』第十版ドラえもん版. 小学館

下中弥三郎編 (1994)『大辞典第』第十二巻. 創業八十周年記念復刊. 平凡社

土井忠生・代表／室町時代語辞典編集委員会編 (1994)『時代別国語辞典　室町時代編三』三省堂

土井忠生・森田武・長南実編 (1980)『邦訳日葡辞書』岩波書店

前田勇編 (1974)『江戸語大辞典』講談社

森田武編 (1989)『邦訳日葡辞書索引』岩波書店

山中裕編 (1985)『御堂関白記全注釈』国書刊行会

コーパス・データベース

市村太郎編 (2015)『日本語歴史コーパス江戸時代編 I 洒落本』国立国語研究所

遠藤織枝・木村拓・桜井隆・鈴木智映子・早川治子・安田敏朗 (2004)『戦時中の話しことば―ラジオドラマの台本から』ひつじ書房

現代日本語研究会編 (2011)『合本女性のことば・男性のことば (職場編)』ひつじ書房

国立国語研究所編 (2005)『太陽コーパス　雑誌『太陽』日本語データベース』博文館新社

国立国語研究所編 (2012)『現代日本語書き言葉均衡コーパス』(BCCWJ: Balanced Corpus of Contemporary Written Japanese). 国立国語研究所 (http://www.kotonoha.gr.jp/shonagon/)

近藤明日子編 (2014)『国民之友コーパス』国立国語研究所 (http://pj.ninjal.ac.jp/corpus_center/cmj/kokumin/)

近藤明日子・間淵洋子・服部紀子編 (2006)『近代女性雑誌コーパス』国立国語研究所 (http://pj.ninjal.ac.jp/corpus_center/cmj/woman-mag/)

近藤明日子・間淵洋子・服部紀子編 (2012)『明六雑誌コーパス』国立国語研究所 (http://pj.ninjal.ac.jp/corpus_center/cmj/meiroku/)

藤本灯・高田智和編 (2015)『日本語歴史コーパス江戸時代編 II 人情本』国立国語研究所

参考文献

石黒圭 (2016)『書きたいことがすらすら書ける！「接続詞」の技術』実務教育出版

石黒圭・橋本行洋編 (2014)『話し言葉と書き言葉の接点』ひつじ書房

井出祥子・藤井洋子 (編集・執筆) (2014)『解放的語用論への挑戦』くろしお出版

小野寺典子編 (2017)『発話のはじめと終わり―語用論的調整のなされる場所』ひつじ書房

大竹芳夫 (2009)『「の (だ)」に対応する英語の構文』くろしお出版

加藤重広 (2014)『日本人も悩む日本語―ことばの誤用はなぜ生まれるのか？』(朝日新書) 朝日新聞出版

工藤浩 (2016)『副詞 と 文』ひつじ書房

古田島洋介 (2013)『日本近代史を学ぶための文語文入門』吉川弘文館

三枝玲子 (2013)「名詞から副詞、接続詞へ」『一橋大学国際教育センター紀要』4: pp.49–61. 一橋大学国際教育センター

柴崎礼士郎 (2005)「証拠表示化する「と」と談話構造―頻度から見た文法化の層状的拡大」『日本語の研究』1 (4)：pp.47–60. 日本語学会

柴﨑礼士郎 (2015)「「... 事實也。」から「。事実 ...」へ―談話機能の発達に伴う統語位置の変化」『第 8 回コーパス日本語学ワークショップ予稿集』pp.163–170. 国立国語研究所

柴﨑礼士郎 (2016)「構文変化と構文化について―日本語と他言語からの事例研究」『第 3 回京都語用論コロキアム「動的語用論の構築に向けて」』での口頭発表. 京都工芸繊維大学. 2016 年 3 月 13 日

柴﨑礼士郎 (2017)「アメリカ英語における破格構文―節の周辺部に注目して」早瀬尚子・天野みどり編『構文と意味の拡がり』pp.201–221. くろしお出版

新屋映子 (2014)『日本語の名詞指向性の研究』ひつじ書房

澤田淳・小野寺典子・東泉裕子 (2017)「周辺部研究の基礎知識」小野寺典子編 (2017)『発話のはじめと終わり―語用論的調整のなされる場所』pp.3–51. ひつじ書房

高橋圭子・東泉裕子 (2014)「近代語コーパスにみる「結果」の用法」『第6回コーパス日本語学ワークショップ予稿集』pp.103–112. 国立国語研究所

竹内美智子 (1973)「副詞とは何か」鈴木一彦・林巨樹編『品詞別日本文法講座　連体詞・副詞』pp.71–146. 明治書院

田中牧郎 (2012)「明治後期から大正期の語彙のレベルと語種」『近代語コーパス設計のための文献言語研究』国立国語研究所 (http://pj.ninjal.ac.jp/corpus_center/cmj/doc/09Tanaka.pdf)

NHK「みんなでニホンGO!」制作班 (2010)『みんなでニホンGO! オフィシャルブック』祥伝社

日本語記述文法研究会 (2009)『現代日本語文法7』くろしお出版

日本語記述文法研究会 (2010)『現代日本語文法1』くろしお出版

野口恵子 (2016)『「ほぼほぼ」「いまいま」?!―クイズ　おかしな日本語』(光文社新書) 光文社

藤原浩史 (2011)「真の情報を導く副詞の形成」中央大学人文科学研究所編『文法記述の諸相』pp.41–64. 中央大学出版部

古橋信孝・鈴木泰・石井久雄 (2012)『現代語から古語を引く現古辞典』河出書房新社

森本順子 (1994)『話し手の主観を表す副詞について』くろしお出版

渡辺実 (1971)『国語構文論』塙書房

Aijmer, Karin. (2007) The Interface between Discourse and Grammar: *The Fact is that*. In Agnès Celle and Ruth Huart (eds.), *Connectives as Discourse Landmarks*, pp.31–46. Amsterdam: John Benjamins.

Aijmer, Karin. (2013) *Understanding Pragmatic Markers*. Edinburgh: Edinburgh University Press.

Aijmer, Karin and Anne-Marie Simon Vandenbergen. (2004) A Model and a Methodology for the Study of Pragmatic Markers: The Semantic Field of Expectation. *Journal of Pragmatics* 36: pp.1781–1805.

Aikhenvald, Alexandra Y. (2004) *Evidentiality*. Oxford: Oxford University Press.

Aoki, Haruo. (1986) Evidentials in Japanese. In Wallace Chafe and Johnna Nichols (eds.), *Evidentiality: The Linguistic Coding of Epistemology*, pp.223–238. Norwood, NJ: Ablex.

Auer, Peter. (1996) From Context to Contextualization. *Links & Letters* 3: pp.11–28.

Bybee, Joan. (2015) *Language Change*. Cambridge: Cambridge University Press.

Carretero, Marta and Juan Rafael Zamorano-Mansilla. (2013) Annotating English Adverbials for the Categories Epistemic Modality and Evidentiality. In Marín-Arrese, Juana I., Marta Carretero, Jorge Arús Hita and Johan van der Auwera (eds.),

English Modality: Core, Periphery and Evidentiality, pp.317–355. Berlin: De Gruyter Mouton.

Chafe, Wallace. (1986) Evidentiality in English Conversation and Academic Writing. In Wallace Chafe and Johnna Nichols (eds.), *Evidentiality: The Linguistic Coding of Epistemology*, pp.261–272. Norwood, NJ: Ablex.

Chafe, Wallace. (2013) Toward a Thought-Based Linguistics. In Shannon T. Bischoff and Carmen Jany (eds.), *Functional Approaches to Language*, pp.107–130. Berlin: De Gruyter Mouton.

Chafe, Wallace and Johnna Nichols. (eds.) (1986) *Evidentiality: The Linguistic Coding of Epistemology*. Norwood, NJ: Ablex.

Defour, Tine, Ulrique D'Hondt, Anne-Marie Simon Vandenbergen and Dominique Willems. (2010) *In fact, en fait, de fait, au fait*: A Contrastive Study of the Synchronic Correspondences and Diachronic Development of French and English Cognates. *Neuphilologische Mitteilungen* 111: pp.433–463.

Du Bois, John W. (2003) Discourse and Grammar. In Michael Tomasello (ed.), *The New Psychology of Language*, vol. 2, pp.47–88. New Jersey: Lawrence Erlbaum Associates, Publishers.

Evans, Nicholas and David Wilkins. (2000) In the Mind's Ear: Semantic Extensions of Perception Verbs in Austronesian Languages. *Language* 76 (3): pp.546–592.

Gentens, Caroline, Ditte Kimps, Kristin Davidse, Gilles Jacobs, An Van linden and Lot Brems. (2016) Mirativity and Rhetorical Structure: The Development and Prosody of Disjunct and Anaphoric Adverbials with '*no' wonder*. In Gunther Kaltenböck, Evelien Keizer and Arne Lohmann (eds.), *Outside the Clause*, pp.125–156. Amsterdam: John Benjamins.

Günthner, Susanne. (2015) A Temporally Oriented Perspective on Connectors in Interactions: *Und Zwar* ('namely/in fact') -Constructions in Everyday German Conversations. In Arnulf Deppermann and Susanne Günthner (eds.), *Temporality in Interaction*, pp.237–264. Amsterdam: John Benjamins.

Günthner, Susanne. (2016) Concessive Patterns in Interaction: Uses of *Zwar...Aber* ('true...but') -Constructions in Everyday Spoken German. *Language Sciences* 58: 144–162.

Hanks, William, Sachiko Ide, and Yasuhiro Katagiri. (2009) Toward an emancipatory pragmatics. *Journal of Pragmatics* 41: pp.1–9.

Heine, Bernd and Tania Kuteva. (2007) *The Genesis of Grammar: A Reconstruction*. Oxford: Oxford University Press.

Hoffmann, Sebastian. (2005) *Grammaticalization and English Complex Prepositions*. London: Routledge.

Hopper, Paul J. and Sandra A. Thompson. (2008) Projectability and Clause Combining in Interaction. In Ritva Laury. (ed.), *Cross-Linguistic Studies of Clause Combining*, pp.99–123. Amsterdam: John Benjamins.

Keizer, Evelien. (2016) The (*the*) *fact is* (*that*) Construction in English and Dutch. In Gunther Kaltenböck, Evelien Keizer and Arne Lohmann (eds.), *Outside the Clause*, pp.59–96. Amsterdam: John Benjamins.

Linell, Per. (1982) *The Written Language Bias in Linguistics.*Studies in Communication 2. Department of Communication Studies, University of Linköping, Sweden (Rept. 2005. London: Routledge).

Marín-Arrese, Juana I., Marta Carretero, Jorge Arús Hita and Johan van der Auwera. (eds.) (2013) *English Modality: Core, Periphery and Eidentiality*. Berlin: De Gruyter Mouton.

Miller, Jim and Regina Weinert. (1998) *Spontaneous Spoken Language: Syntax and Discourse.* Oxford: Oxford University Press.

Schwenter, Scott A. and Elizabeth C. Traugott. (2000) Invoking Scalarity: The Development of *in fact*. *Journal of Historical Pragmatics* 1: pp.7–27.

Shibasaki, Reijirou. (2007) Ellipsis and Discourse-Syntactic Structures in Japanese Interview Discourse. *LANGUAGE AND LINGUISTICS* 8 (4) : pp.939–966.

Shibasaki, Reijirou. (2014) On the Grammaticalization of *the thing is* and Related Issues in the History of American English. In Michael Adams, Robert D. Fulk and Laurel J. Brinton (eds.), *Studies in the History of the English Language*, pp.99–122. Berlin: De Gruyter Mouton.

Shibasaki, Reijirou. (2017) From the Inside to the Outside of the Sentence: Forming a Larger Discourse Unit with *jijitsu* 'fact' in Japanese. MS. Meiji University.

Simon-Vandenbergen, Anne-Marie. (2013) REALITY and Related Concepts: Towards a Semantic-Pragmatic Map of English Adverbs. In Marín-Arrese, Juana I., Marta Carretero, Jorge Arús Hita and Johan van der Auwera. (eds.), *English Modality: Core, Periphery and Eidentiality*, pp.253–280. Berlin: De Gruyter Mouton.

Traugott, Elizabeth C. (2003) Constructions in Grammaticalization. In Brian Joseph and Richard Janda (eds.), *The Handbook of Historical Linguistics*, pp.624–647. Oxford: Blackwell.

Traugott, Elizabeth C. (2014) Toward a Constructional Framework for Research on Language Change. In Sylvie Hancil and Ekkehard König (eds.),

Grammaticalization–Theory and Data, pp.87–105. Amsterdam: John Benjamins.

Traugott, Elizabeth C. (2017) A Constructional Exploration into "Clausal Periphery" and the Pragmatic Markers that Occur There. In Noriko Onodera (ed.), *Periphery: where pragmatic meaning is negotiated*, pp.55–73. Tokyo: Hituzi Syobo Publishing（トラウゴット、エリザベス・クロス　柴﨑礼士郎・訳（2017）「「節周辺」と同領域に生起する語用論標識の構文的考察」小野寺典子（編）『発話のはじめと終わり―語用論的調整のなされる場所』pp.75–97. ひつじ書房）

Traugott, Elizabeth C. and Graeme Trousdale (2014) *Constructionalization and Constructional Change*. Oxford: Oxford University Press.

謝辞　本稿の一部は「第3回京都語用論コロキアム（現・動的語用論研究会）」（於：京都工芸繊維大学、2016年3月13日）および *The 2nd International Conference on Grammaticalization Theory and Data*（Gramm2, Rouen, Fr., 25–27 Apr. 2016）での口頭発表に基づいている。発表の機会を与えて下さった田中廣明先生、本書への寄稿の機会を与えて下さった加藤重広先生へこの場をお借りして御礼申し述べます。また、発表時に有益なコメントを下さった堀江薫先生、大橋浩先生、鍋島弘治朗先生、Bernd Heine先生、虎谷紀世子先生、吉川正人氏、そして、校正の段階で建設的なコメントを下さった海老澤絵莉氏へも感謝申し上げます。尚、本稿は日本学術振興会科学研究費補助金による基盤研究（C）「投射構文の歴史的発達と構文化について」（研究代表：柴﨑礼士郎、課題番号：16K02781）の研究成果の一部である。

談話理解に伴う脳波の解析を通した
コソア機能区分の試み

時本真吾

1.　背景─コソア非現場指示と時間表現

　本稿は、日本語指示詞コソアを含む談話の理解に伴う脳波の解析を通して、コソアの機能区分を試みる。

　コソアには長い研究の歴史があり、多くの知見が蓄積されている。発話時に話者が直接知覚できる対象を指示する「現場指示」については、(1)に示す佐久間(1951)の3区分が広く受け入れられてきた。

(1)　コ：話し手の勢力範囲(なわばり)の中のものを指す。
　　　ソ：聞き手の勢力範囲(なわばり)の中のものを指す。
　　　ア：話し手・聞き手の勢力範囲(なわばり)の外のものを指す。

　一方で、話者が発話時に知覚できない対象を指す「非現場指示」の用法については、様々な提案が試みられてきたが、現在も議論が続いている。代表的な提案は、話し手と聞き手の間で共有されている知識の状態に説明を求めた久野(1973)ならびにYoshimoto(1986)、話し手の直接的知識と概念的知識の違いに着目した黒田(1979)、Fauconnier(1985)のメンタルスペース理論を積極的に援用し、言語と世界をつなぐ中間構造としての知識モデルを仮定する金水・田窪(1990)、「場」によって金水・田窪(1990)の改良を試みた堤(2002)等である。但し、コ・ソ形が「文脈指示」、ア形が「記憶指示」

であることは一般的理解となっている（澤田 2016）。

　コソア研究における未解決の問題の1つは、現場指示と非現場指示の統一的説明である（金水・田窪 1992）。談話内で現場指示と非現場指示は混在していて、両者を区別する標識もないので、両用法について全く別の原理が働いているとは考えにくい。また、理論的にも、現場指示と非現場指示の使用は統一的に理解されるのが望ましい。現場指示と非現場指示を統一的に説明する可能性を示したものとして神尾（1990）がある。神尾（1990）は「情報のなわ張り」を理論装置として、コ形とソ形が話し手・聞き手それぞれのなわ張り内の事象を指示する一方、ア形は両者のなわ張りの外部の事象を指すと主張し、ア形の特殊性を指摘している。一方、滝浦（2008）は、やはり現場指示・非現場指示の統一的理解の試みとして、「現場性・直接性」と「メタ性・間接性」により、コ・ア形とソ形の区分を提案している。本稿では、コソア非現場指示の機能区分について、コ・ソ対ア、ならびにコ・ア対ソの二提案を作業仮説とし、脳波計測による神経科学的手法によって、両者の妥当性を検討する。

　本稿では、特にコソアの時間指示に注目する。その理由の1つは、ソ形とア形の振る舞いが時間指示において顕著に異なることである。また、ヒトの認知活動全体における時間認知の特異性も重要な背景である。時間感覚は、視覚、聴覚、触覚、味覚、嗅覚の五感とは異なり、受容器を持たない。ヒトの計時メカニズムは心理学・神経科学における大きな課題である。さらに、アルツハイマー性の認知症に代表される神経変性疾患では記憶の錯誤が典型的に現れる。今日は何年の何月何日で、自分は何歳なのか、目の前にいる人物は誰なのかという見当識が失われる症状は時間認知と深い関わりがある。認知症に伴う本人、家族・介護者の金銭的・精神的負担は癌を上回るとも言われていて、医学・薬学・リハビリテーション学で時間認知の理解は喫緊の問題である。言語は多様な時間表現を含むので、時間表現の理解過程を考察することで、ヒト時間認知への示唆が得られれば喜ばしい。

　本稿での脳波解析の背景と手法を述べる。大脳にある個々の神経細胞は他

神経細胞とシナプスを介して信号の送受信をしている。1つの神経細胞には平均で約 1000 個のシナプスがあり、数千から数万のシナプス入力を他神経細胞から受け取ると言われている。脳波の主発生源は錐体細胞と呼ばれる、大脳皮質にある神経細胞の一種で、他神経細胞からのシナプス入力に応じて細胞内に電流が生じ、神経細胞がダイポール（dipole：双極子）となる。ダイポールとは、乱暴な比喩を用いるなら、小さな乾電池である。この小さなダイポールが数百万〜数千万個の単位で同期的に活動すると、電気活動が脳組織や頭蓋骨を伝わって、頭皮上の電位変化として現れる。これが脳波である。生きているヒトには脳内の神経活動が常にあるので、定常的な脳波が存在する（むしろ現在では脳活動の有無によって生死を判定している）。一方で、モノを見る、手足を動かす、腹をたてる等、心の働きに応じて生じる神経活動が脳波として現れることもある。実験場面では、ある種の視覚・聴覚刺激を実験参加者に呈示し、刺激呈示に応じて生じた脳波を解析することで、脳内の神経・認知活動を考察することが一般である。言語実験における脳波解析手法としては事象関連電位（event-related potential, ERP）が広く知られている。ERP は、種々の刺激を条件別に数十回、視覚・聴覚呈示し、刺激の呈示時刻に揃えて脳波を加算平均して得られる電位で、電位の頭皮上分布、極性（正負）、潜時帯が考察の主指標になる。言語処理に伴う ERP としては、意味処理を反映すると言われる、潜時約 400 ミリ秒を中心とする陰性成分（"N400" と呼ばれる負の電位分布）、統語処理を反映するとされる、潜時約 600 ミリ秒を中心とする陽性成分（"P600" と呼ばれる正の電位分布）がよく知られている。但し、脳波は頭皮上に設置した電極において計測される電位変化なので、脳内の処理メカニズムが直接見えている訳ではない。脳内の活動領域特定については機能的核磁気共鳴断層画像法（functional magnetic resonance imaging, fMRI）の知見が蓄積されているが、fMRI の計測しているのは神経活動に伴う血流の変化なので、時間解像度が低く、1 秒以内に完結する言語処理の時系列を見ることはできない。本稿では、多チャンネルの脳波記録から脳波の発生源を推定するダイポール推定を行い、指示

詞理解の神経基盤を考察する。脳波の発生源推定に fMRI のような高い空間
解像度は望めないが、脳波は時間解像度に優れているので、ミリ秒単位の神
経活動変化を追える利点がある。また、本稿では脳波解析の手法として、
ERP に加え、事象関連スペクトラム摂動（event-related spectrum perturba-
tion, ERSP）、試行間位相同期（inter-trial phase coherence, ITC）を考察し、コ
ソア処理の多面的な理解を試みる。

2. 実験—コソア時間指示の理解に伴う脳波の測定

2.1 実験参加者

　神経疾患の病歴が無く、正常な（矯正）視力を持つ日本語母語話者 25 名
（19〜23 歳）が実験に参加した。23 項目から成る Oldfield（1971）の利き腕調
査により参加者は全員右利きと判定された。本実験は目白大学倫理審査委員
会の審査を受け、参加者全員からインフォームドコンセントを得た。また、
実験参加者には謝金が支払われた。

2.2 材料—コソア時間指示を含む日本語談話

　実験材料は 2 文から成る日本語談話である。(2) に例示するように、第 1
文で事象時刻を過去／現在／未来の 3 通りに設定し、第 2 文第 1 文節の「こ
の／あの／その日」で事象時刻を指示する。談話は「//」位置で 3 フレーム
に分割し、下線位置で計測した脳波を考察した。

（2）　{この前の金曜／今日／今度の金曜} は父の誕生日 {だった／だ／
　　　 だ}。//
　　　 {この／その／あの} 日を、// {父／母／姉} はすっかり忘れて {い
　　　 た／いる／いる}。

　過去・未来の時間表現は、「一昨日／明後日」、「先週／来週の水曜日」、

「先月／来月の10日」の様に、「今日」を中心とした一ヶ月以内の対称的表現とした。実験談話は、事象時刻3通り（過去／現在／未来）と指示詞3通り（この／その／あの日）の組み合わせで、計9条件について、それぞれ30、計270談話を作成した。また、同一命題の繰り返しを出来る限り避けるため、第2文の主語を3通りに変化させた。全談話は、順序をランダム化した後、3群に分割した。

2.3 手続き—談話の視覚呈示と正誤判断

　実験談話はフレーム毎に視覚呈示した。まずPCモニタ中央に固視点が2秒間、続いて各フレームが1.9秒間呈示された。フレーム間には空白の画面が100ミリ秒間呈示された。実験参加者は、談話呈示の後、2文の繋がりについての正誤判断を二肢強制選択のボタン操作で問われた。談話呈示順は参加者毎にランダム化した。刺激呈示とボタン反応記録はPresentation（Neurobehavioral Systems, Inc.）で行った。実験は3ブロックに分けて実施され、ブロック間で約5分の休憩を取った。実験室は防音・防電磁波処理を施したシールドルームで、実験時間は、教示、インフォームドコンセント、練習を含めて約2時間であった。

2.4 脳波計測

　本研究では、拡張10/20法に従った28電極を頭皮上に設置した（Jasper 1958）。また、両目尻と左目の下に電極を設置し、眼球運動をモニターした。脳波記録はFCzを参照電極とし、実験後、全頭の平均電位を0vとして再基準化した後、解析した（後述）。サンプリング周波数は1kHz、記録時の帯域フィルタはDC-200Hzとした。使用した脳波計はNuAmps（Neuroscan）、電極はactiCAP（Brain Products）である。

2.5 脳波データの前処理

　脳波解析にはEEGLAB（Delorme et al. 2011）を用い、脳波データの前処

理は以下の手順で行った。

1. 250 Hz にダウンサンプリング。
2. 1 Hz のハイパスフィルタを適用。
3. 交流電源に起因するラインノイズ（line noise）を除去。
4. Artifact Subspace Reconstruction（Mullen 2015）により、顕著なノイズ、状態の悪い電極のデータを排除。データを排除した電極については補間を行った。
5. 全頭の電極電位の平均値を 0 v として、各電極電位を再基準化。
6. 独立成分分析（Independent component analysis, ICA）を実施。
7. 個々の実験参加者の独立成分（independent component, IC）のダイポール推定（dipole fitting）。両側性のダイポールを検索し、ICA を修正。
8. 各実験参加者の ICA 結果について、a）信号源が脳外に推定される IC、b）周波数分布から眼電位・筋電位由来と考えられるノイズを多く含む IC、c）残差分散が 15％を超え、当てはまりが悪い IC を排除。
9. 刺激呈示時刻に対して − 1 秒から 2 秒の潜時帯でエポッキング。
10. 全実験参加者の IC について、ダイポールを基準として k-means 法でクラスタリング。同時に標準偏差の 3 倍を基準として外れ値と判断される IC を排除。

　ICA は頭皮上の電位分布を信号源からの信号の足し合わせとして再構成する数学的手法で、種々のアルゴリズムが開発されているが、本稿では AMICA を用いた（Delorme et al. 2012）。

　本実験では上記の前処理を経て、86 の IC が脳内認知活動の現れとして残った。本稿では、この 86 の IC を 5 クラスタに分類し、個々のクラスタについて、ERP、ERSP、ITC を分析した。各指標について、コソア間で統計的有意差が認められるクラスタを探索し、クラスタに含まれる IC の推定ダイポールによって、コソア処理に関わる神経活動の発生源推定を行った。

3. 結果

3.1 正誤判断

第2文と第1文とのつながりが「正しい」と判断された割合を、指示詞、事象時刻別に図1a に、また、正誤判断を従属変数、指示詞、事象時刻を独立変数とした CHAID (chi-squared automated interaction detector, (Kass 1980))による決定木を図1b に示す。CHAID による決定木分析では、従属変数に影響する可能性のある複数の独立変数のなかから、予測に有意に働くものが選択され、カイ2乗検定の繰り返しを通して、独立変数に含まれる条件の間で統計的有意差がある場合にのみ、子ノード(child node)が生まれ決定木が成長する。決定木分析の利点の1つは、従属変数(ここでは正誤判断)の内訳を俯瞰的かつ総括的に示すことができることで、指示詞と事象時刻のそれぞれについて、「正」、「誤」の分布が頻度・百分率によって1つの樹形図に表現される。また、分類結果に有意な影響を持つ要因が強いものから順に現れるので、複数の要因の階層性を検討するのに有効である。決定木分析は IBM SPSS 20 によって行った。

図1b の決定木で、木の頂点(ノード0)の下にノード1(コ)、ノード2(ソ)、ノード3(ア)が構築されているので、事象時刻指示についての正誤

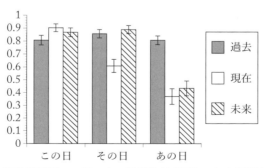

図 1a 指示詞、事象時刻別の、第2文の繋がりが「正しい」と判断された割合(誤差線は標準誤差)

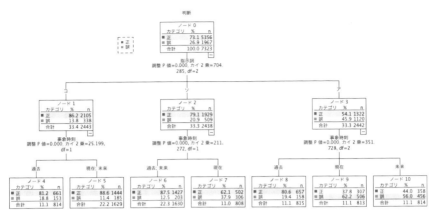

図 1b 指示詞、事象時刻を独立変数とした、正誤判断についての決定木

判断の内訳は、指示詞それぞれで有意に異なっていることが分かる。ノード1の下部にはノード4、5として「過去」と「現在：未来」が構築されていて、コ形については、過去指示より現在・未来指示の方が「正」の判断が有意に多いことが見てとれる。同様にノード2の下部にはノード6、7として「過去：未来」、「現在」があるので、ソ形の現在指示は、過去・未来指示よりも容認性が低いことが分かる。ア形（ノード3）については、下部に、ノード8、9、10として「過去」、「現在」、「未来」があり、ア形の時間指示は、過去、未来、現在の順で容認性が低くなることが示されている。

3.2 電極についての ERP

電極について計算された ERP において、コソア別に事象時刻の効果を検定した結果、コ形については有意な効果が認められなかったが、ソ形については 300–500 ミリ秒の潜時帯で、過去に比して現在と未来で前頭部やや左に有意な陰性成分、後頭で有意な陽性成分が認められた。また、ア形については 700–750 ミリ秒の潜時帯で過去に比して現在・未来で後頭に有意な陰性成分が認められた（図 2）。

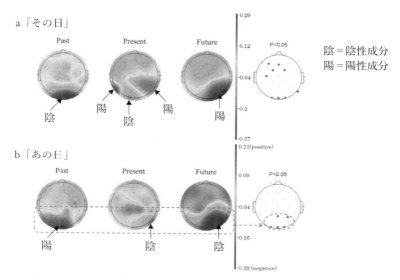

図2 電極についての ERP 頭皮上分布。a（上）．潜時帯 300–500 ミリ秒の「その日」。b（下）．700–750 ミリ秒の「あの日」。それぞれ左から、過去、現在、未来。最右は cluster-based permutation test（Maris, Schoffelen, and Fries 2007）により多重比較の補正を行い、5％水準で有意差が認められた電極位置（「あの日」図中点線部に例示）。濃淡が電位の大小（μ V）と極性を表す。

3.3 IC クラスタについての ERP

3.2 節で事象時刻の効果が認められた潜時帯で、事象時刻の有意な効果が ERP について認められる IC クラスタをソ形、ア形について探索した結果、ソ形について 1 クラスタが該当した。ア形については、有意な効果が認められたクラスタが存在しなかったが、多重比較についての補正を伴わずに permutation test を行うと 1 クラスタが該当し、ソ形、ア形それぞれのクラスタは同一であった。このクラスタの発生源は右後頭部ほぼ中央の楔部 (Cuneus、ブロードマンの脳地図で 18 野（BA18）) であった。図 3 にこのクラスタの中心座標（白丸部分）を示す。

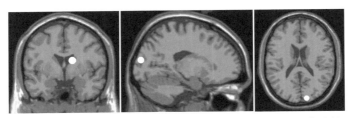

図3 ソ形で 300–500 ミリ秒、ア形で 700–750 ミリ秒の潜時帯に事象時刻の効果が ERP で認められた IC クラスタの中心座標（左から、冠状面（coronal）図、矢状面（sagittal）図、横断面（transverse）図。タライラッハの座標系で、X: 14, Y：−88, Z: 19、右 BA18）。

3.4　IC クラスタについての ERSP

　脳波は、言語音がそうであるように、異なる周波数の脳波の足し合わせと捉えることができる。ERP は全周波数帯域の電圧を加算平均したものだが、周波数帯域別に信号強度の時間的変化を示したものが ERSP である。5 つの IC クラスタについて ERSP で事象時刻の効果を確かめた結果、ソ形については 600–1200 ミリ秒の潜時帯でシータ帯域（5–7 Hz）を中心に条件差が認められるクラスタ、また同潜時帯でアルファ帯域（8–12 Hz）に条件差が認められるクラスタが 1 つずつ見つかった。シータ帯域では未来での信号強度が過去・現在を上回り、アルファ帯域では現在・未来の信号強度が過去を上回った。図 4 にそれぞれを図示する。

　シータ帯域に条件差が認められたクラスタの推定発生源は右上頭頂小葉（Superior parietal lobule, BA7）であった。このクラスタの中心座標を図 5 に示す。アルファ帯域に条件差が認められたクラスタの発生源は図 3 と同様、右楔部（右 BA18）であった。

　ア形の ERSP については 0–600 ミリ秒の潜時帯で事象時刻の効果が認められる IC クラスタが 1 つ存在し、現在に比して過去・未来のパワー値が高かった。この IC クラスタの発生源は右中前頭回（Middle frontal gyrus, BA9）と推定された。図 6 にア形についての ERSP とその中心座標を示す。

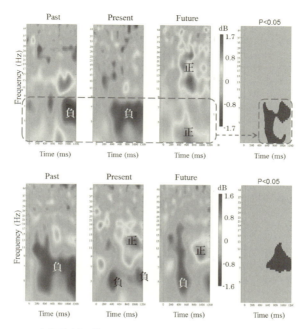

図 4 ソ形について事象時刻の効果が認められた 2 クラスタそれぞれの ERSP。横軸が潜時（− 100–1200 ミリ秒）、縦軸が周波数（3–50 Hz）。それぞれ左から、過去、現在、未来、cluster-based permutation test（5％水準）で有意な条件差が認められた周波数帯域と潜時帯（上図中、点線部に例示）。濃淡が信号強度（dB）を表す。

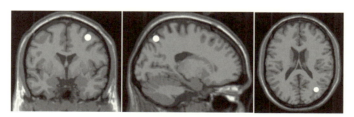

図 5 ソ形についてシータ帯域で事象時刻の条件差が認められた IC クラスタの中心座標（左から冠状面、矢状面、横断面、X: 35、Y：− 65, Z: 52、右 BA7）。

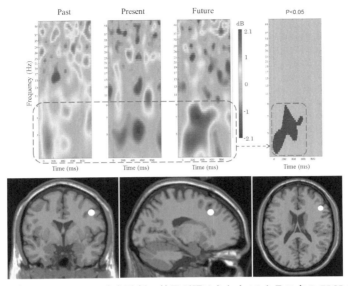

図6 a（上）．ア形について事象時刻の効果が認められたICクラスタのERSP（左から過去、現在、未来、cluster-based permutation test（5％水準）で有意な効果が認められた周波数帯域（3–50 Hz）と潜時帯（－100–1000ミリ秒））．b（下）．その中心座標（左から冠状面、矢状面、横断面、X: 46、Y: 25、Z: 35、右BA9）。

3.5 ICクラスタについてのITC

　脳波は周期的な電位変動を繰り返す波の形をしている。ITCは、刺激呈示以降、波形の位相が試行間でどの程度一致しているかを表す指標で0～1の値を取る。一般にはERSPにおける信号強度とITCが適切に一致した場合に顕著なERP波形が現れるが、ERP、ERSP、ITCの三者が独立に振る舞うように見えることも多い。ITCについて、コソアそれぞれで事象時刻の効果を確かめた結果、コ形とア形で有意な条件差が認められるクラスタが1つずつ見つかった。コ形については、100–400ミリ秒の潜時帯のシータ帯域で現在についての位相一致度が高かった。ア形については200–400ミリ秒の潜時帯の、やはりシータ帯域で有意事象時刻の効果が認められ、過去に比して現在・未来についての位相一致度が高かった。

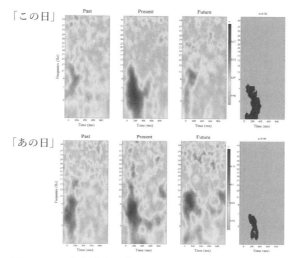

図7 コ形、ア形について事象時刻の条件差が認められたクラスタの ITC。横軸は潜時（− 100–1000 ミリ秒）、縦軸が周波数（3–50 Hz）。a（上）がコ形、b（下）がア形。それぞれ左から過去、現在、未来、cluster-based permutation test（5％水準）で条件差の認められた潜時・周波数帯域。濃淡が値の高低を表す。

それぞれのクラスタの発生源は、コ形については右 BA7、ア形については右 BA9 であった。

4. 結果のまとめと考察—コソアの神経科学的区分とコソア処理の時系列

脳波解析の結果を電極 ERP、IC クラスタ ERSP、IC クラスタ ITC 別に表 1 にまとめる。

本稿の目的は、コソア非現場指示の一例として時間指示を含む談話の理解に伴う脳波の解析によって、コソアの機能区分を試みることであった。特に、コ・ソ形対ア形、ならびにコ・ア形対ソ形の対比を作業仮説とした。

文の繋がりについての正誤判断では、ソ形の現在（「今日」）指示、またア形による現在・未来指示の容認性がかなり低いことを示した（図 1a, b）。「回想のア」の別名があるア形の時間指示が、（過去の）記憶指示であることが

表1 各指標についてのコソア別反応傾向のまとめ。左から電極 ERP、IC クラスタについての ERSP、IC クラスタについての ITC。それぞれについて左から、統計的有意差が認められた頭皮上位置・極性ならびに周波数帯域、有意差の認められた潜時帯、ダイポール推定による脳内発生源。

	電極 ERP			IC クラスタ ERSP			IC クラスタ ITC		
指示詞	頭皮上分布・極性	潜時帯 (ms)	発生源	周波数帯域	潜時帯 (ms)	発生源	周波数帯域	潜時帯 (ms)	発生源
この日	条件差無し			条件差無し			シータ帯域	100–400	右 BA7
その日	左前頭に陰性成分、後頭に陽性成分	300–500	右 BA18	シータ帯域 / アルファ帯域	600–1200 / 600–1200	右 BA7 / 右 BA18	条件差無し		
あの日	後頭部やや右より陰性成分	700–750	（右 BA18）	シータ帯域	0–600	右 BA9	シータ帯域	200–400	右 BA9

確認できる。ソ形の現在指示の容認性が低い理由が、ソ形の語彙特性なのか、現在に対して心的に遠の立場を取ることができない時間認知に対する制約なのかは現状では不明である。決定木分析の結果（図1b）では、コソアそれぞれの振る舞いは独立していて、コソまたはコアの群化は認められない。

電極についての ERP では、ソ形において 300–500 ミリ秒の潜時帯で過去に比して現在と未来で左前頭部の陰性成分と後頭部の陽性成分が観察された。一方、ア形では 700–750 ミリ秒の潜時帯で過去に比して現在と未来で後頭部やや右に陰性成分が観察された。両者における ERP 成分の潜時帯、頭皮上分布、極性は異なっており、ソ形、ア形それぞれの脳内処理が異なることが窺われる。

IC クラスタについての ERSP と ITC では、事象時刻の効果が現れる潜時帯が異なることが特徴的である。すなわち、コ形とア形では 0–600 ミリ秒（コ：図7a、ア：図 6a, 7b）、ソ形では 600–1200 ミリ秒（図4）と、コ・ア形とソ形が相補的とも見える対比を示している。また、コ形について唯一、事

象時刻の効果が認められた ITC では、コ形、ア形共にシータ帯域で 400 ミリ秒以前に条件差が認められる一方（図 7a, b）、ソ形については事象時刻の効果が認められない。ソ形とア形それぞれに対応した神経活動は顕著な対比を示していて、ア形の反応傾向は、むしろコ形に近い。したがって、脳波の反応傾向を総合的に判断すると、ソ形はコ・ア形とは別に区分されるべきと考えられる。ちなみに、前述の滝浦（2008）では、ソ形は「メタ性・間接性」を備え、「現場性・直接性」を表すコ・ア形と対しているが、やはり滝浦（2008）が主張する「アクセス権」について、コ・ア形が直接経験に言及するのに対し、ソ形が聞き手の経験など、話し手が直接のアクセス権を持っていない事柄を指示するという指摘を受け入れれば、アクセス権を持たないソ形について事象時刻の効果が現れるのがコ・ア形よりも遅いことが理解しやすい。

　IC クラスタから推定された発生源とその潜時帯から、コソア処理の時系列をある程度追える。すなわち、コソア呈示後 400 ミリ秒以内にコ形とア形の処理が右前頭部（BA7）と右頭頂部（BA9）でそれぞれ始まり、続いてソ形の処理が後頭部ほぼ中央（BA18）で進む。600 ミリ秒以降、右前頭部もソ形処理に参加する。700 ミリ秒以降は後頭部がア形処理にも関わる。後頭中央の楔部は一般に初期視覚野の一部と見なされることが多かったが、言語処理との関わりを指摘する研究も少なくない。Kuperberg et al.（2003）は、語用論的逸脱文では正文に比して右楔部での活動が減じると報告している。本稿の正誤判断は 2 文に渡る語用論的判断で、ソ形・ア形についての電極 ERP の発生源が右楔部に推定されたことは Kuperberg et al.（2003）の結果とよく一致する。他にも、実験参加者が注意を他課題へ向けている状態で、語の意味関連判断を問うた Rämä et al.（2012）、中国語漢字の部首間に不自然な空白を挟み、読み難くした上で英単語との比較をした Sun et al.（2011）、単語・非単語の黙読について使用頻度の操作をした Joubert et al.（2004）等が右楔部の活動を報告している。また、Shibata et al.（2012）は、日本語の比喩理解の fMRI 研究で、不自然な直喩について右楔部の賦活を確認している。

右上頭頂小葉の言語処理との関わりについては、物の空間的配置を記述した文の理解の方が、大きさや形を記述した文よりも両側の上頭頂小葉と楔前部が賦活することを報告した Conder et al.（2017）、動詞が呈示された時は、その名詞形を答え、名詞が呈示された時は動詞形を答える「文法クラス転換課題（Grammatical Class Switching Task）」で中心傍小葉（paracentral lobule）、楔前部（precuneus）と共に上頭頂小葉で両側の活動を確認した Berlingeri et al.（2007）、日本語疑問文の非文について右上頭頂小葉の賦活を認めた Kambara et al.（2013）を挙げられる。右中前頭回については、Ferstl et al.（2008）が、テキスト理解を対象にした 23 の脳機能イメージング研究に対してメタ分析を施し、右中前頭回を含む右半球の関わりを指摘した。また、Kandylaki et al.（2016）は、物語内の登場人物が後に再登場する期待度を、人物を描写する文の態の選択等によって操作し、再登場の期待度の高低に応じて、右中前頭回を含む背側聴覚経路（dorsal auditory stream）の活動量が変化することを示した。ここで注目すべきことは、本稿で推定した 3 つのダイポールは、上記の研究のいくつかで、活動領域として同時に指摘されていることである。すなわち、Joubert et al.（2004）は右楔部に加えて右中前頭回の活動を報告しているし、Kambara et al.（2013）は右上頭頂小葉に加えて、ボクセル（voxel）数は多くないが、右中前頭回の活動を報告している。本稿で推定した 3 つの発生源は相互作用していて、語・文・談話の処理のみならず、注意や他者の行動予測等の非言語的認知とも関わりを持っていることが窺われる。

5. 今後の課題—機能単位としての脳内ネットワーク

本実験の脳波解析結果はコソアにコ・ア形とソ形の区分があることを示唆している。但し、本実験で考察したのはコソアの時間指示についての神経活動で、空間指示やヒトの指示について同様のメカニズムが想定できるとは限らない。また、ブローカ野、ウェルニケ野等の「言語野」は、右利きの場

合、左半球にあるが、本稿で事象時刻の効果が見られた IC クラスタの発生源は、右後頭部の楔部、右上頭頂小葉、右中前頭回で、全て右半球に推定されている。このことはコソア時間指示の処理が言語野を含む左半球で行われていないことを必ずしも意味しない。コソア時間指示に共通した処理が左半球で行われていて、各指示詞の個別的特性が右半球に現れている可能性があるからである。さらに、コソアそれぞれが特定の脳領域と対応していると考えることも危険である。理論言語学は、音、語・形態素、統語、意味、運用それぞれの言語単位について領域固有性を仮定する伝統を強く持っていて、ある言語機能が特定の脳部位に存在すると理解することを好む傾向がある。しかし現在、言語処理に関わる脳領域は、言語野よりもずっと広く、また音韻・統語・意味処理に関わる領域の多くは重複していることが知られている（Vigneau et al. 2006）。脳の各領域が個々の特性を備えていることはもちろんである。但し、今世紀に入って、何もしていないときの脳内で、離れた複数の脳領域の活動が相関していることが発見され、この相互依存的関係はディフォールト・モード・ネットワーク（Default mode network, DMN）と呼ばれている。DMN は認知症の発症を予測するバイオマーカー（Biomarker）の候補として注目と期待を集めている。DMN に顕著に見られるように、複数の脳領域間の相互作用・ネットワークを機能単位として捉えるのが神経科学の潮流である。コソアについても、本稿で指摘した 3 領域を含む、複数の領域のネットワークによってコソア使用が実現されていると考えるべきであろう。当に Ferstl et al.（2008）や Kandylaki et al.（2016）は、言語処理が全頭に渡る広範なネットワークで実現されていることを示している。本稿はコソア時間指示に関わりが深いと考えられる脳領域と活動の時系列を指摘したが、これらの領域の相互作用ならびに因果関係は未検討である。また、言語情報が、脳内のどこに、どのような形でコード化されているかも現状では不明であることを付記したい。

参考文献

神尾昭雄（1990）『情報のなわ張り理論』大修館書店

金水敏・田窪行則（1990）「談話管理理論からみた日本語の指示詞」『認知科学の発展』 Vol. 3, pp.85–115.　講談社

金水敏・田窪行則（1992）「日本語指示詞研究史から／へ」金水敏・田窪行則編『指示詞』pp.151–192.　ひつじ書房

久野暲（1973）『日本文法研究』大修館書店

黒田成幸（1979）「（コ）・ソ・アについて」『林栄一教授還暦記念論文集・英語と日本語と』pp.41–59.　くろしお出版

佐久間鼎（1951）『現代日本語の表現と語法（改訂版）』厚生閣

澤田淳（2016）「指示と照応の語用論」加藤重広・滝浦真人編『語用論研究法ガイドブック』pp.49–76.　ひつじ書房

滝浦真人（2008）『ポライトネス入門』研究社

堤良一（2002）「文脈指示における指示詞の使い分けについて」『言語研究』122, pp.45–78.

Allen, P., Mechelli, A., Stephan, K. E., Day, F., Dalton, J., Williams, S., and McGuire, P. K. (2008) Fronto-temporal interactions during overt verbal initiation and suppression. *Journal of Cognitive Neuroscience*, 20 (9), pp.1656–1669.

Berlingeri, M., Crepaldi, D., Roberti, R., Scialfa, G., Luzzatti, C., and Paulesu, E. (2007) Brain areas underlying retrieval of nouns and verbs: Grammatical class and task demand effects. *Brain and Language*, 103 (1), pp.156–157.

Conder, J., Fridriksson, J., Baylis, G. C., Smith, C. M., Boiteau, T. W., and Almor, A. (2017) Bilateral parietal contributions to spatial language. *Brain and Language*, 164, pp.16–24.

Delorme, A., Mullen, T., Kothe, C., Acar, Z. A., Bigdely-Shamlo, N., Vankov, A., and Makeig, S. (2011) EEGLAB, SIFT, NFT, BCILAB, and ERICA: New tools for advanced EEG processing. *Computational Intelligence and Neuroscience*, Article ID 130714.

Delorme, A., Palmer, J., Onton, J., Oostenveld, R., and Makeig, S. (2012) Independent EEG sources are dipolar. *PLoS ONE*, 7.

Fauconnier, G. (1985) *Mental spaces*, Cambridge, Mass: MIT Press.

Ferstl, E. C., Neumann, J., Bogler, C., and von Cramon, D. Y. (2008) The extended language network: A meta-analysis of neuroimaging studies on text comprehension. *Human Brain Mapping*, 29 (5), pp.581–593.

Jasper, H. H. (1958) Report of the Committee on Methods of Clinical Examination in

Electroencephalography: 1957. *Electroencephalography and Clinical Neurophysiology.* 10, pp.370–375.

Joubert, S., Beauregard, M., Walter, N., Bourgouin, P., Beaudoin, G., Leroux, J. M., Karama, S., and Lecours, A. R. (2004) Neural correlates of lexical and sublexical processes in reading. *Brain and Language*, 89 (1), pp.9–20.

Kambara, T., Tsukiura, T., Yokoyama, S., Takahashi, K., Shigemune, Y., Miyamoto, T., Takahashi, D., Sato, S., and Kawashima, R. (2013) Differential contributions of the inferior parietal and inferior frontal regions to the processing of grammatical and semantic relationships in *wh*-questions. *Language Sciences*, 37, pp.14–21.

Kandylaki, K. D., Nagels, A., Tune, S., Kircher, X. T., Wiese, X. R., Schlesewsky, M., and Bornkessel-Schlesewsky, I. (2016) Predicting "when" in discourse engages the human dorsal auditory stream: An fMRI study using naturalistic stories. *The Journal of Neuroscience*, 36 (48), pp.12180–12191.

Kass, G. V. (1980) An exploratory technique for investigating large quantities of categorical data. *Applied Statistics*, 29, pp.119–127.

Kuperberg, G. R., Holcomb, P. J., Sitnikova, T., Greve, D., Dale, A. M., and Caplan, D. (2003) Distinct patterns of neural modulation during the processing of conceptual and syntactic anomalies. *Journal of Cognitive Neuroscience*, 15 (2), pp.272–293.

Maris, E., Schoffelen, J. M., and Fries, P. (2007) Nonparametric statistical testing of coherence differences. *Journal of Neuroscience Methods*, 163, pp.161–175.

Mullen, T. R. (2015) Real-time neuroimaging and cognitive monitoring using wearable dry EEG. *IEEE Transactions on Biomedical Engineering*, 62, pp.2553–2567.

Oldfield, R. C (1971) The assessment and analysis of dandedness: The Edinburgh inventory. *Neuropsychologia*, 9, pp.97–113.

Rämä, P., Relander-Syrjänen, K., Carlson, S., Salonen, O., and Kujala, T. (2012) Attention and semantic processing during speech: An fMRI study. *Brain and Language*, 122(2), pp.114–119.

Shibata, M., Toyomura, A., Motoyama, H., Itoh, H., Kawabata, Y., and Abe, J. (2012) Does simile comprehension differ from metaphor comprehension?A functional MRI study, *Brain and Language*, 121, 254-260.

Sun, Y., Yang, Y., Desroches, A. S., Liu, L., and Peng, D. (2011) The role of the ventral and dorsal pathways in reading Chinese characters and English words. *Brain and Language*, 119 (2), pp.80–88.

Vigneau, M., Beaucousin, V., Hervé, P. Y., Duffau, H., anad O. Houdé, F. C., Mazoyer, B., and Tzourio-Mazoyer, N. (2006). Meta-analyzing left hemisphere language areas:

Phonology, semantics, and sentence processing. *NeuroImage*, 30, pp.1414–1432.

Yoshimoto, K. (1986) On demonstratives KO/SO/A in Japanese. *Gengo Kenkyu*, 90, pp.48–72.

付記　本研究は科学研究費新学術領域「こころの時間学」の補助を受けている（研究代表者：時本真吾，課題番号：16H01513）。

現実世界の対象を表さないソの指示

歴史的変遷をとおして

藤本真理子

1. はじめに

　“ものを指す”という行為は、人間にとって原初的なものである。この行動にともなって用いられる指示詞もまた、さまざまな言語で確認される。Fillmore (1982) や Anderson & Keenan (1985) が行った指示詞の類型論的な研究によると、諸言語の中では2系列の指示詞をもつ言語、3系列の指示詞をもつ言語が多いことが報告されている。3系列の指示詞をもつ言語では、その3つめにあたるものに大きく2種のプロトタイプがあることも指摘されている。ひとつは、話し手に加え、聞き手を計算に入れた人称区分に基づくものと、もうひとつは、単純に話し手からの距離によって表す距離区分に基づくものである。

　現代日本語の指示詞はコソアの3系列をもっており、そのうちのソについては、発話の現場に存在し、今、知覚・感覚できる対象を直接指し示す〈現場指示〉の用法に関して、人称区分と距離区分との両方からの説明が必要であると考えられている。また、ソには、発話の現場には存在せず、先行する言語テキスト内にある対象、もしくは対象を導き出すような文脈を指し示す〈文脈指示〉の用法もある。この〈文脈指示〉と〈現場指示〉とにおいて、それぞれ指示詞の用いられ方がかけ離れたものであるとは考えにくく、両者は本質的には同じ運用であろうことが予測できる。この解決策として、金水・田窪 (1990) や金水 (1999) では直接経験、間接経験という考えによる

説明がなされている。また滝浦（2008）は、情報への「アクセス権」という考えを用いて、このコ系・ア系の持つ性質とソ系の持つ性質の違いについて、次のように述べている。

（1）　話し手は、自分の直接的な経験についてアクセス権を持っている。その際、話し手はコ系またはア系によってその経験に言及することができる。それに対し、聞き手の経験など、話し手が直接のアクセス権を持っていない事柄の場合には、話し手はソ系を用いて言及するのである。

　　　　　　　　　　　　　　　　　　　　　　　　　　　　　（滝浦 2008: 90）

　ここでは、コ系・ア系が情報へ直接的に言及する形式であるのに対し、ソ系は情報へ間接的に言及する形式として用いられることが指摘されている。
　本稿は、これら現代語の分析を踏まえ、古典語の指示詞を語用論的に分析することにより、日本語の指示詞の性質が古典語から現代語まで本質的には保持されてきたことを明らかにすることを目指す。古典語の指示詞ソは、運用面で歴史的な変遷がみられるものの、その本質には、現代日本語の指示詞のソの性質として提案されてきた"非直示"または"間接性"の性質があると考えられる。日本語の指示詞は、古典語から現代語まで、"直示"のコ・アに対し、"非直示"のソという関係を保ちつづけてきている。本稿では、古典語の指示詞ソにみられる〈文脈指示〉の用法を中心に検討し、"非直示"の性質がどのように特徴として現れるかを示す。特に次のような、古典語ではソが用いられるが現代語では不定語へと置き換わったとみられる例を中心にあつかう。(2a)は8世紀ごろ、(2b)は9世紀ごろの資料からの例である。

（2）　a.　我が背子に見せむと思ひし梅の花それとも見えず［其十方不ㄑ所ㄑ見］雪の降れれば
　　　　　【あなたに見せようと思った梅の花は、どれであるとも見分けられない。雪が降ったので。】
　　　　　　　　　　　　　　　　　　　　　　（万葉集、巻第 8, 1426）

b. これより、夕さりつかた、「内裏にのがるまじかりけり」とて出づ
るに、心得で、人をつけて見すれば、「町の小路なるそこそこにな
む、とまりたまひぬる」とて来たり。

【私のところから、夕方、「宮中に逃れることのできない用事があ
る」と言って、出て行くので、不審に思って、人につけさせてみ
ると、「町の小路のどこそこに、車をおとめになりました」と言っ
てきた。】 (蜻蛉日記、p.100)

(2a)のソは否定表現とともに用いられており、(2b)のソは複合語として
用いられている。(2)はいずれも現代語であれば、「どれ」や「どこそこ」
といった、不定語または不定語と指示詞ソとの複合語を用いて示される例で
ある。このような例は、指示詞のソと不定語との類似性を表すものと言え
る。指示詞を不定語と合わせて検討することは、ソ系の指示詞のもつ性質を
明らかにする助けとなる。

本稿の構成は次のとおりである。まず次節で、現代日本語の指示詞の概観
を述べ、古典語のソを考える上で問題となる点を示す。3節では、コとソの
みで世界を切り分けていた8世紀ごろの指示詞の運用の状況を述べる。つ
づく4節は、コ・アとは異なるソによる指示がどのような性質のものとと
らえられるかを述べ、5節ではソの使用の中でも不定語と意味が接近する例
を示し、その理由を検討する。6節はまとめである。

2. 現代日本語の指示詞の概観

2.1 ソの〈現場指示〉

現代日本語の指示詞研究においては、〈文脈指示〉〈現場指示〉ともに指示
詞のソの用法にどのように説明を与えるかが、常に議論の中心となってき
た。ソの用法の中でも、今、ここに存在する対象を指し示す〈現場指示〉の
用法については、人称区分と距離区分の2つのうちどちらか一方によって

説明することは難しいことが、これまでの研究でも指摘されてきた。なぜなら〈現場指示〉におけるソのふるまいが一様には説明できないことが次の例からも確認できるからである。

（３）（本を読んでいる友人に向かって）その本、何ていうタイトル？
（４）（タクシーの運転手に向かって）その角を曲がってください。

（3）は人称区分によって、（4）は距離区分によって説明される例である。（3）では、聞き手である友人が話し手にとってどれほど離れたところにいたとしても、聞き手の存在がソを用いる要因としてはたらく。（4）では、聞き手であるタクシーの運転手は話し手と同じ視点に立ち、話し手からの距離が近くもなく、遠くもないという中距離としてソが用いられている。このように、現代日本語の指示詞の〈現場指示〉に関しては、人称区分説と距離区分説との両方を用いた運用を行っているとみることが一般的である。ただし（4）のような中距離を指す例も聞き手の存在がなければコまたはアで表すことができ、（3）（4）のような〈現場指示〉のソには聞き手の存在が大きく関わっていると言える。

2.2 コ・アの〈現場指示〉と〈文脈指示〉
　〈現場指示〉において2通りの運用がみられるソに対し、コは話し手から近い距離の対象を指し示すのに用いられ、アは話し手から近くない距離の対象を指し示すのに用いられる。

（５）［太郎と次郎の会話。太郎は今、手にペンを持っている。］
　　　（太郎→次郎）このペンはとても書きやすいよ。
（６）［話題は会話に参加していない三郎の手元にあるペンについて。］
　　　次郎：あのペンは書きやすいのかな？
　　　太郎：いや、あのペンはあまりよくないと思うよ。

現実世界の対象を表さないソの指示　159

(5)(6)は〈現場指示〉の用法であるが、コ・アによる指示は、金水（1999）などで指摘されているとおり、次に挙げるような例も〈現場指示〉の拡張とみて、同様に説明が可能である。

（7）　a.　この事件の鍵をにぎる人物は田中だ。
　　　　b.　あの映画は何度見てもすばらしい。

(7a)の「この事件」は、今、自身が体験していたり、身近に感じていたりする出来事と考えられ、〈現場指示〉で用いられる際の用法と同じく、コは話し手から距離の近い対象を指し示している。また(7b)の「あの映画」に用いられるアも同様である。(7b)ではこの文の直前に「昨日、「ローマの休日」を見たよ。」とあれば、「あの映画」は「ローマの休日」を指示しているととらえることもできるが、この場合、先行文脈は指示対象の領域を限定するために提示されているにすぎない。次のような例からも、アによる指示は、文脈に依存したものではないことがわかる。

（8）　昨日、「ローマの休日」を見たよ。あの女優は本当にきれいだ。

(8)の「あの女優」はオードリー・ヘップバーンのことを表す。(8)はソに置き換えると、不自然な例となる。ここでの前文は、場面を喚起させるはたらきをしている。(7a)も同様で、「今、ミステリー小説を読んでいる」とあれば、それによってコが指す対象の範囲が限定されるのである。このように、コ・アの指示は〈現場指示〉の用法がその原型的な使用であり、〈文脈指示〉は〈現場指示〉の用法からの拡張的なものとして考えることができる。

2.3　ソとアによって提示される知識
　前節で示したとおり、指示詞アが行う〈文脈指示〉は、〈現場指示〉の用法を拡張したものであった。それに対し、ソの〈文脈指示〉は異なる方法に

160　藤本真理子

よるものである。この違いについて、藤本（2013a）では次のようにまとめた。

（９）　ア系列は言語的先行詞が必要ではないのに対し、ソ系列は直示の場合
　　　　を除き、原則的に言語的先行詞を必要とする。

　アとソの〈文脈指示〉に関しては、金水・田窪（1990）や金水（1999）、上
山（2000）などでも、（9）と同じように、違いについて指摘されてきた。この
違いを示すには、次のような例がある。

（10）　Ａ：新しく来た山田って先生、ドイツ語が得意らしいよ。
　　　　Ｂ：へー、{その／＊あの} 先生と話してみたいな。

　この例で、Ａによって提示された「山田先生」は、Ｂにとっては直接的に
は知らない対象である。間接的に知識を得た対象については、ソによる指示
を行い、アを用いることはできない。ここで直接的に知っているというのは
「山田先生」に会った、というようなことだけではない。たとえば（10）の話
をした数日後にふたたびＡ・Ｂで「山田先生」の話をするとしよう。この場
合、Ｂも「あの先生」とアを用いて指示することが可能であると考えられる。

3.　コとソで表される上代の世界

3.1　上代の指示体系

　上代の指示詞のシステムにおいて現代語と異なる点には、ソに〈現場指
示〉の用法がみられないことが挙げられる。2.1 節で示したように、現代語
のソの〈現場指示〉である聞き手領域指示と中距離指示は、聞き手の存在と
いう発話の場の構成員に影響を受けて用いられている。この理由のひとつに
は、〈現場指示〉の用法がソにとっては後天的なものであり、〈文脈指示〉が
本来的な用法であったことが考えられる。ソ系の指示詞は歴史的な変遷をみ

たとき、もともと〈文脈指示〉として用いられており、〈現場指示〉の確例がみえ始めるのは、10世紀ごろである。

さらに指示詞ア、古くはカについては、上代、8世紀ごろの資料において、その例が確認できない[1]。『万葉集』が韻文であるという資料的な制約はあるものの、橋本（1966, 1982）の指摘するとおり、上代は、コとソの2つの指示詞で世界を表し分けていると考えられる。次は、コとソの対比的な関係を示す例である。

(11)　うちなびき　床に臥い伏し　痛けくの　日に異に増せば　悲しけく
　　　ここに思ひ出［許已尓思出］いらなけく　そこに思ひ出［曾許尓念
　　　出］嘆くそら　安けなくに　思ふそら　苦しきものを
　　　【倒れて床に臥し、痛みが日ごとに増していくので、悲しいことをこ
　　　の点で思い出し、つらいことをその点で思い出し、嘆く心が安らかで
　　　なく、思う心が苦しいのに。】　　　　　　　　（万葉集、巻第17, 3969）

橋本（1966）では、このようなコとソの関係を感覚と観念の指示としてとらえている。

(12)　上代の指示体系は、同一場面における近称・中称・遠称の鼎立という
　　　構造を持っていなかった。感覚と観念さらには空間と時間に対する指
　　　示という形でコとソの二元的対立があった。　　　　（橋本1966: 224）

橋本の説には堀口（1979）など異論を唱えるものもあるが、(12)のような2つの系列の指示詞による対立関係をより長くとどめていたのが、コとソと同様の関係にあったとみられる指示副詞のカクとサである。指示副詞カクは指示詞のコ、指示副詞サは指示詞のソにそれぞれ対応しており、16世紀ごろまでカクが〈現場指示〉の全てをになっていた点、サには〈現場指示〉の例がみられず、〈文脈指示〉が中心であった点が、岡﨑（2010）において指摘

されている。つまり、コ・ソと近い関係にあった指示副詞カク・サもまた、2つの形式によって世界を示し分けている。

　また、万葉集では、次のようにコとソとの置き換えが可能な例が確認できる。

（13）　里人の　我に告ぐらく　汝が恋ふる　愛し夫は　もみち葉の　散りま
　　　　がひたる　神奈備の　<u>この山辺から〈或る本に云く、「その山辺」〉</u>
　　　　<u>［此山辺柄〈或本云、彼山辺〉］</u>ぬばたまの　黒馬に乗りて　川の瀬を
　　　　七瀬渡りて　うらぶれて　夫は逢ひきと　人そ告げつる
　　　　【里人が私に告げることには、あなたの恋しく思っているいとしい夫
　　　　は、黄葉が散り乱れている神奈備の<u>この山辺に沿い〈ある本には「そ</u>
　　　　<u>の山辺に」とある〉</u>、（略）】　　　　　　　　　（万葉集、巻第13, 3303）

　この例にある「或る本に云く」とは、原文は指示詞コを用いて表しているが、別の本を参考にすると、同じ歌においてソを用いているものもあったということを意味している。ここでは「彼」という表記が用いられているが、8世紀ごろの「彼」字は指示詞のソと読まれていたことが当時の辞書資料などから確認できる。そのため（13）からは、提示方法の違いによっては、コ・ソの両方からの指示が可能であったことがわかる。

3.2　『万葉集』にみられるコ・ソの結びつく対象

　本節では、『万葉集』の例からうかがえる指示詞のコとソの関係を、コ・ソが結びつきやすい対象のカテゴリーを通してみていく。

　表1・2は、『万葉集』内でみられるコノとソノの形式につづく名詞句を示したものである。この表からまず、コがソの約4倍も多いというコノとソノのアンバランスな状況がみてとれる。これには『万葉集』が韻文であるという資料的制約も関係しているが、この制約をおさえた上で改めてコ・ソのカテゴリーごとの出現数を統計処理すると、以下の2点が導かれる[2]。

表1　万葉集におけるコノ NP

人間	（人・足など）	6	13
	身体（魂・心・言）	5	
	目	1	
	名	1	
時間	日・時・年など	26	145
	夜（夕）・暁など	36	
	ころなど	83	
場所	山（野・柴など）	51	112
	川（津など）	35	
	道・宿・戸など	18	
	世	1	
	位置関係	7	
もの	物	15	45
	自然（花・月など）	30	
天気	（雨・雪など）	9	9
計			324

表2　万葉集におけるソノ NP

人間	（人・児など）	13	23
	身体（顔・声・姿など）	5	
	名	5	
時間	日	7	15
	夜（夕）	7	
	間	1	
場所	山	9	23
	川	7	
	道・宿など	5	
	位置関係	2	
もの	物	7	18
	色	1	
	自然（花・月など）	10	
天気	（雨・雪）	3	3
計			82

① 「人間」が、ソノで多く、コノで少ない
② 「時間」が、コノで多く、ソノで少ない

　また、後接する語のバリエーションに関しては、次の点が指摘できる。

③ 「場所」や「時間」に関しては、（出現数の比は全体数の比と大差ない
　が、）ソノでバリエーションが小さい

　現代語の歌謡にみられるコノ・ソノにつづく名詞句の調査結果と比較した
藤本（2013b）では、上代語のソノでは、(14)のような人間に関する語句が名
詞句にくる例が多いことを指摘した。この点は①とも一致する結果である。

(14) a. 和射美の峰行き過ぎて降る雪の厭ひもなしと申せその児に［白其
児尓］【和射美の峰を通り過ぎて降る雪のように、厭う気持ちなど
ないと申し上げよ。その人に。】　　　　　　　（万葉集、巻第10, 2348）

　　　b. 思ふらむその人なれや［其人有哉］ぬばたまの夜ごとに君が夢に
し見ゆ【私を思ってくれるという、その人だからなのか、（ぬば
たまの）夜ごとにあなたが夢に見えます。】　（万葉集、巻第11, 2569）

　　　c. 多胡の嶺に寄せ綱延へて寄すれどもあにくやしづしその顔良きに
［曾能可抱与吉尓］【多胡の嶺に引き綱をかけて引き寄せるけれど
も、「あにくやしづし」（※意味未詳）、その顔はよいのだけれど。】
　　　　　　　　　　　　　　　　　　　　　　　（万葉集、巻第13, 3411）

　現代語の歌謡では、コ・ソに比べ、アノが最も多く出現し、名詞句が人間
に関する語句がつづくものも圧倒的に多い。(14)のような指示をソが行え
るのは、上代に確例がなく、未発達であったと考えられる指示詞のアに代わ
り、ソに思い浮かべる対象を指示するはたらきが備わっていることの表れと
考えられる。

3.3　上代のコとソによる指示
　さて、コとソの違いを知る手がかりとして、コ・ソそれぞれに同一語句が
つづく次のような例がある。

(15)　ぬばたまのこの夜な明けそ［是夜莫明］あからひく朝行く君を待たば
苦しも【この夜よ、明けないでくれ。朝帰って行く君を待っていると
苦しい。】　　　　　　　　　　　　　　　　　（万葉集、巻第11, 2389）

(16)　帰りにし人を思ふとぬばたまのその夜は我も［彼夜者吾毛］眠も寝か
ねてき【帰っていった人を思うと、その夜は私も眠ることができな
かった。】　　　　　　　　　　　　　　　　　（万葉集、巻第13, 3269）

現実世界の対象を表さないソの指示　165

　（15）（16）はいずれも、つづく名詞句に「夜」がくる例である。ここに出てくる「ぬばたまの」は「夜」の枕詞であるので置いておくとして、「この夜」が今、直接的に体験している特定の「夜」を表すのに対し、「その夜」はかつてあった「夜」の中のどれかひとつを表すという、コとソの異なる方法による指示の性質がみえてくる。このほか、ソの指示には次のような現代語のアに近い例も確認できる。

（17）　かくばかり恋ひむものそと知らませば<u>その夜</u>はゆたに［其夜者由多
　　　　尓］あらましものを【こんなにも恋しくなると知っていたら、<u>あの夜</u>
　　　　はもっとゆったり過ごしたものを。】　　　　　　（万葉集、巻第 12, 2867）

　（17）のソは今、直接的に体験している「夜」を指すものではないという点において、（16）と共通した特徴がみいだせる。

4.　ソによって導入される知識の性質

　ソには、上代、先行文脈を指し示す（18）のような例と、3.2、3.3 節で示したのと同様の（19）のような例がみられた。

（18）　<u>しきたへの枕</u>は人に言問ふや<u>その枕</u>には［其枕］苔生しにたり【（し
　　　　きたへの）枕が人にものを言うものでしょうか、<u>その枕</u>には苔が生え
　　　　ているだろう。】　　　　　　　　　　　　　　　（万葉集、巻第 11, 2516）
（19）　にほ鳥の葛飾早稲をにへすとも　そのかなしきを（曾能可奈之伎乎）
　　　　外に立てめやも【（にほ鳥の）葛飾早稲の稲を神に供える時でも、<u>あ
　　　　のいとしい人</u>を家の外に立たせなどするものか。】
　　　　　　　　　　　　　　　　　　　　　　　　　　（万葉集、巻第 14, 3386）

この（18）（19）と並行的なソの例は、平安時代、10世紀ごろの資料において
も（20）（21）のように確認できる。

(20)　「かの所をこそさも領ぜられめ、このとしごろ造りつる草木を、お金
　　　をかけて。それ運び取り給へ。」【あの邸をそのように取られてしまう
　　　のだろうが、ここ数年造ってきた草木を、入れなさい。それを運び
　　　取ってきてください。】　　　　　　　　　　（落窪物語、第3, p.203）

(21)　御遊びのついでに、〔帝→尚侍の君〕「その人のなきこそいとさうざう
　　　しけれ。」【あの人（光源氏）のいないのがじつに物足りないなあ。】
　　　　　　　　　　　　　　　　　　　　　（源氏物語、須磨、② p.197）

これらソによる指示はいずれも現実空間に存する対象を直接的に指示する
ものではなく、（18）（20）であれば言語文脈として、（19）（21）であればかつ
て経験した知識のひとつとして、論理空間に設定された対象を指示するよう
にはたらいている。次の例では、このはたらきがより明示的である。

(22)　a.　天の川橋渡らせばその上ゆもい渡らさむを［曾能倍由母］秋にあ
　　　　　らずとも【天の川にもし橋が渡してあったならば、その上を通っ
　　　　　てお渡りになるでしょうに、秋でなくても。】（万葉集、巻第18, 4126）

　　　b.　大和の宇陀の真赤土のさ丹つかばそこもか人の［曾許裳香人之］
　　　　　我を言なさむ【大和の国の宇陀の赤土の色が赤く染み付いたら、
　　　　　そのことで人は我々をとやかく言うであろうか。】
　　　　　　　　　　　　　　　　　　　　　　（万葉集、巻第7, 1376）

（22a）では、「天の川にある橋」をソが指し示しているわけだが、実際の
「天の川」に橋は存在しない。現実世界の直接的に体験可能な空間にはない
対象を仮に設定するという仮想空間への指示である。（22b）も、ある出来事
が生じた場合を仮定し、その事態を表すのにソを用いている。藤本（2013a）

現実世界の対象を表さないソの指示　167

では、このような仮定した対象を表すソに加え、未来のこと、さらに事実と
は異なることを述べる際もソが使用されることを(23)のような例を挙げて
指摘した。

(23)　a.　［仮定］かの人もし世にものしたまはば、それ一人になむ対面せま
　　　　　ほしく思ひはべる。【〔浮舟〕「もしあの母君がこの世においでにな
　　　　　るのでしたら、その人お一人だけにはお会いしたいと思うのでご
　　　　　ざいます。」】　　　　　　　　　　　　　　（源氏物語、夢浮橋、⑥ p.389）

　　　　b.　［未来］〔あこぎ→帯刀〕「あす祭り見にいで給ぬべかめり。そのひ
　　　　　まにおわしませ。」【明日、祭りを見に出かけなさるはずのようで
　　　　　す。そのすきにいらっしゃってください。】　　（落窪物語、第 2, p.113）

　　　　c.　［反事実］なみなみの人ならばこそ、荒らかにも引きかなぐらめ、
　　　　　それだに人のあまた知らむはいかがあらむ、心も騒ぎて慕ひ来た
　　　　　れど、動もなくて、奥なる御座に入りたまひぬ。【相手が普通の男
　　　　　ならば、手荒に引き離しもしようが、その場合でも、大勢の人に
　　　　　知られるのはどんなものであろう、中将は胸を騒がせて後につい
　　　　　ては来たけれども、君はいっこうかまわず奥の御座所に入ってお
　　　　　しまいになった。】　　　　　　　　　　　　（源氏物語、帚木、① p.100）

　(23)のソはすべて〈文脈指示〉として、先行文脈の記述的意味を受け取っ
て指示を行っている。ここに現れるソがどのような内容を指示しているのか
をみると、ソが表すことのできる先行文脈の記述的意味の特徴がうかがえ
る。(23a)では、母君が実際にいるかいないかは別として、話者が自身の展
開する論理において、「かの人もし世にものしたまはば」と設定した対象を
指し示している。(23b)では明日の祭りという未来の事態に対してソが用い
られている。(23c)は、実際は「なみなみの人」ではないため、「荒らかに
も引きかなぐ」るといった事態は生じておらず、その生じていない事態を指
し示すためにソが用いられている。(23)のソはすべて現実空間には生じて

いない対象や事態を指すために用いられており、このような古典語のソのはたらきはコ・アと合わせて、（24）のようにまとめられる。

(24)　古典語の指示詞において、コ・アが現実空間に存する対象を直接的に指すのに対し、ソは論理空間に設定した対象を間接的に指すため、非現実の事態を表しうる。

　（24）で提示した指示詞の運用は、現代語においても同様に確認できる。

(25)　a.　［仮定］もし特急電車が留まっていたら、{* これ／それ／* あれ} に乗って行こう。
　　　b.　［未来］1 時間後に会社の者が受け取りに来ますから、{* この／その／* あの} 者に渡してください。
　　　c.　［非現実］もしあの時買った宝くじが当たっていたら、{* この／その／* あの} 金を頭金にして家が買えたのになあ。

（金水・田窪（1992: 137）より一部改め）

　（25）に示したように、現代語でもソは［仮定］［未来］［非現実］といった論理空間に置いた対象を探索し、指し示すために用いることができる。それに対し、コ・アによる指示は現実世界に対象を探索しにいくため、（25）では用いることができない。
　指示詞は、上代のコとソによって二分されていた体系から、平安時代になると、コソアの 3 体系へと移行していく。さらに、16 世紀末にはソが〈現場指示〉の用法を確立し、（19）や（21）のような用法において、アがソと入れ替わるようにして用いられるようになる。しかしそのような中であっても、ソの指示の本来的な特質が変わったとみるべきではない。ソによる〈現場指示〉の用法は発話場の構成員である聞き手に由来するものであり、これは直接的には指し示すことのできないものである。またソからアへの交代が

みられる、いわゆる〈記憶指示〉の用法に関しては、自身のかつての経験という情報への探索のしかたが変化したととらえると説明がつく。ソでの指示が行われていた際は、「今、直接的に体験しているわけではない」という点に焦点があてられていたが、そこから「以前であっても、自身が直接的に体験した」という点に焦点がうつると、直接的かつ話し手に近くない対象を指示可能なアが選択されるようになる。このように、ソの用法に入れ替わりはあるものの、ソの指示の本質は変わっておらず、仮想空間すなわち言語的記述によって導入された論理空間にある対象を指すはたらきを、現代にいたるまで保ちつづけている。

5.　ソによる指示の特質からみられる特徴

　4節で考察したソによる指示の特質をうけ、ソにはほかにも次のような例がみられる。

(26)　今日はそれほど暑くないね。
(27)　Ａ：おでかけですか？
　　　　Ｂ：ええ、ちょっとそこまで。
(28)　一週間の献立をあらかじめ決めておかずに、その日の気分で決めている。

　(26)〜(28)はいずれも、ソが特定の値をとっているとは考えにくい例である。(26)は話者が想定していたよりもという意味となるので、「それ」の示す対象は話者の知識内にあると考えられるが、明示されない。(27)も問いかけたＡは、指示対象の同定が行えないものの、答えるＢには「公園」なり、「スーパー」なり出かける先がある。しかし、それは、指示詞「そこ」によって具体的に指し示されているわけではない。また(28)も「その日」はある特定の日だけを示すものではない。そのため、ここでの「その

日」のソはコやアを用いては指示できない。「この日（あの日）の気分」といった他の系列の指示詞を用いると特定の日が表されることになる。（26）〜（28）の例では、何らかの値はあるが、意図的にせよそうでないにせよその値を言わない、指示対象を特定しないという理由のもとソが選択されている。このような表現について、岡﨑（2006, 2010）は曖昧指示表現として考察し、ソの周辺的な用法とみるよりも「今、現在目に見えない、感覚できない対象の指示」という点において、ソの〈文脈指示〉と連続した中心的な用法であると主張している。本稿もこの主張に沿った考えをとる。（26）〜（28）で示したような例は古典語からみられ、（24）で示したソの本来的な意味に矛盾するものではないことを検討していく。本節では、現代語では慣用化した表現として用いられることも多い（26）〜（28）のような指示のありかたが、ソにおいて歴史的にどのようにみられるかを否定表現との結びつきや不定表現との意味的接近性といった観点から考察する。

5.1　否定と結びつくソ

　ソの否定と結びつく例には、（26）のほかに次のような例がある。

（29）　a.　それとなく伝えたいのだけれど、なかなかいい方法が見つからない。
　　　　b.　あの人にはそこはかとなくミステリアスな雰囲気がただよっている。
　　　　c.　出し巻き玉子なんてどこの店もそれほど変わらないと思っていた。

　（29）のソは、現実空間に存在する特定の対象を持たなくともよい。たとえば（29c）であれば「それほど」がどれほどであるのかと言われれば、焼き加減や塩加減など説明は加えられるであろうが、ソはそれらを個別に指し示すわけではない。特定の何かひとつの対象を指し示さない表現において、コやアは用いにくく、ソの指示のみが表し得る内容となっている。
　このタイプの例は、古くは上代から（30）のように確認でき、平安時代にも同様に、否定と結びつく（31）のような例がみられる。

現実世界の対象を表さないソの指示　171

(30)　a.　…臼南つま　辛荷の島の　島の間ゆ　我家を見れば　青山の　<u>そ</u>
<u>ことも見えず</u>［曾許十方不_レ見］白雲も　千重になり来ぬ…【{そ
こである／どこである} とも見えない】　　　（万葉集、巻第6,942）

b.　逢はむ日を<u>その日と知らず</u>［其日等之良受］常闇にいづれの日ま
で我恋ひ居らむ【{その日である／どの日である} と知らない】

（万葉集、巻第13,3742）

(31)　a.　僧召して、御加持などせさせたまふ。<u>そこ所ともなく</u>いみじく苦
しくしたまひて、胸は時々おこりつつわづらひたまふさま、たへ
がたく苦しげなり。【<u>どこがどうということともなく</u>、ひどくお苦し
みになり】　　　　　　　　　　　　　（源氏物語、若菜下、④ p.213）

b.　[惟光→源氏]「<u>その人とは</u>さらにえ思ひえはべらず。」【{その人だ／ど
の人だ} とはまったく<u>見当がつきかね</u>ております。】

（源氏物語、夕顔、① p.149）

　（30）（31）のソもそれぞれ特定の対象を指し示していない。そもそも（30）
であれば「見えない」「知らない」、（31b）であれば「見当がつかない」ので
あるから、これらは現実世界に対応する対象を持たない。そしてこのソの指
示もまた、現実世界ではなく、論理空間を探索するために用いられている。
さらに（30）（31）の場合、論理空間におけるさまざまな可能性を探索したの
ち、「ない」という否定の結果で終わる。特定の対象が用意されていない場
合でも、ソによる間接的な指示が否定と結びつくことにより、指示対象の探
索の終了を明示することができるのである。

5.2　複合語のソコソコ

　平安時代の物語資料では、否定とは共起していないが、特定の対象を指し
示さない「それの年」や「そこそこ」といった例がみられる。

(32) a. <u>それ</u>の年の師走の二十日あまり一日の日の、戌の時に門出す。【<u>いついつ</u>の年の十二月の二十一日、午後八時ごろに門出する。】

(土佐日記、p.15)

b. (夫が内裏に行く用事があるというのを不審に思い、作者が)人をつけて見すれば、「町の小路なる<u>そこそこ</u>になむ、とまりたまひぬる」とて来たり。【町の小路の<u>どこそこ</u>に車をお止めになりました】

(蜻蛉日記、p.100)

(32)の例は、先の現代語の例でいうと(27)に近いものである。この場合、5.1節で示した否定と結びつくソとは異なり、話し手や書き手などソを使用した人物は特定の値を持っている。思い浮かべる具体的な対象はあってもあえてそれを提示しないでおいて、なおかつ何かは提示したことになるソを用いている。このような例は、13世紀ごろの中世の資料においても確認できる。

(33) a. それが若かりける時に、猿沢の池の端に、「<u>その月のその日</u>、此池より竜ののぼらんずるなり」といふ簡を立てたりけるを、行来の物、若き老たる、さるべき人〜、「ゆかしき事かな」とさゝめきあひたり。【「<u>いついつの月のいついつの日</u>、この池から竜がのぼるであろう」という札を立てたのを、(略)】 (宇治拾遺物語、p.276)

b. 此やどりたる女のいふやう、「まことは、をのれはゐ中よりのぼりたるにも侍らず、<u>そこ</u>〜に侍るもの也。【「実は、わたしは田舎から来たものでもなく、<u>どこそこ</u>にいる者です。」】

(宇治拾遺物語、p.117)

c. この院は御馬にて、頂に鏡入れたる笠、頭光に奉りて、「いづくにかおはします、いづくにかおはします」と、御手づから人ごとに尋ね申させたまへば、「<u>そこそこ</u>になむ」と聞かせたまひて、おはしまし所へ近く降りさせたまひぬ。【この花山院は(略)「父上の院

はどこにいらっしゃる、どこにいらっしゃる」と言って、ご自身で会う人ごとにお尋ねになります。そして「どこそこにいらっしゃいます」とお聞きになって、冷泉院のいらっしゃる所に参上され、その近くでお馬からお降りになられました。】（大鏡、p.198）

　(32b)や(33b・c)のように「そこそこ」については、すべて複合語の形で確認できる[3]。なぜ複合語の形をとるのかについてはさらに検討する必要があるが、ひとつには「そこ」の形式が場所というカテゴリーを表すため、具体的な値を探そうとするはたらきが強いことが指摘できる。ソの〈現場指示〉の聞き手領域を指示する用法においても「そこ」の例が歴史的にいちはやく現れたこともそのためと考えられる。すなわちソは先行する言語的記述がないか探索するが、論理空間に適切な対象が用意されていない場合もあり、そのような場合、探索を勝手に終了せずに、間接的な指示を行う手段として、聞き手の領域をとらえるようになる。この足がかりとなったのが「そこ」の形式である。5.1節で示した否定表現と結びつく場合、探索活動は終了が示されていたが、複合語の場合は、「そこ」と「そこ」という同一形式を重ねることによって範囲の限定を行っているとみることができる。これと同じことが現代語にもあてはめて考えられる。

(34)　Ａ：おでかけですか？
　　　Ｂ：ええ、ちょっとそこまで。((27)再掲)

　ここでは、話し手にとって出かける先は明確であるにも関わらず、ソを用いて間接的に示している。「そこ」を用いることで、聞き手に明確に伝えたくはないという話し手の意図を示すことになる。しかし「そこ」だけで提示はできず、(34)では「まで」を付けることにより範囲が示されている。(35)も同じく「そこ」という形式のままでは用いることができない。

174 藤本真理子

(35) 最近のアイドルは {*そこ／そこら（へん）／そのへん} にいる女の子
とかわらない。

5.3 不定語との接近

　5.1 節で示した否定表現と結びつく例は、現代語では「どことなく」など
の語が用いられ、同じように「そこはかとなく」や「さりげなく」など現代
語にも慣用的な表現として残ってはいるものの、「なんとなく」「何気なく」
など、不定語の表現に取って代わられている。5.2 節で示した複合語の例も
また、「どこ」や「いついつ」、「どこそこ」といった、不定語や不定語とソ
系列の指示語との複合語などを用いて示される。このように同じことを描く
のに、指示詞のソといわゆる不定語の「どこ、いつ、何」などの表現との両
方が用いられるということは、この 2 つに重なる部分があると考えらえる。
また「あそこここ」「ここかしこ」という複合語はさまざまな具体例を提示
することにより、数の多いことを示すものである。この語は、コとアにある
直接的な指示を行うという共通点のもと複合して用いられている。これをふ
まえると、「どこそこ」も同様に複合語の形をとる以上、近接する点がある
とみてよいだろう。この点について橋本 (1982) は次のように述べている。

(36) 抽象的・観念的なソは重複形においてことに著しい。現代語では、
「どこそこ」のような形が、右の重複形と同様の内容を明かさぬ指示
に用いられる。指しながら対象を具体的に持たないソが、対象があり
ながら指すことのできない不定称ドの指示と裏表の関係にあるためと
考えられる。指示語と対象の間の一対一の関係が、感覚の世界で確立
していない点で通じ合う面がある。
　　　　　　　　　　　　　　　　　　　　　　　　　　（橋本 1982: 228)

　ここではソと不定語（以降、便宜的に「ド」と呼んでおく）とについて、
裏表の関係と称されている。「そこそこ」は今や「見た目はそこそこいい」
のような副詞として別の意味で用いられており、「どこそこ」が表す意味で

は用いられていない。「そこそこ」のような表現に代わって不定語が用いられるようになるのは、16世紀ごろからであり、「どこそこ」という表現はさらに時代が下り、江戸時代も18世紀になってから初出の例が確認できる。

　このようにソとドは、指し示し方は異なるものの、同一の状況を表すことのできる関係性にあると考えられる。現代語でも次の文を例に考えてみる。

（37）　花子は太郎に、<u>それと気づかれぬよう</u>ハンバーグに人参やトマトを入れた。

　（37）で「これと気づかれぬよう」や「あれと気づかれぬよう」など、ソではなくコやアを用いると、現実世界にある特定の事物を対象として指し示すことになる。コやアを用いた指示が行っているのは、現実世界に対応する事物をひとつ選びとってきて提示するという作業である。ひとつ選びとるということは他のものは捨てる作業とも考えられる。またその選ぶ対象は時間や空間など対象自体に付与されている情報によって限定された対象である。そのため、無数の可能性を提示することはできない。一方のドは、「どれと気づかれぬよう」ではさすがに正しい文とはとれないが、次のように変えるとよくなる。

（38）　花子は太郎に、<u>{？どれと／どれか}気づかれぬよう</u>ハンバーグに人参やトマトを入れた。

　ドの場合、指す対象が定まらないだけであって、対象自体は存在している。先ほどのコ・アの話にひきつけて説明するならば、ドの指示は、対象を特定するための時間や空間などの情報が不明であるときに用いられる。すなわちドは対象を特定することはできないものの、現実世界に対象の存在を置くことができる。これはソが持たないはたらきである。ソはここまでみてきたとおり、論理空間での指示を行うことがそのはたらきの根本にあって、現

実世界に対応する特定の存在を持たない。ソの〈現場指示〉としての用法を認められる聞き手の指示でさえも、空間も時間も定まらない流動的な存在である。

　ではどのような点においてソとドは接近するのか。空間や時間の値について情報が不足した状態で、現実世界に存する対象を指すドには、結局のところ現実世界のひとつの対象を切り取って選ぶという作業は生じない。ソも現実世界の対象を切り取って提示するというはたらきを持たない。ドに対してソの方が積極的な理由によるものではあるが、ソとドが近づく点である。さらに、ドで表される対象はこれかもしれないし、あれかもしれないといった具合に、複数の対象の中に存在していることから、ソのもつ無数の可能性を示すはたらきと近づくことになる。このようにソとドは指示対象の探索方法は全く異なっているものの、現実世界に存在する特定の対象を表さないという点に目を向けると、類似性がみいだせる。

6.　まとめ

　本稿では、日本語の指示詞ソがコ・アとは異なる性質をもって指し示しを行っていることを確認した上で、その指示の方策が古くは8世紀ごろの資料においてもみられることを指摘した。またソのもつ間接的指示という性質において、ソの対象の検索を行いやすくするために、否定と結びつく傾向があったこと、複合語の形式をとっていたことを示した。さらに、これらソのうちの一部は不定語と接近した意味をになうことを確認し、その理由について検討した。ソのこうしたさまざまな特徴については、ソが現実世界に存在する対象の指示を行うのではなく、論理空間において仮定や未来のことなど非現実の世界での指示を行っているからとして語用論的に解釈できることを述べた。

注

1 指示詞アの前身であるカが『万葉集』内で確認できるのは以下の3例のみである。

(1) a. 暁の<u>か</u>はたれ時に［加波多例等枳尓］島陰を漕ぎにし船のたづき知らず
も　　　　　　　　　　　　　　　　　　　（万葉集、巻第 20, 4384）

b. <u>かの</u>児ろと［可能古呂等］寝ずやなりなむはだすすき宇良野の山に月片
寄るかも　　　　　　　　　　　　　　　（万葉集、巻第 14, 3565）

c. 沖辺より満ち来る潮のいや増しに我が思ふ君がみ船かも<u>かれ</u>［弥不根可
母加礼］　　　　　　　　　　　　　　　（万葉集、巻第 18, 4045）

2 出現数のクロス表にカイ二乗検定をかけた上で、残差分析によって個別の数字の
影響をみた結果、①と②が有意な差（ともに 1%水準）として得られた。

なお、この統計処理にあたり、滝浦真人氏に多くのご助言をいただいた。

3 否定表現と複合語との両方が用いられる中間的な例もみられる。

（ⅰ）さてとき〜通ひけれど、いかなる人のすかすならんとつゝましかりけれ
ば、人にも<u>そこ〜とも言はで</u>通ふほどに、みな人物へいにけり。【女の
方も、<u>どこそことも言わないで</u>通う】

（大和物語、日本古典文学大系、p.352）

参考文献

上山あゆみ（2000）「日本語から見える「文法」の姿」『日本語学』19（5）：pp.169–
181．明治書院

岡﨑友子（2006）「感動詞・曖昧指示表現・否定対極表現について―ソ系（ソ・サ系列）
指示詞再考」『日本語の研究』2（2）：pp.77–92．日本語学会

岡﨑友子（2010）『日本語指示詞の歴史的研究』ひつじ書房

尾上圭介（1983）「不定語の語性と用法」『副用語の研究』明治書院（『文法と意味Ⅰ』
くろしお出版、2001 年に再録）

金水敏（1999）「日本語の指示詞における直示用法と非直示用法の関係について」『自然
言語処理』6（4）：pp.67–91．自然言語処理学会

金水敏・岡﨑友子・曹美庚（2002）「指示詞の歴史的・対照言語学的研究―日本語・韓
国語・トルコ語」生越直樹編『シリーズ言語科学 4 対照言語学』pp.217–247．
東京大学出版会

金水敏・田窪行則（1990）「談話管理理論からみた日本語の指示詞」日本認知科学会編
『認知科学の発展』3, pp.85–116．講談社（金水敏・田窪行則編『指示詞』日本
語研究資料集【第 1 期第 7 巻】(1992) ひつじ書房、pp.123–149 に再録）

滝浦真人（2008）『ポライトネス入門』研究社

田窪行則（2010）『日本語の構造―推論と知識管理』くろしお出版

橋本四郎（1966）「古代語の指示体系―上代を中心に」『国語国文』35（6）、遠藤嘉基博士還暦記念国語学特輯号第二、pp.329–341、京都大学文学部国語学国文学研究室

橋本四郎（1982）「指示語の史的展開」『講座日本語学 2 文法史』pp.217–240．明治書院

藤本真理子（2013a）「仮想現実の設定とソ系列指示詞―古代日本語を中心に」『甲南女子大学研究紀要　文学・文化編』49: pp.1–8、甲南女子大学

藤本真理子（2013b）「古代語のソ系列―観念指示の検討を中心に」『詞林』54: pp.1–10、大阪大学古代中世文学研究会

堀口和吉（1979）「「その愛しきを外に立てめやも」考」『山邊道』23, pp.1–12．天理大学国語国文学会

Anderson, Stephen R. & Edward L. Keenan. (1985) Deixis. In Timothy Shopen (ed.) *Language Typology and Syntactic Description: Grammatical Categories and the Lexicon*, Vol.3. pp.259–308. Cambridge: Cambridge University Press.

Fillmore, Charles. J. (1982) Towards a Descriptive Framework for Spatial Deixis. In Robert J. Jarvella and Wolfgang Klein (eds.) *Speech, Place, and Action: Studies in Deixis and Related Topics*, pp.31–59. New York: John Wiley & Sons.

調査資料

万葉集：『萬葉集』1–4、佐竹昭広・山田英雄・工藤力男・大谷雅夫・山崎福之校注、新日本古典文学大系 1–4、岩波書店、1995–2003

大和物語：『竹取物語・伊勢物語・大和物語』、阪倉篤義・大津有一・築島裕・阿部俊子・今井源衛校注、日本古典文学大系 9、岩波書店、1957

土佐日記：『土佐日記・蜻蛉日記』、菊地靖彦・伊牟田経久・木村正中校注・訳、新編日本古典文学全集 13、小学館、1995

蜻蛉日記：『土佐日記・蜻蛉日記』、菊地靖彦・伊牟田経久・木村正中校注・訳、新編日本古典文学全集 13、小学館、1995

落窪物語：『落窪物語・住吉物語』藤井貞和・稲賀敬二校注、新日本古典文学大系 18、岩波書店、1989

源氏物語：『源氏物語』①–⑥、阿部秋生・秋山虔・今井源衛・鈴木日出男校注・訳、新編日本古典文学全集 20–25（小学館）1994–1998

宇治拾遺物語：『宇治拾遺物語・古本説話集』三木紀人・浅見和彦・中村義雄・小内一明校注、新日本古典文学大系 42、岩波書店、1990

付記　本研究は JSPS 科研費 JP25370519、JP17K02775 の助成を受けたものである。本稿の一部は、日本言語学会第 151 回大会（2015 年、名古屋大学）での口頭発表に基づく。

丁寧体における疑いの文

複数のコーパスにおける「かね」「でしょうか」の現れ方

野田春美

1. はじめに

　本稿で考察の対象とするのは、日本語の「疑い」の文の丁寧体における現れ方である。何を問題にするのかを示すために、まず、疑いの文が他の文とどのような関係にあるのかを見ておく。

　仁田（1991: 21–22）は、発話時における話し手の発話・伝達的態度のあり方を表す発話・伝達のモダリティを、図1のように〈働きかけ〉〈表出〉〈述べ立て〉〈問いかけ〉の4タイプに分けている。〈働きかけ〉と〈表出〉には、テンスを存在・分化させない、〈待ち望み〉といった情意的な言表事態めあてのモダリティをもつ、という共通点があり、〈述べ立て〉と〈問いかけ〉には、テンスを存在・分化させる、〈判断〉といった認識的な言表事態めあてのモダリティをもつ、という共通点があるという。さらに、〈働きかけ〉と〈問いかけ〉は聞き手たる相手の存在を前提としているのに対し、〈表出〉と〈述べ立て〉は、それを必ずしも前提としないとしている。

　そして、仁田（1991: 136）によると、〈判断の問いかけ〉（図1の④'）から問いかけ性が欠落・希薄化した文が〈疑いの文〉である。〈疑い〉とは、「話し手に不明な点があって、判断の成立を断ずることができない」（仁田 1991: 137）ことであり、〈疑いの文〉とは、「聞き手への問いかけを意図することなく話し手の判断成立への疑念を述べたもの」（仁田 1991: 44）である。「かしら」「かな」「だろうか」等で表され、基本的には〈述べ立て〉の一類とな

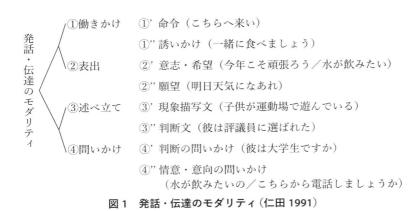

図 1　発話・伝達のモダリティ（仁田 1991）

るという。

　益岡（1991: 79–81）は表現類型のモダリティに 5 つの型を立てており、対話文と非対話文とで、型の現れ方が次の（1）のように異なると述べている。

（1）　対話文　　　演述型　情意表出型　訴え型　疑問型
　　　非対話文　　演述型　情意表出型　　　　　疑問型　感嘆型

　そして、非対話文における疑問型は「疑いの提示とでも言うべき性格のものになる」という。

　仁田（1991）、益岡（1991）をふまえると、疑問表現は典型的には聞き手の存在を前提とし、聞き手に向けられるものだが、疑いの文はそうではないということになる。疑いの文は、次の（2）のように独り言で普通体で現れる。

（2）（独り言で）
　　「これ、間に合う {かな／かしら／だろうか}」

　しかし、疑いの文は、次の（3）のように対話にも表れる。しかも、（3）の後輩の発話のように丁寧体になることもある。

（3）　先輩「今日は、中村、来る_かな_」
　　　　後輩「さあ、どう_でしょうか_」

　聞き手の存在を前提としないはずの疑いの文が、聞き手を意識していることが表される丁寧体で使われるとはどういうことだろうか。

　そこで本稿では、丁寧体における疑いの文が何を表し、どのように使われているのかを考察する。使用実態を見るために、話し言葉等のコーパスを利用する。

　次の2節では先行研究を参考に明らかにすべき問題点を具体化し、3節で調査方法を示す。4節で調査結果の概要を示し、5〜7節で、資料ごとに考察を行う。8節で関連する問題に触れ、9節でまとめを述べる。

2.　疑いの文に関する先行研究の検討

　疑いの文に関連する先行研究は数多いが、本稿に特に関係するもののみを取り上げる。

2.1　疑いの文による質問

　三宅（2011: 260）は、「命題が不確定であるということを表明するだけで質問性は持たない、すなわち回答は要求しないという表現効果」を「疑念表明」と呼び、「だろうか」「かな」「かしら」は疑念表明を表すことから、「弱い質問」「丁寧さの加わった質問」への用法の拡張があると述べている。

　三宅（2011: 249）によると「弱い質問」とは「聞き手に不確定な応答をする余地を残す質問」であり、次の（4）（5）のような例が挙げられている。「丁寧さの加わった質問」としては、（6）（7）のような例が挙げられている。

（4）　今度上映される「タイタニック2」って映画、おもしろい_だろうか_？
　　　／_でしょうか_？
　　　　　　　　　　　　　　　　　　　　　　　　　　　　　（三宅 2011: 264）

182　野田春美

（５）　今度上映される「タイタニック2」って映画、おもしろい<u>かな</u>？／で
　　　　す<u>かね</u>？
　　　　　　　　　　　　　　　　　　　　　　　　　　　　　　（三宅 2011: 264）

（６）　ご満足いただけた<u>でしょうか</u>？　　　　　　　　　　（三宅 2011: 251）

（７）　アンパンマン、好き<u>かな</u>？　　　　　　　　　　　　（三宅 2011: 264）

　疑いの文にこのような用法の拡張があるという記述は妥当だと思われる
が、各表現についてさらに考察が必要である。たとえば、（7）は自然だが、
（6）を「ご満足いただけました<u>かね</u>？」という形にすると、目上の人に対し
ては多少失礼になる可能性がある。三宅（2011）は普通体における「かな」
と丁寧体における「かね」の表現効果は同じであるとしているが、検討の余
地がある。

　また、ラオハブラナキット（1996）は「かな」「かしら」を考察する中で、
聞き手から情報を得ようと問いかける「疑似問いかけ」の用法は「かな」
「かしら」には見られるが、「だろうか」には見られないとしている。三宅の
「丁寧さの加わった質問」にあたるものと思われる。ラオハブラナキット
（1996）は「だろうか」について述べたものだが、三宅（2011）の（6）のよう
な「でしょうか」の文は自然であり、やはり普通体と丁寧体の違いは大き
い。

2.2　「だろうか」と「でしょうか」の性質の異なり

　牧原（1994）は、聞き手に情報があるかどうか明らかでない場合は「だろ
うか」と「でしょうか」の機能がほぼ同じであるのに対し、聞き手に情報が
あることが明らかな場合には「だろうか」が使われにくいことに注目してい
る。次の（8）（9）のような例である。

（８）　（友人に電話して相手を確認する場合）
　　　　もしもし鈴木か？
　　?? もしもし、鈴木だろうか？　　　　　　　　　　　　　　（牧原 1994: 74）

（9）　もしもし鈴木さんですか？

　　　もしもし、鈴木さんでしょうか？　　　　　　　　　　（牧原 1994: 75）

　牧原（1994: 82）は、聞き手に情報があることが明らかな場合に「だろう
か」を使うと、「聞き手の持つ情報を無視して自問自答をするという意味が
生じ」てしまうという。一方、「でしょうか」は、丁寧化されることで自問
自答の意味が排除され、「〜ダロウカのもつ迂言的な情報要求という語用論
的機能を専門的に担うようになる」（牧原 1994: 85）ため自然であるという。
　この点については、6 節で改めて考える。

2.3　普通体接続の「かな」と丁寧体接続の「かね」の関係

　橋本（1993）は、「か＋ね」を疑いを含むタイプと問いを含むタイプに二分
している。問いを含む次の（10）のようなものには、「年配の男性が、目下の
人間に、ある程度丁寧に言う」（p.704）といった文体的意味が与えられてい
るという。

（10）　今日は阪神は勝ったか　ね↑／ね。　　　　　　　　（橋本 1993: 704）

　熊野（2000）は、このように特定の位相にのみ使用される「かね」を対象
から外した上で、「かね」の使用についての調査を行っている。調査項目
は、1 節で見た仁田（1991）による発話・伝達のモダリティの体系に基づい
ている。熊野（2000）の調査では、「かね」を使用するという回答が多かった
文は、普通体で「かな」に言い換えが可能な文であったという。そこから、
普通体で「かな」が担う機能を丁寧体では「かね」が実現しているとし、
「かね」も「疑いの表現」であると結論づけている。
　熊野（2000: 36–37）によると「かね」は、「あの人独身ですかね」といった
疑いの文や「あした天気になりませんかね」といった願望の文での使用率が
高く、疑いの表現としての基本的な機能が果たされているという。一方、

「こういう書き方でいいですかね」といった判断の問いかけや「それ持って来てもらえませんかね」といった依頼の文では、「情報や行為の提供を想定していない発話として、丁寧さの表現効果を生む」としている。また、「どんなものが食べたいですかね」といった情意の問いかけでは「かね」の使用は見られず、「話者が判断を放棄する直接的な」問いかけのほうが適切であるという。

「だろうか」「かな」「かしら」は疑いを表す形式として挙げられることが多いが、「かね」を挙げる先行研究は多くない。本稿では三宅（2011）や熊野（2000）を参考に、丁寧体接続の「かね」も考察の対象とする[1]。

ただし、普通体接続の「かな」と丁寧体接続の「かね」の違いが文体差だけなのかについては検討の余地があると考える。「な」が独り言に現れ、「ね」が聞き手に同意を求めるときに使われやすいという性質が、「かな」「かね」の性質にも関係していると思われるためである。

2.4　考察の対象とする疑いの文とその分類

2.1〜2.3 節の先行研究の検討を通じて、疑いの文は普通体と丁寧体による異なりが大きいことが明らかになった。また、1 節で述べたように、聞き手の存在を前提としないはずの疑いの文の、丁寧体における使われ方を考察するのが本稿の目的である。そこで本稿では、考察の対象を丁寧体に絞り、「かね」「でしょうか」がどのような場面、文脈でどのように使われているのかを明らかにする[2]。

先行研究において、疑いの文は、聞き手に回答を強いる文ではないという性質から、基本的な質問文とは異なる質問を表せることが指摘されてきている。疑いの文が表すとされる質問を大きく二分すると、聞き手が情報をもっていない可能性があり、情報が得られなくてもかまわない質問と、やわらげながらも聞き手から情報を得ようとする質問である。

本稿では、丁寧体の疑いの文の用法を考察する際、この二分に基づいた分類を用いる[3]。1 つめは、話し手のもつ疑いを提示するが、聞き手から情報

が得られなくてもかまわないもので、《疑い提示（質問）》と呼ぶ。普通体ではまったく聞き手に向けられていない疑いの文もあるが、丁寧体の場合は聞き手に対する意識はあると考えられるため、回答を求める意識があるか否かの区別はきわめて困難である。そのため、質問とは言いがたいものも含めて《疑い提示（質問）》と呼ぶ。丁寧体の《疑い提示（質問）》が質問として機能するか否かは文脈による [4]。たとえば、次の (11) の《疑い提示（質問）》に対して (11a) のように回答で情報を提供しても、(11b) のように情報提供のない答え方をしても自然である。

(11) 「今日は、中村さん、来ます<u>かね</u>」
　　　a.「ええ、来るって言ってました」
　　　b.「さあねえ」

　丁寧体で現れる疑いの文の 2 つめは、やわらげながらも聞き手から情報を得ようとする《やわらげ質問》である。次の (12) のように聞き手に情報があることが明らかな場合だけでなく、(13) のように聞き手の判断等を問う場合も含む。

(12)　どちら様<u>でしょうか</u>。
(13)　もう少し後で来たほうがいい {ですかね／でしょうか}。

　なお、検索された全用例を《疑い提示（質問）》と《やわらげ質問》に分類するのは困難なため、この分類については、考察の中で必要に応じて触れるにとどめる。

3.　疑いの文の使用状況の調査方法

　本稿で調査対象としたのは、国立国語研究所のホームページで公開されて

いる、次の 3 つのコーパスである。

1) 日本語話し言葉コーパス（以下、CSJ）

「独話」では、学会講演、模擬講演、その他（学会講演・模擬講演以外の講演・講義）を調査対象とする。朗読と再朗読は除外する。

「対話」では、学会講演インタビュー、模擬講演インタビュー、課題指向対話、自由対話すべてを対象とする。

非コアのデータも対象とする。渡部他（2015）によると、本稿で使用する UniDic 版における語数は、学会講演（その他の講演も含む）3,607,546 語、模擬講演 3,640,805 語、対話 150,794 語である。

2) 名大会話コーパス（データバージョン 2016.12）

日本語母語話者同士の雑談 120 会話、合計約 100 時間分が文字化されたコーパスである。

3) 現代日本語書き言葉均衡コーパス（データバージョン 1.1）（以下、BCCWJ）

レジスター「知恵袋」（「Yahoo! 知恵袋」の 2005 年のデータ）のみを対象とする。非コアのデータも含む。総語数は 10,256,877 語である。

話し言葉が収録された 2 つのコーパスに加え、知恵袋を対象としたのには理由がある。野田（2016）で BCCWJ における「かね」の出現状況を調査した際、普通体接続の「かね」は書籍類の中の文学に多かったのだが[5]、丁寧体接続の「かね」は知恵袋に多く現れた。BCCWJ はレジスターによって総語数が異なるため、100 万語あたりの出現数を見ると、知恵袋での出現数は 245.6 と他よりかなり多く、次いでブログの 103.6、文学の 28.4、国会会議録の 27.4 であった。そこで、本稿では「知恵袋」も考察の対象とする。

いずれも、検索には中納言 2.2.2.2 を利用し、短単位検索を行った[6]。検索された用例からの考察対象の絞り込みについては、次の 4 節で述べる。

4. 疑いの文の使用状況調査の結果概要

　まず、検索によって得られた用例から除外したものについて述べる。終助詞「か」＋終助詞「ね」で検索されたもののうち、「かねがね」のような誤解析 22 例、普通体接続の「かね」600 例（内、「何かね」241 例、「ていうかね」133 例）、丁寧体接続の「かね」のうち引用内に現れた 27 例[7]、「ます」「ましょう」が意志を表している 24 例を除外した[8]。くだけた丁寧体である「す」や、インターネット上に見られる表記の「でつ」も丁寧体として集計している。「でしょう」＋終助詞「か」で検索されたものについては、引用内に現れた 237 例を除外した。

　丁寧体接続の「かね」と「でしょうか」の使用状況を比べる際、「でしょうかね」という複合形があることに注意が必要である[9]。《疑い提示（質問）》を表す次の (14) では、「でしょうかね」が使われている。「ですかね」「でしょうか」に置き換えることもできる。

(14)　ここはえー実際の図ではどうなるか #[10] どこに当たるかと言いますと # このえー左後ろと言ったらいい ｛でしょうかね／ですかね／でしょうか｝# この隠れている部分に当たります

(CSJ 独話・学会、男性、30–34 歳)

　「でしょうかね」を別枠にした調査対象の用例数を表 1 に示す。便宜上「｛です／ます｝等＋かね」としているのは、「でしょう」以外の丁寧体に「かね」が接続したものであり、「でしたかね」「ませんかね」等も含んでいる。表 1 には参考のために「ですか」の用例数も添える[11]。

　表 1 の小計の欄、つまり疑いの文の数と「ですか」の数を比べると、名大会話や CSJ の対話では疑いの文が「ですか」の数分の一の使用数であるのに対し、CSJ の独話や知恵袋では、「ですか」の数を上回っていることがわかる。特に「でしょうか」は、名大会話や CSJ の対話では「ですか」よ

表1　丁寧体における疑いの文の出現状況

	名大	CSJ対話	CSJ独話	知恵袋
{です／ます}等＋かね	150	173	889	2134
でしょうかね	20	29	177	381
でしょうか	38	12	1,292	40,729
小　計（疑いの文）	208	214	2,358	43,244
ですか	1,603	835	1,507	39,329

りかなり少ないが、CSJの独話や知恵袋では「ですか」と同程度の使用数である。3節では、BCCWJにおいて丁寧体に接続する「かね」は知恵袋に特に多いことを述べたが、「でしょうか」はそれをはるかに上回る数である。

次に、資料による各表現の比率の違いを、図2に示す。

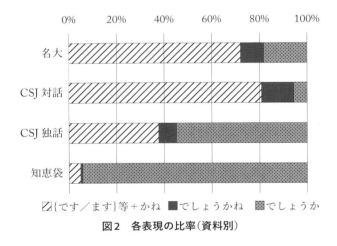

図2　各表現の比率（資料別）

図2においても、名大会話とCSJの対話は「かね」の割合が高く、似た傾向を示している。知恵袋は逆に「でしょうか」が9割を超える。CSJの独話は両者の中間である。

このように資料による異なりが大きいため、以下、資料ごとに考察を行う。5節では名大会話とCSJの対話、つまり会話における使用を、6節では

CSJ の独話、つまり、講演における使用を、7 節では知恵袋、つまりインターネット上の「質問 – 回答」サイトにおける使用を考察する。

5. 会話における疑いの文の考察

まず、会話における疑いの文の使用について考察する。表 2 に示すように、「です」「ます」等に「かね」が付く例が多い。

表 2　会話における各表現の使用数

	名大	CSJ 対話	計
{です／ます} 等＋かね	150	173	323
でしょうかね	20	29	49
でしょうか	38	12	50
計	208	214	422

「です」「ます」等に「かね」が付く 323 例中、「です」が 293 例であった。まず、「です」以外の例を 1 つ挙げる。(15) は《疑い提示（質問）》で「ますかね」が使われている。「でしょうかね」「でしょうか」を使うこともできる。

(15)　9 時に始まるわけですから、10 分前ぐらいに着くとして、地下鉄、どのぐらい {かかりますかね／かかるでしょうかね／かかるでしょうか}。
　　　えーと 15 分ぐらい。
　　　15 分ですか。　　　　　　　　　　　　（名大、男性、60 代後半、東京都）[12]

「です」293 例の前の述語に目立った偏りはない。(16)～(18) に「{です／ます} 等＋かね」「でしょうかね」「でしょうか」、それぞれの表現の例を挙げる。いずれも、《疑い提示（質問）》であり、回答を求めているというよ

り、そのことについて意見を交換しようとしているように思われる。会話ではこのような例が多く見られた。各表現に大きな違いは感じられない。「ですかね」より「でしょうかね」のほうがやわらかく感じられたり、「か」で終わると回答を求める姿勢がやや強く感じられたりするといった程度の違いである。「です」「ます」等に「かね」が付く文は、(16)のように、話し手がその後に文を続けることが比較的多いようである。

(16)　そういう話を聞いたことあってイギリス人何食べてるん<u>ですかね</u>＃何か食べ物は本当にまずかったんであんまり印象にないんですけど

（CSJ 対話・自由、女性、20–24 歳）

(17)　でむまータッチパネルなんかもあって併用ができるっていうそういううー試験システムがあったけど＃やっぱり評判良くなかったん<u>でしょうかね</u>

＃ええ＃結局実際には導入されなかったですよね

（CSJ 対話・学会、男性、30–34 歳）

(18)　何かちっちゃいの、これ、食べちゃったからしょうがないけど、何だったん<u>でしょうか</u>、これ。

うん、おいしいと思って食べちゃった。（名大、女性、40 代前半、三重県）

　《疑い提示（質問）》が、次の(19)のように質問に対して確信のある回答ができないときに使われた例もある。

(19)　文学部が建て直ししてんの？じゃあ。

建て直してるん<u>ですかねえ</u>。　　　　（名大、男性、20 代後半、東京都）

　会話で《やわらげ質問》の例は多くないが、次の(20)(21)では、《やわらげ質問》として「でしょうか」が使われている。判断を問う(20)は、「でしょうか」が自然だが、「ですかね」「でしょうかね」を使うことも一応可能

である。しかし、(21)の、目上の聞き手の意向を問う《やわらげ質問》では「ですかね」は多少失礼であり、「でしょうかね」はかなり不自然である。

(20)　うん、じゃあ、私で書きます。いい {でしょうか／ですかね／でしょうかね} ？
　　　はい、お願いします。　　　　　　　（名大、女性、30代前半、愛知県）
(21)　先生もいかが {でしょうか／?ですかね／*でしょうかね}。
　　　はいはい、いただきます。　　　　　（名大、女性、50代後半、愛知県）

　熊野(2000)が、情意の問いかけでは「かね」は不自然であり、話し手が判断を放棄する直接的な問いかけのほうが適切であると述べていることを、2.3節で見た。たしかに(21)で「かね」を使うと、聞き手の意向表明に話し手も加わろうとし、領域を侵しているような不自然さがある。

　2.1節で見たように、普通体で「好きかな？」のような文が使われることはあるが、「かな」による《やわらげ質問》は、子どもやかなり親しい相手、目下の相手に使われるのが普通であろう。丁寧体で(21)のように聞き手の意向を問う場合は、「かね」ではなく「か」による質問にするのが自然である。

　なお、安達(2002: 191)は、このような「でしょうか」は聞き手の意志に左右される事態には使われにくいと述べている。たしかに、次の(22)を「先生」に対して言うとき、「いらっしゃるでしょうか」は不自然である。しかし、「いらっしゃいますでしょうか」であれば自然になる。つまり、「でしょうか」が《やわらげ質問》であることがわかりやすければ使えるが、《疑い提示(質問)》と解釈されると不自然になるということであろう。

(22)　明日は先生も {いらっしゃいますか／?いらっしゃるでしょうか／いらっしゃいますでしょうか} ？

このことは、上の (21) で「でしょうかね」が「ですかね」以上に不自然になることにも通じる。(21) では、通常の「ですか」の質問文でも聞き手の意向を問えるところに「でしょう」と「かね」が重ねられることによって《疑い提示（質問）》と解釈されてしまい、聞き手が責任をもてない第三者の意向のように感じられてしまうのであろう。

本節の最初に表 2 で見たように、会話においては、全般的に「でしょうか」の使用は少なかった。会話の《疑い提示（質問）》で「でしょうか」より「かね」が好まれることには、終助詞「ね」の性質も関係していると考えられる。熊野 (2000: 38) は、「かね」の「ね」は「自己照合」であるとしているが、用例を見ると、会話では「（か）ね」によって話し手の疑いを聞き手と共有することによって、意見を交換しながら会話を続けることが多いようである。「降りそうですね」のような判断の述べ立ての文に付く「ね」ほど明確に聞き手の同意を求めるものではないが、「か（ね）」の前で述べられた内容を聞き手と共有しようとする姿勢が表される点では、共通している。

6.　講演における疑いの文の考察

次に、CSJ コーパスの独話、つまり講演における疑いの文の使用について考察する。表 3 に示すように「でしょうか」が最も多く、「です」「ます}等に「かね」が付く形もかなり使われている。「です」「ます」等に「かね」が付く 889 例中、「す」「です」が 724 例であった。

表 3　講演における各表現の使用数

{です／ます} 等＋かね	889
でしょうかね	177
でしょうか	1,292
計	2,358

講演においては前接の語に偏りがあるため、各表現に多く現れた前接語を

表4に示す。講演における各表現の用例数の10%を超えるものに絞っている。参考までに、前接語と「です」「でしょう」の間に「の」(「ん」も含む)があるかどうかも示す。

表4　各表現の頻出前接語(前接語用例数／全用例数)

	頻出前接語	「の」有	「の」無	計
{です／ます} 等＋かね	言う	329/404	100/485	429/889
でしょうかね	言う	48/115	1/62	49/177
でしょうか	(の)ではない[13]	14/537	256/755	270/1,292
	言う	257/537	0/755	257/1,292

　全般的に「言う」が多い。特に「です」「ます} 等に「かね」が付く形では「言う」が429例で全用例の半分近くを占めている。
　それぞれの表現の例を挙げる。次の(23)～(25)は《疑い提示(質問)》であり、話し手が適切な表現を選びながら話そうとしている。表現による違いはあまり感じられない。

(23)　でその次にそのえ二つの言葉のこう齟齬って<u>言いますかね</u>＃え相克というのがどういうことを意味するのかということに触れます

(CSJ 独話・学会、男性、55–59歳)

(24)　日本でも何かメジロの美しい声をまー愛でると<u>言うんでしょうかね</u>＃え飼ってられる方ひがいるようななや話を伺ったことがあります

(CSJ 独話・模擬、男性、50–54歳)

(25)　で今御覧いただいておりますのはえーこう静止画と<u>言うんでしょうか</u>＃こう写真のようになっておりますけども

(CSJ 独話・その他、男性、35–39歳)

　(25)のように事物の正しい名称であるかどうかに疑いがある場合より、(23)(24)のように適切な表現を探りながら話している場合が多い。特に「か

ね」は、ほとんどが適切な表現を探りながら話している例である。

　講演において「です」「ます」等に「かね」が付く形の前接語で2番目に多かったのは「何」だが、その59例の中にも「言う」と似た例がある。次の(26)では、「何ですかね」の後に示されているように、表現を選んでいる。

(26)　富士山はで山に登っていてあのー後<u>何ですかね</u>＃メリット<u>と言うか</u>
　　　ちょうど一年弱ぐらいですけれども＃体重にして五キロぐらい体重
　　　が減ったんですね　　　　　　　　　　（CSJ 独話・模擬、女性、25–29 歳）

　さらに、「でしょうか」等の直前ではなく、もっと前に「言う」が現れる、次の(27)の実下線部のような例も多い。(27)のように「でしょうか」に「たらいい」が前接する34例のうち28例は、「言う」「申す」等である。したがって、表4で見る以上に「言う」類に接続する例は多い。

(27)　まー遺跡<u>と言うんでしょうか</u>＃えーあるいは史跡と<u>言ったらいいで</u>
　　　<u>しょうか</u>＃そういったものとしては何か少しまー物足らないなとい
　　　う印象をお持ちの方も多いのではないかと思います

　　　　　　　　　　　　　　　　　　　　　（CSJ 独話・その他、男性、35–39 歳）

　講演は聴衆に向けられるものであり、基本的に丁寧体が使われる。その中で適切な表現を選びながら話すとき、聴衆からの答えを期待していないからといって「何と言うかな」といった普通体を使ってしまうと、フォーマリティが低くなってしまう。聴衆の存在を意識しながら思考中であることを示すときは、(23)〜(27)のように疑いの表現の丁寧体が現れやすいということであろう。

　2.2 節で牧原 (1994) が、「でしょうか」は丁寧化されることで自問自答の意味が排除されると述べていることを見たが、講演では自問自答の意味のまま、丁寧体になっている。

丁寧体における疑いの文　195

　講演でなく丁寧体の会話でも、次の (28) のように同様の例は見られる。

(28)　この方法はうーんでもねあーのーやっぱりえー何て<u>言うんすかね</u>＃実
　　　力があると言うか何て<u>言うんですかね</u>＃ある程度ま場慣れすればで
　　　すね笑って言えるようになるんですね（CSJ 対話・自由、男性、35–39 歳）

　しかし、会話では、野田 (2006) で述べたように、こういった発話は「何
て言うかな」のような普通体でも現れる。講演では、独り言のように思考中
の内容を口にするときにも丁寧体になりやすいのだと考えられる。
　また、表 4 に示したように、「でしょうか」の前接語には「言う」とほぼ
同数「(の)ではない」が現れている。「(の)ではない」として集計している
のは、次の (29) (30) のような、いわゆる「のではないか」である。安達
(2002: 194) では、「否定疑問文のもつ「傾き」を文法化させた形式」であ
り、「事態成立への見込み」を含意することによって「情報提供機能をも発
達させた形式」だとされている。名詞・ナ形容詞・格助詞等に接続する場合
は (30) のように「の」を介さなくても「のではないか」とほぼ同じ意味に
なることがあるため、前後各 30 字の文脈で「のではない」とほぼ同じ意味
だと判定したものは集計に入れている。

(29)　えこれは近畿地方を中心とする周辺分布と解することができる<u>のでは</u>
　　　<u>ないでしょうか</u>　　　　　　　　　（CSJ 独話・学会、女性、25–29 歳）
(30)　やはりメディアに対するえー分析力えー学習者一人一人に付けること
　　　が必要<u>ではないでしょうか</u>　　　　（CSJ 独話・学会、男性、35–39 歳）

　こういった文は、論文や評論等の書き言葉であれば「のではないだろう
か」という普通体で主張が示されるところが、聴衆に向けて丁寧体になって
いるものと思われる[14]。普通体の書き言葉では、「のではないか」の形も
「のではないだろうか」の形も使うことができる。一方、講演で次の (31) の

ように「のではないですか」の形を使うと主張が強く感じられ、この場合、「解することができる」ということを理解していない聞き手を非難しているようにも感じられる。

（31）　えこれは近畿地方を中心とする周辺分布と解することができるのではないですか。

　普通体の書き言葉では、「のではないか」で話し手の見込みが示されると、単に話し手の主張として受け取られ、読み手が非難されているとは感じられにくい。講演は、聞き手を意識して丁寧体で話されているにもかかわらず、聴衆は発言できない立場にある。そこで「のではないですか」という質問とも主張とも解釈できる形が使われると、受け入れざるを得ない聴衆にとっては強い主張と感じられるのであろう。

　前に見た（29）（30）のような「でしょうか」の形だと、「のではないか」によって表される「話し手の見込み」を《疑い提示（質問）》の形で聴衆に示すことによって、聴衆に考えさせようとすることができる[15]。考えるといっても聴衆は発言したり反論したりできる立場ではないため、「話し手の見込み」に同意しながら、その後の話を聴くよう導かれる。

　本稿で対象としている表現と「のではないか」の関係については、8節でも述べる。

　講演では会話に比べると「でしょうか」が多く使われていることを、4節で見た。以下、「言う」「（の）ではない」以外の例も挙げ、どのように使われているのかを考察する。

（32）　手の反対が足っつうことないですからね手足はこれは類義ということです＃じゃ右左はどう<u>でしょうか</u>＃対義ですよね

（CSJ 独話・その他、女性、50–54歳）

（33）　その他に訓練が必要なのは誰<u>でしょうか</u>＃それはスピーチをする可

能性のある全ての人です＃政治家もそうです

（CSJ 独話・模擬、女性、55–59 歳）

　講演では、(32) (33) のように聴衆に問いかけることで関心をひきつけながら話を進めることが多々ある。話し手は答えを知っているのに問いかける、いわゆるクイズ質問の利用である。《疑い提示（質問）》は通常の質問文と異なり、聞き手に情報があるか否かが不明なときに使えるので、クイズ質問になじむと考えられる [16]。ただし、次の (34) のように「かね」を使うと、話し手も聞き手と共に考えているように感じられてしまい、この場合は多少不自然である [17]。

(34)　その他に訓練が必要なのは誰｛です／でしょう｝かね＃それはスピーチをする可能性のある全ての人です＃政治家もそうです

　疑いの形で提示しながらも、話し手自身は考えず、聞き手に考えさせようとする場合は、「でしょうか」がふさわしい。(29) (30) に挙げた「(の) ではない」に付く場合も同様である。このことは、5 節で見た、目上の聞き手の意向を問う場合に「かね」より「でしょうか」が自然であることとも通じている。
　以上、講演では、疑いの文が会話の場合とかなり違う現れ方をすることを見てきた。多く現れる 2 つのタイプはいずれも《疑い提示（質問）》であり、1 つは、「言う」等に付いて、聴衆を意識しながら適切な表現を選ぼうとしていることを表す場合である。もう 1 つは、主張や問題提起について聴衆に考えさせようとする場合であり、「でしょうか」が好まれる。

7.　「質問 – 回答」サイトにおける疑いの文の考察

　次に、「質問 – 回答」サイトである知恵袋における疑いの文の使用につい

198　野田春美

て考察する。表5に示すように「でしょうか」が非常に多い。「です」「ます」等に「かね」が接続する2,134例中、「です」「す」「でつ」が1,769例であった。

表5　知恵袋における各表現の使用数

{です／ます}等＋かね	2,134
でしょうかね	381
でしょうか	40,729
計	43,244

　「でしょうか」の前接語に大きな偏りはないが、高梨（2010）のいう評価のモダリティ形式が5861例で比較的多く、特に〈必要妥当系〉が多い。これは、「質問−回答」サイトでは、しばしば何らかのアドバイスが求められることによるものであろう。特に多いのは「ば{いい／よろしい}」1495例、「ほうが{いい／よろしい}」1347例、「たら{いい／よろしい}」1219例である。評価のモダリティ形式以外では、6節でも見た「（の）ではない」が2857例あった。

　以下、例を挙げて使われ方を考察する。まず、圧倒的に多い「でしょうか」による《やわらげ質問》の例を挙げる。

(35)　NHKの受信料の支払いが、引き落としなのですが、解約するにはどうすれば良いでしょうか？　　　　　　　　　　　　　　（知恵袋）

(36)　面接の予定が明日になりました。履歴書の日付が一週間前の日にちなのですが、書き直したほうがいいでしょうか？
　　　特に問題はないですよ。　　　　　　　　　　　　　　（知恵袋[18]）

　次の(37)のように《やわらげ質問》として「かね」が使われると、面識のない人に対する質問としてはなれなれしすぎるという印象をもつ読み手もいると思われる。

（37）　この時期まだまだ花火って売って<u>ますかねぇ</u>？

　　　　昨日百均に行った時見かけましたよ〜〜〜〜〜〜〜〜　　　（知恵袋）

　次の（38）（39）のような回答に現れている例は《疑い提示（質問）》である。断言しない形で回答を示している。

（38）　十月中旬カナダにいくのです。服装がわかりません。教えてください。

　　　　カナダで行く都市にもよりますが、日本の秋物にもう１枚って感じ<u>ですかね</u>。　　　　　　　　　　　　　　　　　　　　　　　　　　（知恵袋）

（39）　徳島の祖谷方面から、どこの空港が一番近いですか？（車です）

　　　　かずら橋より高松空港：約九十キロ高知空港：約七十キロといったところ<u>でしょうか</u>？　　　　　　　　　　　　　　　　　　　　　　　（知恵袋）

　次の（40）（41）のような例は、《疑い提示（質問）》と見るか、《やわらげ質問》と見るかが難しい。「質問－回答」サイトの質問ではあるが、情報を得るための質問というより雑談のような内容であり、《疑い提示（質問）》と考えてよいと思われる。「かね」が多く現れ、5節で見た会話での使われ方に近い。（41）のように質問者自身が次の文を続けている例も多い。

（40）　古田の後は小野ですが小野はいい捕手になれ<u>ますかね</u>？

　　　　古田選手ほどではないですがバッティングはいいとおもいます。　但しもう少し若ければ……　　　　　　　　　　　　　　　　　　　　　（知恵袋）

（41）　どうして最近、離婚って多いん<u>でしょうかね</u>？一生を誓い合った人同志なはずなのに…戦中、戦後の年代の人ってそんなに多くなかったですよね。なんなんでしょう？　　　　　　　　　　　　　　　　　　　（知恵袋）

　田中（2011）は、インターネットにおける「質問－回答」形式のサイト「書

籍 Q & A」「WebQA」「Yahoo! 知恵袋」を対象として待遇表現の調査を行い、他の 2 サイトではほとんど使われていない「ね」「よ」「よね」が知恵袋では使われていると述べている。上の (37) (38) (40) (41) は、それに当てはまる例である。

ただし、知恵袋でも、本稿の調査結果を見ると、「かね」より「か」がかなり多い。面識のない人に対して、自分が知りたいことについて文字で質問をし、回答を求める状況では「かね」より「か」のほうが使われやすいということであろう。知恵袋における《やわらげ質問》としては、「ね」を伴わない「でしょうか」が好まれている。

8. 疑いの文に関連する問題

佐藤 (2010) は、「のではないか」に〔質問〕と〔疑い〕[19]の機能があるとし、BCCWJ における用例を分析している。その結果、〔質問〕〔疑い〕の区別が〈(か) な〉〈(か) しら〉〈だろう (か)〉等の形態論的手段や「～のではないかと V スル」のような統語論的手段によって明示されることが多いこと、特に〔疑い〕においては標示を伴う用例が多いことを指摘している。

そこで、本稿で取り上げた各表現の前における「(の) ではない」の出現数とそれぞれのセルの全用例における出現率を表 6 に示す。講演における

表 6　各表現の前の「(の) ではない」の出現数と出現率

	会話	講演	知恵袋	計
{です / ます} 等＋かね[20]	31 9.3%	7 0.8%	171 8.0%	209 6.2%
でしょうかね	5 10.2%	10 5.6%	55 14.4%	70 11.5%
でしょうか	6 12.0%	270 20.9%	2,727 6.7%	3,003 7.1%
計	42 10.0%	287 12.2%	2,953 6.8%	3,282 7.1%

「でしょうか」の 20% 以上が「（の）ではない」に接続しており、最も出現率が高かった。

　以下、それぞれの表現の例を挙げる。（42）～（44）では、「事態成立への見込み」（安達 2002: 194）を表す「のではないか」に《疑い提示（質問）》の表現が付いている。（43）は回答で使われている例である。知恵袋は、ほとんどが回答での例であった。（44）は、6 節でも見たように、講演で聴衆に考えさせるときに使われる「のではないでしょうか」である。

（42）　やっぱ大学を半分ぐらい貸し切るぐらいの人数はいたと思うんで千人はいる<u>んじゃないですかね</u> # 取るのは二百人とか百五十人とかで自分のところはえー確か八倍でしたっけね

（CSJ 対話・模擬、男性、20–24 歳）

（43）　風邪をひいたときに風呂は入ってはいけないものでしょうか？　入っても OK でしょうか？　賛否両論ありますがどちらが正解でしょうか？

欧米では、風邪をひいたら風呂に入れといいますよねー。体を清潔に保つために。一応感染症だからそれも正解だと思う。日本では入るなといいますよね。湯冷めして風邪がひどくなる、と。それも正解。自分の信じるほうを取れば、悪影響は少ない<u>んじゃないでしょうかね</u>？

（知恵袋）

（44）　優れた授業にはこの矛盾を克服する仕組みが隠されている<u>のではないでしょうか</u> # その仕組みを作っている一つが次に述べられる対話の構造であるということになります　（CSJ 独話・学会、女性、40–44 歳）

　（42）（43）から本稿で取り上げてきた疑いの表現だけを除くと、次の（45）（46）のように、疑いであることが多少わかりにくくなるが、違いは大きくはない。「のではないか」によって表される「話し手の見込み」には、断定できないということも含まれているため、疑いの表現を加えることによる意

味の違いは小さいのである。ただし、(42) (43) の「(か) ね」によって、話し手の見込みを聞き手と共有しようとする示し方ではなくなる。

(45)　千人はいる<u>んじゃないですか</u>。
(46)　自分の信じるほうを取れば、悪影響は少ない<u>んじゃないですか</u>？

　(44) から「でしょうか」を除いた次の (47) は、聞き手に考えさせる示し方ではなくなり、主張が強く感じられる。6 節で見た通りである。

(47)　優れた授業にはこの矛盾を克服する仕組みが隠されている<u>のではない</u><u>ですか</u>。

　佐藤 (2010) の調査結果も参考にすると、(42) ～ (44) においては、疑いの表現があることで「のではないか」が質問ではないことが明確になり、かつ、話し手の見込みを聞き手と共有したり、それについて聞き手に考えさせたりするといった話し手の態度も示されていると言えそうである。
　一方、(42) ～ (44) から「のではない」だけを除くと、次の (48) ～ (50) のように意味がかなり違ってきてしまう。「のではないか」によって表されていた話し手の傾き、見込みが表されなくなり、(48) では「千人はいる」、(49) では「悪影響は少ない」、(50) では「仕組みが隠されている」ということに対する疑いを提示することになるためである。

(48)　千人は<u>いますかね</u>。
(49)　自分の信じるほうを取れば、悪影響は少ない<u>でしょうかね</u>。
(50)　優れた授業にはこの矛盾を克服する仕組みが隠されている<u>でしょう</u><u>か</u>。

　(42) ～ (50) の考察からわかるように、「のではないか」は、断定しないと

はいえ話し手の見込みを表すという点で、本稿で主な対象としてきた疑いの表現とは大きく異なる。そのため、次の (51) のように、疑問語を含むことができるか否かも異なる。疑いの文は自然だが、「のではないか」は不自然である。

(51) 何人 {集まりますかね／集まるでしょうかね／集まるでしょうか／
       *集まるんじゃないですか}。

9. おわりに

　本稿では、コーパス調査に基づいて、丁寧体における疑いの文の現れ方を考察した。資料による異なりの主な点を表 7 にまとめる。

表 7　丁寧体における疑いの文の資料による異なり

	多く現れる表現	典型的な使われ方	その他
会話	《疑い提示(質問)》の「かね」	「かね」で話し手の疑いを聞き手と共有することによって、意見を交換しながら会話をする。	目上の聞き手の意向を問う《やわらげ質問》には、「でしょうか」が自然(「でしょうかね」は不自然)。
講演	《疑い提示(質問)》の「かね」「でしょうか」	適切な表現を選びながら話す際に「何て言いますかね」「〜と言うんでしょうか(ね)」等、主張や問題提起について聴衆に考えさせる際に「でしょうか」が使われる。	
知恵袋	《やわらげ質問》の「でしょうか」	回答を要求する質問において「でしょうか」が使われる。	《疑い提示(質問)》の「かね」は、回答や、雑談のような質問に現れる。

　形式による違いとしては、「でしょうかね」は大まかに言えば「{です／ま

す｝等＋かね」に近い使われ方をしており、それらと「でしょうか」とで使われ方が異なる場合が多かった。「か」で終わるか「ね」を伴うかによる違いが大きいということである。聞き手だけに考えさせる場合、考えてもらう場合は、「か」で終わる「でしょうか」が好まれている。

　以上、本稿では大まかな傾向を見たが、質問での使用か回答での使用か、その文で質問が終わっているのか、話し手がその後も話を続けているのか等、さらにきめ細かい観察が必要であろう。

　この論文は、「疑いの文だけでなくさまざまな表現について、今後も多様な資料を比較しながら考察を深めていく必要があるのではないだろうか」と締めることができる。講演であれば「必要があるのではないでしょうか」、ややくだけた発表の場であれば「必要があるんじゃないかなと思います」、丁寧体の会話であれば「必要があるんじゃないでしょうかね」となるかもしれない。文章、文体による違いは、やはり重要である。

注

1　「かな」は丁寧体には接続しにくく、「終わりましたかな」のように接続する場合には、年配の男性の尊大な言い方に限られるため、考察の対象としない。

2　「かしら」は使用者が女性に偏り、かつ使用者が減っていることから、考察の対象としない。

3　「～ていただけますでしょうか」のような依頼の文については本稿では用例が少ないため、考察は特に行わない。

4　仁田（1991: 145）も、疑いの述べ立ては「相手を意識して発せられれば」「容易に〈判断の問いかけ〉に移行する」と述べている。

5　野田（2016）においては、レジスターを基本とし、書籍とベストセラーに関しては文学とそれ以外に分けて調査を行った。

6　検索は、「かね」については、語彙素「か」（品詞：終助詞）をキーとし、後方共起を「キーから1語」で語彙素「ね」（品詞：終助詞）とした。「でしょうか」については、語彙素「です」（活用：意志推量形）をキーとし、後方共起を「キーから1語」で語彙素「か」（品詞：終助詞）とした。不定語と共に使われるときは「どう

なるんでしょう（か）」のように「か」が現れないこともあるが、便宜上、「か」が現れる場合のみを対象としている。

7 後文脈30字で引用と判断できるものを除外対象とした。長い引用の一部等は見落としている可能性がある。以下、同様である。

8 「何と言いますかね」等は、適切な表現を選ぶ表現とみなし、除外していない。

9 「だろうかな」「でしょうかな」という形は基本的にないが、「だろうかね」は少数ながら現れることがあり、「でしょうかね」は使われる。このことからも、「かな」と「かね」の違いは文体差だけではないと考えられる。

10 「#」は、コーパスにおける文区切りの記号である。CSJのデータには句点がないため、CSJからの用例のみ、そのまま残している。

11 語彙素「です」（活用：終止形）をキーとし、後方共起を「キーから1語」で語彙素「か」（品詞：終助詞）として検索した。検索されたもののうち、誤解析5例と引用1,053例、「ですかね」2,813例（「ですかな」12例を含む）を除外している。

12 会話のコーパスからの用例は、発話者が交替したところで改行している。用例末の発話者情報は、疑いの文の発話者の性別・年代・出生地（名大コーパスのみ）である。

13 「（の）ではない」は語ではないが、便宜上「前接語」と呼ぶ。

14 仁田（2009: 255–256）は、「デショウカ」は「結果として」疑いの述べ立てではなく判断判定の述べ立てとして機能する傾向がかなりあるとし、「ノジャナイデショウカ」は「既に判断判定の述べ立てを焼き付けられた形式である」としている。

15 牧原（1994: 79）も、「でしょうか」は「聞き手に解答を導くように働きかけるという機能をもつ」と述べている。

16 三宅（2011: 250–251）もダロウカがクイズ質問に多用されると述べている。

17 子ども相手のクイズ質問で「〜は誰かな？」というように「かな」を使うのは自然である。

18 知恵袋からの用例は、質問と回答の区切りと思われる箇所で改行している。

19 宮崎（2005）は、「のではないか」を「だろうか」と並べて疑いの形式と位置づけている。

20 「{のでは／んじゃ}ないですかね」については「{のでは／んじゃ}ありませんかね」の形もありうるが、本調査の検索結果には現れなかった。

参考文献

安達太郎（2002）「第5章第3節〈疑い〉の文の機能と用法」宮崎和人・安達太郎・野田春美・高梨信乃『モダリティ』（新日本文法選書4）pp.182–198．くろしお出版

熊野七絵（2000）「文末の「かね」の意味・機能—「疑いの表現」としての位置づけ」『広島大学留学生センター紀要』10: pp.31–41．広島大学留学生センター

佐藤雄亮（2010）「「のではないか」における〔質問〕と〔疑い〕の差異—BCCWJ の用例分析から」『日本語文法』10（2）：pp.93–108．日本語文法学会

高梨信乃（2010）『評価のモダリティ—現代日本語における記述的研究』くろしお出版

田中弥生（2011）「「質問‐回答」における待遇表現の特徴—書籍 QA、WebQA、Yahoo! 知恵袋の比較から」『待遇コミュニケーション研究』8: pp.65–80．待遇コミュニケーション学会

仁田義雄（1991）『日本語のモダリティと人称』ひつじ書房

仁田義雄（1994）「〈疑い〉を表す形式の問いかけ的使用—「カナ」を中心とした覚書」『現代日本語研究』1: pp.6–14．大阪大学文学部日本学科現代日本語学講座

仁田義雄（2009）「問いかけと疑いの表明」『日本語のモダリティとその周辺』pp.249–257．ひつじ書房

野田春美（2006）「擬似独話が出現するとき」益岡隆志・野田尚史・森山卓郎編『日本語文法の新地平 2 文論編』pp.193–213．くろしお出版

野田春美（2016）「かね」野田春美編『日本語のモダリティのコーパス調査報告—『現代日本語文法』の記述の検証』(学術研究助成基金助成金　基盤研究（C）平成 25 〜27 年度「バラエティを考慮した使用実態調査に基づく日本語のモダリティ記述発展のための研究」研究成果報告書) pp.154–158

橋本修（1993）「疑問形＋終助詞「ね」のあらわす意味の類型」小松英雄博士退官記念日本語学論集編集委員会編『小松英雄博士退官記念日本語学論集』p.700–712．三省堂

牧原功（1994）「間接的な質問文の意味と機能—ダロウカ、デショウカについて」『筑波応用言語学研究』1: pp.73–86．筑波大学大学院博士課程文芸・言語研究科応用言語学コース

益岡隆志（1991）『モダリティの文法』くろしお出版

三宅知宏（2011）『日本語研究のインターフェイス』くろしお出版

宮崎和人（2005）『現代日本語の疑問表現—疑いと確認要求』ひつじ書房

ラオハブラナキット、カノックワン（1996）「「カナ」「カシラ」に関する考察」『日本語と日本文学』23: pp.1–12．筑波大学国語国文学会

渡部涼子・田中弥生・小磯花絵（2015）「『日本語話し言葉コーパス』UniDic 版形態論情報の構築」『第 8 回コーパス日本語学ワークショップ予稿集』pp.279–288．国立国語研究所

事例語用論 Exemplar Pragmatics の試み

利那が過去に取り込まれるとき

吉川正人

1. はじめに

「発話」とは、利那的なものである。一個人が、ある時点で発した一度限りの言語産出のことであり、それが一語であろうと、言葉にならない言葉であろうと、複雑な文構造をしていようと、どのような意図で発されたものであろうと、唯一無二の形式と、その場限りの「意味」を持つ、1つの「出来事」である。しかしながら、この利那的な「発話」を前にした者は、その唯一性の前に立ち尽くすことなく、即座に、そして無意識に、様々な情報を手繰り寄せ、その発話を様々な点で類型化し、よく見知った数々の「語」「表現」や「文」あるいは「構文」の実現であると判断し、その「意味」や「意図」を理解する。利那が、膨大な過去の「履歴」の中に取り込まれる瞬間である。

このように、発話の産出とその認識のプロセスを、利那が履歴に取り込まれる過程、言い換えれば、唯一性を持つトークンが、一般性を持つタイプの一例として解釈される営みであると捉えることができる。本稿は、以上のように発話の産出とその認識のプロセスを捉えた場合、どのような理論化・モデル化が可能であるかを探求することを目的とし、筆者が構想している「事例語用論（Exemplar Pragmatics）」という理論的枠組み、あるいは研究プログラムの骨格を提示するものである。従って確立した理論の解説やそのような理論に則った詳細な現象・事例の分析はほとんど提示されない。

詳細については3節で提示するが、事例語用論とは、「事例理論（exemplar theory）」と呼ばれる枠組みを語用論に適用したものであり、簡単に言えば、聞き手Lの視点に立ち、任意の発話uに対してそれがどのような「型」（e.g., 皮肉、依頼、評価）の発話であるかをLが判断するプロセスを、Lのそれまでに見聞きした発話の事例集合（発話の履歴）に基づくものとしてモデル化したものである。またそのような発話の「型」の判断には、uの形式のみならず、プロソディなどのパラ言語要素や、uの産出に伴って提示されたジェスチャーや表情などの非言語情報、発話者の属性、さらには直前の発話や周辺環境などの広義「文脈」を最大限活用するものと考える。要するに、発話の際に利用可能な情報を余すところなく活用し、それまで自身の見聞きした発話群とたった今提示された発話（u）とを照合し、記憶の中でuの型として最適と思われるものを探し出す、というプロセスを想定する。

なお、現時点において、上述の通り事例語用論は聞き手視点に立った発話の認識プロセスにしか焦点を置いていない。従って、語用論の分析範疇と考えられる、発話の意図の推論や、話し手視点での発話産出にかかわるプロセスに関しては、少なくとも直接的には分析の対象としていない。ただし、これは射程の限定の結果であって、根本的に同一のモデルによる分析が不可能であることは意味しない。この点については本稿の最後（4節）で簡単に触れる。

本稿の構成は以下の通りである。まず次節（2節）で本稿の考える語用論の定義、および理論的背景となる事例理論の概要を紹介した後、3節で事例語用論の詳細について、方法論的な詳細なども含めて論じる。最後に4節で簡単なまとめと課題、および今後の展開の可能性について述べる。

2. 背景

2.1 語用論の定義

語用論の定義や目的については様々な見解や立場が存在するであろうが

（cf. Levinson 1983: 32）、本稿では、語用論の主たる目的を以下のように定義する。

（1）　a.　任意の発話（utterance）u について
　　　　b.　当該発話の産出された状況においてその解釈がどのようになされるかについての原理を
　　　　c.　場当たり的（ad-hoc）ではない形で提供する

ここで言う「発話（utterance）」とは、語やフレーズ、文など任意の長さ・規模の一定の時間的まとまりを持った言語単位が任意の話し手／書き手によって産出されたものを表す。従って発話とは、1）様々な非言語的情報を伴うものの、あくまで言語的産出物であり、2）また時空間的な唯一性を持つ。つまり、理論上「同じ発話」というものは2つと存在しない。

　また、（1b）で述べていることは、上の述べたような唯一性を持つ発話に対して、その場に居合わせた他者（e.g., 聞き手）や時空間的に離れた地点でそれを受容した他者（e.g., 読み手）がどのような解釈を加えるか、という問題を扱う、ということである。もちろんここには話し手の発話産出に至るプロセスが含まれていないため、これのみを語用論の目的と考えるわけではないことは断っておく。（1c）で述べていることは、要するに「理論」として成立するための要件と考えればよい。ある特定の発話 u がその発話場面と共に提供された場合、u に対して誰もが同様の分析を行うことができるよう、手続きを定式化する必要がある。

　このように語用論の目的を定義することは、意味論との効果的な差別化を図ることができる、という利点がある。意味論を、上の定義と好対照をなす形で定義すると、「特定の表現に対応する意味・機能の研究」と見做せるが、これは言ってみれば、意味論は特定の形式（e.g.,「暑いですね。」）がどのような状況で使われたとしても必ず持ちうる、あるいは何らかの条件下で用いられた際に選択される、表現に固有の意味・機能（e.g., 〈外気温に関する

自身の身体感覚を他者に対して表出する〉）を研究するものであり、唯一性ではなく一般性を指向するものであると言える。この意味で、「言外の意味」として従来処理されてきたような対象であっても、特定の形式に常に付随するようなものであれば、本稿の定義に従えば語用論ではなく意味論の研究対象とみなされることになる。

　従って、語用論はその都度都度に異なりうる言語形式と発話意図や機能の対応関係について不変項を追求することはせず、その代わりに、発話の唯一性を拠り所に、ただ一度、ある状況を伴って産出された発話に対してある特定の解釈が可能であるという事実を説明することを目指すものと言うことになる。

　ただしここで問題となるのは、作例の分析の位置づけである。作例はその性質上唯一性を持つとは言い難く、上の定義に従えば、語用論の分析対象としては成立しえないとみなすこともできる。その一方で、我々は作例された発話に対して「語用論的な」分析を加えることが可能であるという事実もある。そこで本稿では、作例に対する語用論的分析を以下のように位置づける。

（２）　作例に対する語用論的分析とは、作例された表現に対する仮想的な発
　　　　話状況の想定を伴った解釈ポテンシャルの分析である。

作例はあくまで創作された言語表現であるが、それに対して様々な発話状況を想定することは可能であり、そしてまた語用論的な分析が可能となるのはそのような想定を置いた場合のみであると言える。従って作例の語用論的分析とは結局、ある表現が何らかの仮想的状況で発された場合にどのような解釈がありうるかというポテンシャルについての議論であると結論付けることができる。

2.2 事例理論とは

　事例理論とは、主としてカテゴリー判断のモデルとして、1980 年代頃から認知心理学の一部として発展してきた理論的枠組みである。基本的には、カテゴリー判断や類推などのヒトの認知処理が、記憶の単位である「事例（exemplar）」の集合を利用して行われるものである、という想定に立つ。これは「概念（concept）」や「スキーマ（schema）」などの抽象的な知識構造を中心とした認知観とある面では対照をなすと考えられる（Cf. Murphy 2002）。

　以下では、古くは Medin and Schaffer（1978）に遡る初期の事例理論の実装例として、カテゴリー判断のモデルを簡単な例と共に紹介した後、言語現象の分析に事例理論を応用した研究をいくつか紹介する。

2.2.1 カテゴリー判断モデル

　カテゴリー判断のモデルとしては、Hintzman（1984）、Nosofsky（1984）などが著名である。基本的な原理は、

（3）　a.　新奇な入力刺激（probe）に対して
　　　　b.　その特徴の束 $F = \{f_1, f_2, ..., f_n\}$ を既存の事例群 $E = \{e_1, e_2, ..., e_m\}$ と照合し、
　　　　c.　各事例が probe との特徴の類似度に応じて活性化し、
　　　　d.　各事例の持つ値を活性値で重みづけしたものを足し合わせた形で「反響」（echo）が生成され、
　　　　e.　echo に含まれるもっとも値の高いカテゴリーラベルが probe にあてがわれる

という形でカテゴリー判断が行われると想定される。要するに、得られた入力刺激（probe）に対して、その刺激と「どれくらい似ているか」に応じて各事例が反応し、よく似ている事例の特徴がより大きく反映された事例の複製のようなもの（echo）が生成され、そこに含まれるカテゴリーラベルが probe

に対するカテゴリーであると判断される、ということである。

　昨今のよく知られた記憶モデルとの対応で言えば、事例の集合は長期記憶（long-term memory）に相当する。一方、短期記憶（short-term memory）、あるいはし作動記憶（working memory）に直接的に相当するものを上述のモデル上で指摘することは難しいが、カテゴリー判断の処理中に保持されるprobe の情報や、echo の情報は作動記憶として想定されているものの一部を構成すると考えられる。また、事例は、個別経験に固有の情報を保持していると言う点でエピソード記憶（episodic memory）的であり、事例の持つ諸特長は意味記憶（semantic memory）に相当すると言える。

　重要な点は、全てではないにせよ、多くの事例に既に特徴の1つとしてカテゴリーラベルが付与されているということ、そして入力刺激に対する反応は特定の事例や事例群が返される、いわば「想起（思い出し）」のようなプロセスではなく、どの事例とも異なる、独自の特徴の束を持つ新たな対象が「生成」される、ということである。これは、我々が何か対象を認識した際に、頭の中でその対象と類似した新たな心的イメージが生成されている、という想定と考えてよい。

　例として、Hintzman（1984）における MINERVA2 というモデルの計算処理を紹介する。MINERVA2 では、記憶の単位である「事例」を ｛− 1, 0, ＋ 1｝の3値のいずれかを値として持つ特徴ベクトルとして表現している。ここで、表1のような10の事例からなる極めて小さな事例集合を想定し、実際の処理の実例を提示する。この例では、それぞれの事例 $E(i)$ が7つの特徴を有しており、そのうち1〜3つめをカテゴリーラベル、4〜7つめを諸特徴と想定する。値が＋1の場合は確実にその特徴を有することが分かっている状態、−1の場合はその特徴を持っていないことが分かっている状態、0の場合は不明か判別不可能である状態であると考えればよい。

　このような記憶空間を持つ状態で、カテゴリーが不明な probe $P =$ ［0, 0, 0, ＋ 1, 0, 0, ＋ 1］が入力として得られたとする。この時、すべての記憶事例がprobe との類似性に応じて活性化する。i 番目の事例 $E(i)$ と probe との類似

事例語用論 Exemplar Pragmatics の試み　213

表1　10 の事例からなる記憶空間のミニチュア

	1	2	3	4	5	6	7
$E(1)$	+1	0	0	+1	+1	−1	+1
$E(2)$	+1	0	0	−1	+1	−1	+1
$E(3)$	+1	0	0	+1	+1	0	+1
$E(4)$	0	+1	0	−1	0	0	−1
$E(5)$	0	+1	0	+1	0	+1	−1
$E(6)$	0	+1	0	−1	0	+1	+1
$E(7)$	0	0	+1	0	−1	−1	+1
$E(8)$	0	0	+1	−1	−1	−1	0
$E(9)$	0	0	+1	0	−1	−1	+1
$E(10)$	0	0	+1	+1	−1	−1	+1

性 $S(i)$ は、以下の式によって計算される。

$$S(i) = (1/N_R) \sum_{j=1}^{n} P(j) T(i,j) \tag{1}$$

ただし、N_R とは特徴の総数の内、ゼロでないものの数を表す。また $P(j)$ とは P のもつ j 番目の特徴、$T(i,j)$ とは i 番目の事例の持つ j 番目の特徴を表す。例えば1番目の事例 $E(1)$ と P の類似度 $S(1)$ を計算すると、以下のようになる。

$S(1) = (1/5)(0 \times 1 + 0 \times 0 + 0 \times 0 + 1 \times 1 + 0 \times 1 + 0 \times -1 + 1 \times 1)$

$$= \frac{(0+0+0+1+0+0+1)}{5} = 0.4$$

全ての事例の類似度を計算すると表2のようになる。

　また、各事例の活性度 $A(i)$ は $S(i)$ を3乗することによって得られる（$S(i) = A(i)^3$）。各事例はこの活性度に応じて重みづけされた形で各特徴の値を返し、それを合計したものが「反響（echo）」として得られる。echo も probe や事例と同様に特徴ベクトルの形をとる。echo の各値 $C(i)$ は以下のように計算される。

表2　各事例の P との類似度

$E(i)$	$S(i)$	$E(i)$	$S(i)$
$E(1)$	0.4	$E(6)$	0
$E(2)$	0	$E(7)$	0.25
$E(3)$	0.5	$E(8)$	-0.4
$E(4)$	-0.67	$E(9)$	0.25
$E(5)$	0	$E(10)$	0.4

$$C(i) = \sum_{j=1}^{m} A(i)\,T(i,j) \tag{2}$$

　例えば　$C(1)$ は以下のようになる。

$$C(1) = (0.4^3 \times 1) + (0^3 \times 1) + \cdots + (0.4^3 \times 0) = 0.189$$

このように計算すると、echo として $[0.19, -0.3, 0.03, 0.61, 0.16, -0.1, 0.64]$ という特徴ベクトルが得られる。最後に、各特徴値に $g=1/max\,[C(j)]$ を掛けることによって正規化を行う。今回の場合 $C(j)$ の最大値（$max\,[C(j)]$）は 0.64 であるから、全値に 1/0.64 を掛けることになる。正規化の結果 $[0.29, -0.46, 0.05, 0.95, 0.24, -0.15, 1]$ という特徴ベクトルが得られる。probe 同様 4 番目と 7 番目の値は（ほぼ）$+1$ となっているが、他の値が 0 であった特徴にも一定の値が割り振られている。特に、カテゴリーラベルに相当する 1〜3 つ目の特徴に関しては、1 番目の特徴が比較的大きく、また 2 番目の値が大きくマイナスに傾いていることから、この probe は 1 番目の特徴でマークされたカテゴリーに属する可能性が高い、という判断ができる。また、probe では欠損値であった 5 番目の値も一定の値が得られており、今回の観察では確認できなかったものの、その特徴を有する可能性があることなども示唆される。例えば 1 番目の特徴を〈鳥〉というカテゴリー、4〜7 番目をそれぞれ〈飛べる〉、〈羽根がある〉、〈泳げる〉、〈卵を産む〉という特徴とみなせば、「飛べて卵を産む」個体を認識した際には、それが「鳥」であり「羽根を持っている」可能性が（相対的に）高い、というヒトの

認識をシミュレートしたものだと解釈することができる。

　ここで、カテゴリーに関する理論として広く知られているプロトタイプ理論（proto-type theory: e.g., Rosch 1975）との関連性について付記しておく。事例理論とプロトタイプ理論は対照的な理論として語られることも多く、いくつかの想定に関して相容れない部分があるが（Cf. Murphy 2002: 4, Chapter 3 など）、上述のモデルでいわゆるプロトタイプ効果を再現することができる。事例理論におけるカテゴリーラベルは特長値の１つ（あるいはその組み合わせ）と想定されており、当然何らかの probe が与えられた際にどの程度の活性度をもつ echo が返ってくるかという形で程度の差が存在する。実際、上に見た例では echo におけるカテゴリーラベルに相当する１〜３番目の特徴値は 0.29, −0.46, 0.05 という値であった、これが１に近ければ近いほど「そのカテゴリーらしい（e.g., 鳥らしい）」という判断になると考えればよい。また、カテゴリーラベルのみに値を持つ probe を入力刺激として想定することもでき、その結果として帰ってくる echo はそのカテゴリーの「典型例」を表したものと考えられる。例えば〈鳥〉の典型例を想起する、という状況を再現したければ、先ほどの例で言えば［＋1, 0, 0, 0, 0, 0, 0］という probe が入力として与えればよい。おおよそ、「鳥とは何か？」という疑問への答えを考える状況と言えよう。結果得られる echo は、過去に経験した個別の事例のどれとも異なる、ある種「理想化」された「鳥像」となっているはずである。

2.2.2　言語への応用

　事例理論を言語現象の分析に適用した研究も少なからず存在する。特に、Johnson（1997）による「事例共鳴モデル（exemplar-resonance model、図2）」など、上に紹介したカテゴリー判断のモデルを直接的に応用可能な、音声学・音韻論の分野での研究が著名である。事例共鳴モデルでは、入力刺激の言語音のもつ音響的な特徴に基づいて、記憶された単語の事例が共鳴し、その共鳴度に応じて事例に付された "saw" "so" などのカテゴリーラベルが活

性化する、というメカニズムが想定されている。カテゴリーラベルが事例群とは独立した空間に存在すると想定されている点で上に紹介したMINERVA2などのシミュレーションモデルと異なるが、この差異は実質的なものではなく、基本的には同様のモデルと考えてよい。

　他にも、Pierrehumbert (2001) による音声産出モデルなど、いくつかのモデルが広く知られているが、音声面以外での応用となるとさほど数は多くない。統語解析に関しては計算言語学者である Rens Bod による「データ駆動解析 (Data-oriented Parsing, DOP: e.g., Bod 2006, 2009)」が著名である。その1つの実現形としては Borensztajn and Zuidema (2011) による「エピソード文法 (Episodic Grammar)」というモデルも存在する。エピソード文法では、文構造の統語解析という「出来事 (エピソード)」が事例記憶として保持されており、新奇な文入力に対して過去に経験した無数の解析に基づいて確率的に最も妥当な解析を割り当てる、という仕様となっている。エピソード文法における統語解析記憶の模式図を図2に示す (ただし S ＝ 文 sentence, NP ＝ 名詞句 Noun Phrase, VP ＝ 動詞句 Verb Phrase, RC ＝ 関係詞節 Relative Clause, N ＝ 名詞 Noun, V ＝ 動詞 Verb, VI ＝ 自動詞 Intransitive Verb, VT ＝ 他動詞 Transitive Verb)。

　長方形と三角形の囲みが1つ1つの解析単位 (構文木の枝に相当) であり、

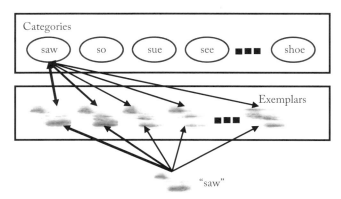

図1　事例共鳴モデルの模式図 (Johnson 2006: 493, Fig. 5 を一部改変)

囲みの中の楕円に割り振られている整数はそれぞれ文 id と文内の解析順序となっている。この整数の組を順にたどると、書き換え規則が得られる。例えば ⟨1, 1⟩ から順に辿っていくと、

（4） a. S → NP VP
　　 b. NP → NP RC
　　 c. NP → N
　　 d. N → girl
　　 e. RC → WHO VI
　　 f. WHO → who
　　 g. VI → dances
　　 h. VP → VT NP
　　 i. VT → likes
　　 j. NP → N
　　 k. N → tango

という書き換え規則が得られる。一見エピソード文法のモデルは他の事例理論を適用したモデルとは趣が異なるように見えるが、これも実際は大きな差

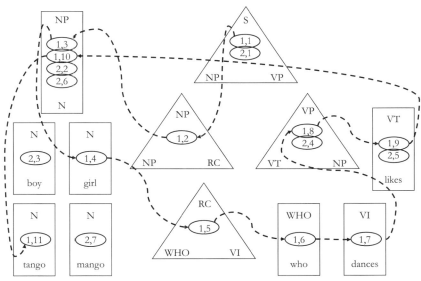

図 2 *girl who dances likes tango, boy likes mango* の 2 文の解析からなるエピソード記憶（Borensztajn and Zuidema 2011: 508, Figure 1）

異はなく、1) 過去の経験が事例として記憶保持されており、2) その経験に有限個の特徴（語の表層形［e.g., tango］や統語範疇［e.g., VP］）が付されており、3) その特徴に基づいて新奇な入力が処理される、という点では同一である。最終的なプロダクトが単なるカテゴリーラベルではないのは目的がカテゴリー判断ではないためで、本質的な差異とは言い難い。実際、上に紹介した Hintzman（1984）の MINERVA2 でも、カテゴリー判断以外に「抽象化（schema abstraction）」という処理も再現可能である（Hintzman 1986）。

2.2.3　事例理論のまとめ

以上から、事例理論の基本的な発想とその実装が目指すものは、以下のようにまとめられる。

（5）　a.　多種多様な経験の断片が様々な特長値を付された形で「事例」として保持され

　　　b.　新奇な入力に対してはその入力の持つ特長値と各事例の特長値との共通度に基づく類似性の計算処理が行われ

　　　c.　その類似性の度合いに基づいて複数の事例が新奇入力の処理に活用される

別の言い方をすれば、新奇の入力刺激における既知の部分を過去の経験の集積と照らし合わせることによって、その未知の部分について補填を行う処理を実装しているものと考えてもよい。カテゴリーが未知であれば分かっている特徴を基に最適なカテゴリーを事例群から推定し補填する。語形が未知であれば直接知覚可能な音響特徴に基づき語形ラベルとペアリングされた事例を探索し最適なラベルを推定し補填する。統語解析が未知であれば観察可能な表層系の情報を手がかりに過去の解析経験をたどり最適な解析を推定し補填する、ということである。

3. 事例語用論（Exemplar Pragmatics）

　本節では、前節で定義した語用論の目的を達成するために、事例理論の枠組みが適用可能であることを示し、それを「事例語用論（Exemplar Pragmatics）」という研究プログラムとして素描する。「理論」ではなく「研究プログラム」としたのは、少なくとも現時点では事例語用論は厳密な分析の手続きや論理体系が整備されているとは言い難く、事象の分析に対する新たな「モノの見方」を提示するにとどまっているからである。その意味では、「事例語用論」という理論名めいた名称よりも「語用論における事例理論的アプローチ（Exemplar-theoretic approach to pragmatics）」などと呼ぶ方が適切かもしれないが、便宜上、事例語用論という名称を用いることとする。

　以下では、事例語用論の概要を簡単に提示した後、いくつかの特徴について追記を行った上で、方法論的な詳細について論じる。

3.1　概要

　事例語用論は、

（6）　a. 何らかの発話 u が与えられた状況において

　　　b. その発話に遭遇した人物（便宜的に「聞き手」と呼ぶ）L が

　　　c. u に対して特定の「型」（e.g., 皮肉、称賛、挨拶）$T(u)$ を判断する際に

　　　d. L の持つ過去の発話経験の集積 $E = \{e_1, e_2,...,e_n\}$ における各発話 e_i が u との類似性の度合い s_i に応じて貢献し、

　　　e. s_i の高い事例の持つ型 t_i が $T(u)$ の候補として補填される、というプロセス

をモデル化するものである。$T(u)$ は複数あってもよく、また、u と ei の類

似度の判断には言語形式のみならず、パラ言語情報や発話に伴うジェスチャー・表情などの非言語情報、前後の文脈や発話者のアイデンティティ・属性など多種多様な情報が活用されると考える。

　例えば、表2に模式的に示したような発話事例の記憶集合があったとして、そこにM1氏から「それいいわ」という発話が下降調（F）で慣習的なジェスチャー"yyy"（ここでは便宜的に〈3回頷く〉とする）を伴って提示されたとする。この場合、言語形式の共通性から事例の1〜3が、イントネーションから事例の1, 2, 4, 5, 7, 8, n が、発話者の共通性から事例の3が、ジェスチャーから事例の2がそれぞれ活性化すると考えられる。そうなると、事例1〜4, 6〜8に共通の〈評価〉、事例1〜4, 6に共通の〈描写〉、そして事例2, 3, 5, 6に共通の〈皮肉〉という型が強く活性化し、結果的にこの発話は「〈評価〉かつ〈描写〉かつ〈皮肉〉である（可能性が高い）」と判断される、という結果が得られる。

　このようなモデルでは、例えば特定の言語形式がよく皮肉として用いられる、といった、事態や、逆に形式によらず特定の個人がよく皮肉を言う人物で、その人物の発話であれば皮肉と取られやすい、といった状況もうまく表現できる。また、ある特定の個人が特定のジェスチャーを伴って発話を行った際にはだいたいある特定の発話の型（e.g., 〈欺瞞〉）となる、といった経験則なども自然に表現することができる。

　このモデルが表現するのは、言ってみれば発話に伴う多種多様な情報同士の相関関係であり、発話の型判断においては、特定の情報と相関の高い型が入力として得られた発話の型を決定付ける、ということになる。

3.2　事例語用論の特徴

　以下で、事例語用論の特徴と思われる3点、すなわち、1）(6b)に挙げた「聞き手視点」である点、2）(6c)に挙げた「発話の型判断」のモデルである点、3）(6d)で言及した類似性の判断に非言語情報や文脈情報などが活用される点（マルチモーダル性）についてそれぞれ簡単に解説する。

表 3　発話事例記憶の模式図

	form	int	l1	r1	gen	per	ges1	lb1	lb2	lb3	…
1	それいいわ	F	うん	—	M	J1	xxx	評価	描写	皮肉	…
2	それいいわ	F	でも	—	M	E1	yyy	評価	描写	皮肉	
3	それいいいわ	R	—	だって	F	M1	zzz	評価	描写	皮肉	
4	それダメだわ	F	まあ	—	F	E2	xyz	評価	描写	批判	
5	何がいいの？	F	—	—	F	C1	xyy	質問	反応	皮肉	
6	いいよね	R	まあ	だって	M	J2	yzz	評価	描写	皮肉	
7	いいなあ	F	—	—	F	L1	zyz	評価	表出	称賛	
8	いいね	F	—	かなり	F	M1	xyx	評価	表出	称賛	
…											…
n	わからない	F	ごめん	—	F	J3	abc	反応	否定	弁解	

*form：発話形式 ：*int：イントネーション：*l/r1：直前／直後の発話形式：*gen：発話者の性別：
*per：発話者：*ges1：ジェスチャー：*lb_n：発話ラベル

3.2.1 聞き手視点

　語用論が射程とする現象は多岐に渡るが、例えばグライスの発話の格率に基づく発話の含意推論にかかわる議論や、関連性理論における発話意図の推論の議論は、どちらも「聞き手視点に立った所与の発話に対する推論プロセス」をモデル化したものであると言える。なぜなら発話の含意や意図は話し手にとっては無意識であるかあるいは自明であり、その推論を迫られるのは聞き手の側であるからである。その意味で、語用論の中心的分析対象は、聞き手の視点に立った発話の処理プロセスであるとすることは、さほど無理のある想定ではないと考えられる。

　この点が顕著に表れていると思える研究対象が、アイロニーである。アイロニーの語用論的分析は Grice（1989）による発話の確率に基づく分析や、Sperber and Wilson（1981）によるエコー理論による説明などが著名であるが、いずれも、アイロニーが聞き手によってアイロニーとして解釈されるのはどのようなメカニズムであるかを論じたものであると言えよう。

3.2.2 発話の型判断

　事例語用論の言う発話の「型」とは、Searle（1970）などの言う「発話行為（speech acts）」と重なるところが大きいが、それに限定はされない。例えば「挨拶」や「依頼」などは発話行為と呼ばれるものに該当があるが、事例語用論では「好意的な発話」や「冗談めいた発話」といった発話の属性のようなものも「型」として想定している。事例語用論の言う発話の「型」とは、端的に言えば、「発話の解釈の枠組みを決めるもの」、あるいは単に「発話解釈の枠組み」（Cf. Bateson 1955, 1972）のことである。同一の形式の発話であっても、解釈の枠組みが異なれば全く異なる発話として判断される。例えば、

（7）　いい天気ですね。

という発話に対して、これを〈挨拶〉と取るか〈確認〉と取るかによって、その解釈は大きく変わる。またその解釈は聞き手の反応の型を拘束することになる。

このことは同時に、発話の型判断とは、発話解釈の一部を扱ったものでしかないということも意味する。型とは枠組みのことであり、その枠の中に入る「中身」については直接言及することはない。また、発話意図の推論の問題にも直接的には言及しない。ただし、意図がある程度類型化されるような場合は、意図の情報が過去の発話事例に付与されているとみなせるため、事例に付随するラベルの1つとして意図の推論を扱うことも可能であると考えられる。

また、発話の型はいわゆる「発話の力（illocutionary force）」とも共通するところが大きい。日本語においては発話の力は終助詞などの文末表現に現れるが多いが、その対応関係は必ずしも自明ではなく、文脈やパラ言語情報などによって柔軟に解釈され得る。例えば終助詞「か」は通常疑問の終助詞とされることが多いと思われるが、終助詞「か」を伴う文が自動的に「質問する」という発話の力をもつわけではなく、またその発話行為としても多種多様になり得る。当然ながら、発話の型も一定のものに収斂することはない。

この現象に関しては、例えば須藤・岡田・西山（1998）は Itani（1993）の分類を参考に終助詞「か」を伴う発話のタイプ分けをした上で、日本語母語話者を対象とした産出実験に基づき文末の音響特長について分析を行っている。その結果、（8a）や（8c）のような文では上昇調が用いられ、また、（8b）や（8c）のような文では、（8a）のような文に比べて文末の「か」の母音が相対的に長く発音される傾向が確認されており、ここから、「相手が答えを提供できると信じている」「相手に答えを提供するように要求している」という条件が文末の上昇調と相関していること、また、yes-no 疑問文か wh 疑問文かによって文末の「か」の母音の持続時間が異なることを指摘している。

（8） a. 井上さんはどこに行きましたか。

b.　まさか、井上が来るもんか。

c.　窓をしめてくれませんか。

（須藤ほか 1998: 14–15）

　類似の議論は加藤（2015）にもみられる。加藤（2015）は終助詞「か」の付与によって成立する形式的な側面が持つ「発話的な効力」と文脈依存的な推論によって得られる「発話内的な効力」に二分した上で、須藤ほか（1998）と類似の分類に対してどのような効力が生じるか、文末のイントネーションや発話される状況などを考慮した上で検討している。これらの分析は、発話の形式的特徴やそれに付随する多種多様な要素・条件が総合的に発話解釈の枠付けに貢献していることを示しており、事例語用論がモデル化の対象としている現象を分析したものと位置づけることができる。

　さらにここで、型の明示性について言及しておく。発話事例記憶の中で、個々の発話に〈皮肉〉、〈依頼〉などのラベルが必ず付与されていると考えるのは不自然であろう。ヒトの処理としても、事例語用論の分析としても、ある発話事例と別の事例が、「同種のものである」ということが何らかの形でマークされていれば、それが実際の発話の型判断に活用される、と想定してよい。別の言い方をすれば、任意の発話 u を見聞きした際に、それと特徴を共有する複数の発話が想起され、それらの内の多くの事例が「同種」のものであれば、u の解釈はそれら「同種」のものと同様に行えばよい、という、まさに「解釈の枠組み」が提示されることになる。

3.2.3　マルチモーダル性

　事例語用論では、発話の型判断において、過去の発話経験に対して付与されている情報であればいかなる情報も活用可能であると考える。これは言い換えれば、知覚情報や類型化可能な記号的情報（e.g., 単語ラベル、構文、発話行為、慣習化されたジェスチャー、発話者のアイデンティティ）は全て類似性の判定に利用されると考えるということである。もちろん、発話の型判

断にほとんど関与しないような情報も多数含まれることにもなりうるが、そのこと自体は問題ではない。多くの場合ジェスチャーは発話の型認定には効果を発揮しない、つまり、特定のジェスチャーと発話の型が相関することは稀だと考えられるが、〈首をかしげる〉といったジェスチャーなど、伴って産出される発話の解釈を強く方向づけるジェスチャーも存在する。

　また、ある時点では特に特に強い相関の認められない情報であっても、時間の経過とともに特定の型との相関が強まっていく、という可能性も考えられる。例えば特定の人物との親交が深まっていくプロセスにおいて、その人物が皮肉屋であることが次第に分かっていけば、その人物の発話と〈皮肉〉という型の相関が強固なものとなっていくであろう。

3.3　方法論

　事例語用論の方法としては、大きく分けて定量的な分析と質的分析の 2 つが成立しうる。定量的な分析の場合、発話に音声や表情・ジェスチャーなどのマルチモーダルなタグが付与されたコーパスや、映像付きの会話データなどに自らそのようなタグを付したものを用いて分析を行うことになる。質的な分析においては作例も含めた任意の発話例に対して、事例理論的な思考法でその解釈について議論することになる。以下で詳細を述べる。

3.3.1　定量的分析

　事例語用論に基づき発話の定量的な分析を行うには、前節で紹介したカテゴリー判断のモデルが実装していたような、型判断のシミュレーションのような処理が実施できる必要がある。もちろんヒトの発話事例の記憶を余すところなく記録しそれを計算可能な形で整備することは事実上不可能であるから、そのミニチュアとして、何らかの発話データベースをヒトの発話事例記憶のサンプルとみなし分析を行う必要がある。

　なお、3.1 で示した発話事例記憶の模式図（表 3）では発話形式は完全一致を前提としたものになっていたが、実際の会話においては同一の形式が繰り

返されることはむしろ稀であり、一部の単語や定型的パターン (e.g.,［それ…わ］) などの部分一致を有効に活用していると考える方が自然である。従って定量的な分析を実施する際には、発話形式の部分一致も含めて適切に処理することが求められる。

　実際に分析を行うにあたっては具体的な類似性計算の方法やアルゴリズムなどを考える必要があり、データが用意されただけでは分析を実施することはできないが、簡便な方法としては、分析の対象となる発話の特徴と共通の特徴を持つ発話事例をデータから検索し、マッチした事例に付与されている発話の型のうち一定以上の頻度を持つものを採用する、といった方法も考えられる。ただし、特徴を共有しているというだけでは、不必要に多くの事例がマッチし、結果的に適切な発話の型判断が行えない可能性もある。例えば発話の話者属性として性別の情報を付与していた場合、分析対象となる発話の発話者と同一の性別の話者が発した事例全てがマッチしてしまい、適切な絞り込みが行えない。このような現象の解決策としては、付与された情報 (タグ) と発話型との相関を利用する、という方法が考えられる。性別情報は特定の発話型との相関がさほど高いとは考えられないため、例えば特定のタグ (e.g.,〈発話者の性別：女性〉) が付与された発話の内、特定の発話型が付与されている発話が何発話あるのか、という単純な割合を計算しそれを重みとして利用すれば、情報価値の低いタグによる副作用を軽減することができる。

3.3.2　質的分析

　ある分析が事例語用論の実践として成立するには、その分析が、任意の発話 u に対して u と発話事例の集合 $E = \{e_1, e_2, ..., e_n\}$ との類似性に基づいて、型の判断を代表とする何らかの解釈が行われているという前提にたっている必要がある。従って、具体的に発話の事例群に言及せずとも、ある種のあり得る発話集合と、それらと任意の発話 u との類似性の判断のプロセスについて「想定」を行い、それらの関係に基づいて u に対する型判断などの分析を

実践するものであれば、事例語用論的な発話の分析と呼んでいい。

　事例語用論における質的分析の実践は、会話分析（Conversation Analysis: e.g., Sacks, Schegloff, and Jefferson 1974）と接近する。会話分析では「記憶」という要因に明示的に言及することはあまりないと思われるが、会話の参与者が発話の場で得られる多様な情報を活用して個々の発話・行為の認識を行っている様を質的に分析するという作業は同一であると言っていい。ある意味では、事例語用論は会話分析が母語話者であれば直観的に理解できるために暗黙的に行っている分析に対して、1つの説明原理を与えるものとして解釈できるかもしれない。

4.　まとめと課題・展望

　本稿では、主にカテゴリー判断のモデルとして発展してきた事例理論を語用論に応用し、語用論の中心的課題の1つと考えられる、聞き手 L による発話 u の「型」、すなわち「発話解釈の枠組み」の判断プロセスを、L が過去に見聞きした発話の無数の事例を、u に付随する非言語情報や文脈情報など多種多様な情報を活用しその共通性に基づいて照合することで実践する営みとしてモデル化する、事例語用論という研究プログラムを提示した。

　事例語用論の課題としては、理論的な精緻化はもちろんのこと、方法論的な観点から以下の2点が挙げられる。

（9）　a.　定量的分析におけるタグセットの定義とデータの過疎（da-
　　　　　ta-sparseness）問題
　　　　b.　質的分析における場当たり的性質（ad-hoc-ness）の問題

　前者は、定量分析を行うにあたって必要な、コーパスデータなどの整備に関わる問題である。事例語用論の実践には、発話事例記憶のサンプルとしてみなしうる一定量の発話データが必要となるが、そのデータ中の発話にいか

なる情報、つまりタグを付与するか、ということは問題となり得る。各発話にどのようなタグを付与するかによって分析の結果は大きく変わる上、「どのようなタグを付与することが適切か」を決定づけるメタ理論のようなものがなければ、理論にとって都合のいいようにタグを付けてしまう危険性もあり、妥当性の検証や新事実の発見につながる可能性を閉ざしてしまう恐れもある。さらに、定量分析には一定量の発話量が必要であり、人手でマルチモーダルなタグを無数に付与していくような手法では実分析に耐えるほどのデータ量が確保できるかどうかやや疑問が残る。根本的な解決は困難であるが、今後理論の精緻化と共に解決策を模索していきたい。

　後者に関しては、前者のタグセット定義の問題とも共通するが、質的分析を行う際に、ヒトが発話事例記憶としてどのような情報を保持しているかについて場当たり的な選定を行ってしまうと、分析の妥当性が保証されないというリスクが生じる。この解消には、心理学における記憶研究など、他分野における既存の記憶に関する知見を援用する、といった対応が必要となろう。

　最後に、展望として、事例語用論の発展可能性について言及する。現次点では、聞き手視点に立った発話の型の判断プロセスのみに焦点を置いているが、話し手視点に立った発話産出プロセスの分析への適用も可能であると考えられる。発話産出のターゲットは発話形式であり、インプットとして発話の型や発話の場などの状況、直前の文脈や意味に関連する情報などを想定し、発話事例のうちそれらの情報を多く共有する事例の持つ形式が産出対象として選択される、というプロセスを想定すればよい。

　発話意図の推論などの動的なプロセスに関しては、2で紹介したエピソード文法（Borensztajn and Zuidema 2011）のようなモデルへの拡張が必要となる可能性もあるが、事例理論の実装として実現は可能であると考えられる。今後はこのような可能性を含めて包括的な理論への精緻化を検討していきたい。

編著者　浅海真人

ますように「日本語を語用する」ことの実践現場である。まず取りあって、その後
までの日本語教育者から見ればどのような側面的な違和感たちは、一つ一つが、こ
のアプローチすればよいのか？が問われ続けられることになる。今々に近しい方が
語用的に言う。こちらこそ適切であり、その方々にはたぶん異なるだろう。それらしさ方が
である意味で、語用論は「常用」と「方策」にひとつもより愉快な学問領域
であり学問手法なのだと思う。上のひとつのタイプを聞けば、「語用論的に言えば」というように
いる方向に向かう新たな見方や発見が蓄積されることになる。

そうした意味で、語用論は「常用」と「方策」にひとつもより愉快な学問領域
であり学問手法なのだと思う。上のひとつのタイプを聞けば、「語用論的に言えば」というように
いる方向に向かう新たな見方や発見が蓄積されることになる。

居、を半ただけで新たな問題点が発芽するようになるし、さらにそうした新た
な位置づけられているようになる。ともかくよく出会う。そういう場合、新たな
視点が得られているドピックを考える。ところが、それらが、それらを手つかずのま
うに価値がおかれているような「くらべる」ようにして、もう付ける人々の希望ないかのよ
うに付与捨象されている「くらべる」ようにして、もう付ける人々の希望ないかのよ
りに、発案した側はいない件する者も居る見めのよいと、それよい。
150年の歴史があるから。量うまでもなく「日本語教育者には、明治以降に属するだけでも
ことそれ自体である。量うまでもなく「日本語教育者には、明治以降に属するだけでも
しい「方策」の提案であり、まだある種の「常用」を蓄積する、参考の「常用」の後、
かれよう。

明治以降より継続的にありますのは何かというと、ある国々には続けが続いた
かれよう。

その方を見通したように愛だったり有効だったりするアプローチを
実践した考察、といったことだろうか。そう思って今日のライフイットを
みながら見ると、このタイプに属する研究者が多くあることに気づく。

232

『日本語慣用句辞典』の刊行準備に入ったのは、もう二十数年も前で、まだ国語辞典や諸用語の配列に捕われっている前後で、本書のように、単に排列するにしても、学名によって刊行される学名辞典という体裁で、本書のように、単門的な辞典であろうから、一般読者には一応扱いにくいにも達っている難しいのは否めない。

　あとがき

　学名には掲載された各辞典のご性格を一言で言えば、未も違うるか誤解な何かということに思いとどまる。

　このようなことになろう。もちろん十分なわかりやすさが読めるから、この諸用に使えるのだが、すくなくも種類によっての間には，口頭発案もその他が十分な発案なるから、それなりの時間が経過しているように、辞典は個々に作りの細部を考えず、低頻度な辞典をも把取して、普通さのドックついているその観点から生じる隙の"充実感"、い。

　"充実性"を概念して、よいった体裁を備えてある。

　一方、学名でない単門索引表行物の性格には、どこから入れるも"相種を目標したものの、よいった体裁を備えている。

　その分、あるそのドックアイテムについて、新たな観点を提示しまた精巧なものであって、一回り大きく議論を議論するようにするイメージであると、このことがあきらに固められる。さらに、辞典的なスタイルを備い構く、なとこころがあるように思われる、すでに（部分的に）関したことも早や、擬似緩を引きながら、議論を"まとめ"をするうちにかメカンニズムや辞典用語の緩議用語が必ず沈積されえる。各々の加藤にとって副的面の発議用語が必ず沈積されえる。

　あらゆるアイテムにとって、"まとも"、とは限らない。まさに、"まとも"、の発述に関する議者がいている。そこでこのような区分は「擬似的な非能率」、そこに置され考える。料の最も重要な区分「擬似的な非能率」というものがある。そこに置かれるだろうが、料理的な発想に基づく、擬機的な高い目標設定を掲げた「議者が一つの確信として、正直」に、まだ危険性には走っているいが、

Nosofsky, Robert M. (1984) Choice, Similarity, and the Context Theory of Classifica-tion, *Journal of Experimental Psychology: Learning, Memory, and Cognition* 10 (1) : pp.104–114.

Pierrehumbert, Janet. (2001) Exemplar dynamics: Word Frequency, Lenition and Con-trast, In Paul Hopper and Joan Bybee (eds.), *Frequency and the Emergence of Linguis-tic Structure*, pp.137–157. Amsterdam; Philadelphia: John Benjamins.

Rosch, Eleanor. (1975) Cognitive representations of semantic categories, *Journal of experi-mental psychology: General* 104 (3) : pp.192–233.

Sacks, Harvey, Schegloff, Emanuel A., and Jefferson, Gail. (1974) . A simplest systemat-ics for the organization of turn-taking for conversation, *Language* 50: pp.696–735.

Searle, John R. (1970) *Speech acts: An essay in the philosophy of language*, Cambridge: Cambridge University Press.

Sperber, Dan and Wilson, Deirdre. (1981) Irony and the use-mention distinction, In Peter Cole (Ed.), *Radical pragmatics*, pp.295–318. London: Academic Press.

参考文献

加藤重広 (2015)「発話的な効力と発話内容の働力—日本語の疑問形式を出発点に—」『日本語用論叢 ７−７ス１』pp.27–56. ひつじ書房

須藤路子・圓田光弘・西山洋之同 (1998)「日本語の文末表現における遠味機能と表着特性」『麗澤大学スピーチ研究室年報』2: pp.12–16. 麗澤大学

Bateson, Gregory. (1955) A Theory of Play and Fantasy, *Psychiatric Research Reports* 2: pp.39–51.

Bateson, Gregory. (1972) *Steps to an Ecology of Mind: Collected Essays in Anthropology, Psychiatry, Evolution, and Epistemology*, Chicago: University of Chicago Press.

Bod, Rens. (2006) Exemplar-based Syntax: How to Get Productivity from Examples, *Linguistic Review* 23 (3) : pp.291–320.

Bod, Rens. (2009) From Exemplar to Grammar: A Probabilistic Analogy-Based Model of Language Learning, *Cognitive Science* 33 (5) : pp.752–793.

Borensztajn, Gideon and Zuidema, Willem. (2011) Episodic Grammar: A Compu-tational Model of the Interaction between Episodic and Semantic Memory in Lan-guage Processing, In *Proceedings of the 33th Annual Conference of the Cognitive Sci-ence Society*, pp.507–512, Cognitive Science Society.

Grice, H Paul. (1989) *Studies in the way of words*, Cambridge, MA.: Harvard University Press.

Hintzman, Douglas L. (1984) MINERVA 2: A Simulation Model of Human Memory, *Behavior Research Methods, Instruments, & Computers* 16 (2) : pp.96–101.

Hintzman, Douglas L. (1986) "Schema Abstraction" in a Multiple-trace Memory Model, *Psychological Review* 93 (4) : pp.411–428.

Itani, Reiko. (1993) The Japanese sentence-final particle ka: A relevance-theoretic approach, *Lingua* 90 (1–2) : pp.129–147.

Johnson, Keith. (1997) Speech perception without Speaker Normalization: An Ex-emplar Model, In Keith Johnson and John W. Mullennix (eds.), *Talker Variability in Speech Processing*, pp.145–165. San Diego: Academic Press.

Johnson, Keith. (2006) Resonance in an Exemplar-based Lexicon: The Emergence of Social Identity and phonology, *Journal of Phonetics* 34: pp.485–499.

Levinson, Stephen C. (1983) *Pragmatics*, Cambridge; New York: Cambridge University Press.

Medin, Douglas L. and Schaffer, Marguerite M. (1978) Context theory of classification learning, *Psychological review* 85 (3) : pp.207–238.

Murphy, Gregory L. (2002) *The big book of concepts*, Cambridge, MA.: MIT press.

執筆者紹介（* は編者）

加藤重広 *（かとう　しげひろ）

北海道大学・大学院文学研究科教授
主な著書：『日本語語用論のしくみ』（研究社、2004）、『日本語統語特性論』（北海道大学出版会、2013）など。

小松原哲太（こまつばら　てつた）

立命館大学言語教育センター外国語嘱託講師
主な著書・論文：『レトリックと意味の創造性—言葉の逸脱と認知言語学』（京都大学学術出版会、2016）、「言葉遊びであることへのメタ言語的言及」（『語用論研究』17、2016）など。

椎名美智（しいな　みち）

法政大学文学部・大学院人文科学研究科教授
主な共編著：『歴史語用論入門』（大修館書店、2011）、『歴史語用論の世界』（ひつじ書房、2014）など。

柴﨑礼士郎（しばさき　れいじろう）

明治大学総合数理学部准教授
主な論文：「アメリカ英語における破格構文—節の周辺部に注目して」（『構文の意味と拡がり』、くろしお出版、2017）、"Review: *Morphosyntactic Change: A Comparative Study of Particles and Prefixes*"（*English Linguistics* 33（2）, 2017）など。

時本真吾（ときもと　しんご）

目白大学外国語学部・大学院言語文化研究科教授
主な論文：“Relevance in real-time interpretation of utterances”（*Open Journal of Modern Linguistics*, 5, 2015）、「コソア使用個人差の実験的記述―現場指示と非現場指示の関わり」（『計量国語学』30、2015）など。

藤本真理子（ふじもと　まりこ）

尾道市立大学芸術文化学部講師
主な論文：「古代語のソ系列―観念指示の検討を中心に」（『詞林』54、2013）、「〈聞き手領域〉に関わるア系列の指示―中世を中心に」（『日本語文法史研究3』、ひつじ書房、2016）など。

野田春美（のだ　はるみ）

神戸学院大学人文学部教授
主な著書：『「の（だ）」の機能』（くろしお出版、1997）、『日本語を分析するレッスン』［共著］（大修館書店、2017）など。

吉川正人（よしかわ　まさと）

慶應義塾大学文学部非常勤講師
主な論文：「スキーマの計算理論を求めて―漸進する統語発達過程の記述問題とその解法」（『認知言語学論考No.10』、ひつじ書房、2012）、「社会統語論の目論見―文法は誰のものか」（『社会言語学』、朝倉書店、2017）など。

滝浦真人＊（たきうら　まさと）

放送大学教養学部・大学院文化科学研究科教授
主な著書：『ポライトネス入門』（研究社、2008）、『日本語は親しさを伝えられるか』（岩波書店、2013）など。

日本語語用論フォーラム　2

Japanese Pragmatics Forum 2

Edited by Shigehiro Kato and Masato Takiura

発行	2017 年 12 月 12 日　初版 1 刷
定価	4400 円＋税
編者	ⓒ 加藤重広・滝浦真人
発行者	松本功
装丁者	中野豪雄＋鈴木直子（株式会社中野デザイン事務所）
印刷・製本所	三美印刷株式会社
発行所	株式会社 ひつじ書房
	〒 112-0011 東京都文京区千石 2-1-2　大和ビル 2 階
	Tel.03-5319-4916　Fax.03-5319-4917
	郵便振替 00120-8-142852
	toiawase@hituzi.co.jp　http://www.hituzi.co.jp/

ISBN978-4-89476-878-9

造本には充分注意しておりますが、落丁・乱丁などがございましたら、
小社かお買上げ書店にておとりかえいたします。ご意見、ご感想など、
小社までお寄せ下されば幸いです。

[刊行書籍のご案内]

日本語語用論フォーラム　1

加藤重広編　　定価 4,800 円＋税

今までの日本語の文法や談話の研究の中には、場面や文脈など語用論的な観点が既に含まれ、客観的に見て「語用論」的なものが多くあった。一方、語用論研究では欧米の研究の摂取を主軸にしており、日本語の「語用論」的な研究と触れあうことが少なかった。本書は、日本語の研究と語用論の研究が通じ合う広場（フォーラム）となることを目指し、新しい研究成果を紹介する。

執筆者：天野みどり、尾谷昌則、呉泰均、加藤重広、澤田淳、首藤佐智子、滝浦真人、名嶋義直、山泉実

語用論研究法ガイドブック

加藤重広・滝浦真人編　　定価 2,800 円＋税

一見とっつきやすいかに見える語用論研究の鍵は「方法」にある。 本書は、理論・枠組み・方法論などの基礎を正しく理解して研究を進めるためのガイドブックとして企画された。総説、ダイクシス、社会語用論、対照語用論、実験語用論、会話分析、応用語用論、統語語用論、語用論調査法にわたり、第一線の専門家が詳しく実践的に解説する必携の一冊！

執筆者：澤田淳、椎名美智、堀江薫、松井智子、清水崇文、熊谷智子、木山幸子、加藤重広、滝浦真人

［刊行書籍のご案内］

発話のはじめと終わり　語用論的調節のなされる場所
小野寺典子編　　定価 3,800 円＋税

「話す」ことは、人の基本的・原始的営みである。なかでも発話頭・末（周辺部）は、話者が「会話管理」「談話方略」「対人機能」などの「語用論的調節」をしている場所と考えられ、注目されている。人は、「発話のはじめと終わり」で何をしているのだろうか。周辺部研究の基礎知識から、英日語それぞれの例、最新の文法化・構文化研究まで、第一線の研究者たちが論じる。
執筆者：小野寺典子、澤田淳、東泉裕子、Joseph V. Dias（岩井恵利奈・訳）、Elizabeth Closs Traugott（柴﨑礼士郎・訳）

[刊行書籍のご案内]

話しことばへのアプローチ　創発的・学際的談話研究への新たなる挑戦

鈴木亮子・秦かおり・横森大輔編　　定価 2,700 円＋税

近年、書きことばに基づく文法記述では説明できない「話しことば」の諸現象に注目が集まっている。本書は、話しことばの言語学を概説する第 1 部と、その応用編として同じ談話データをアプローチの異なる話しことば研究者が分析するとどのような考察が得られるかという野心的な試みに挑戦した第 2 部で構成されている。各章に重要キーワードの解説付き。

執筆者：岩崎勝一、遠藤智子、大野剛、岡本多香子、片岡邦好、兼安路子、鈴木亮子、中山俊秀、秦かおり、東泉裕子、横森大輔